人間の安全保障
東大駒場15講

阪本拓人／キハラハント愛 [編]

Human
Security
Revisited

15 Perspectives

東京大学出版会

Human Security Revisited:
15 Perspectives
Takuto SAKAMOTO and Ai KIHARA-HUNT, Editors
University of Tokyo Press, 2024
ISBN 978-4-13-003354-1

人間の安全保障
東大駒場 15 講

目　次

序　論　人間的な地球社会を目指して ……………………… 阪本拓人　1
　　　　──「人間の安全保障」の 30 年

　はじめに　1
　1　「人間の安全保障」とその周辺　3
　2　「人間の安全保障」のこれまで──国連における政策討議の中で　5
　3　「人間の安全保障」のこれから──「東大駒場 15 講」へのいざない　11
　おわりに　14

I　今日の世界と日本の実践

第 1 講　脆弱な人々を保護する枠組み ………………… キハラハント愛　19
　　　　──国際法と政治的概念

　はじめに　19
　1　人権法　20
　2　国際人道法　23
　3　難民法　25
　4　国際法の枠組みを超えて　26
　おわりに　28

第 2 講　アフリカの平和活動と人間の安全保障 ………… 遠藤　貢　31
　はじめに　31
　1　アフリカにおける平和活動の新展開　33
　2　アフリカにおける「テロリスト」とは誰か　37
　3　アフリカにおける「平和」の創造に向けて　40
　おわりに　42

第 3 講　「農業開発」を再考する ……………………………… 中西　徹　45
　はじめに──「人間の安全保障」と農業開発　45
　1　「健康」と「食」の大分岐　46
　2　「安全な食材を用いた正しい食」を求めて　48
　3　慣行農業と有機農業　50

4　「民衆」の取り組み　54

　　5　引き続く過去──フィリピンの事例　56

　おわりに　60

第4講　インドネシア警察改革への「お手伝い」………谷垣真理子　65
　　　　──日本の警察分野の国際協力

　はじめに　65

　　1　日本のODAと人間の安全保障　66

　　2　日本警察の国際協力　68

　　3　インドネシア国家警察改革への「お手伝い」　72

　おわりに　79

第5講　人の国際的移動と教育……………………………髙橋史子　83
　　　　──移民の子どもをめぐる教育問題と「日本人であること」の特権性

　はじめに　83

　　1　日本における移民の子どもと教育　84

　　2　移民の子ども・若者が直面する教育上の問題　85

　　3　移民の子ども・若者の教育問題の背景──「日本人性」への着目　88

　　4　多様性と包摂に向けて──「日本人性」を脱構築してより公正な社会を
　　　構想する　92

　おわりに　93

Ⅱ　多彩な知との対話

第6講　平和論と人間の安全保障……………………………小川浩之　99

　はじめに　99

　　1　消極的平和とその限界　101

　　2　積極的平和と人間の安全保障　106

　おわりに　110

iv──目　次

第7講　海賊とは誰か──「人類の敵」というレトリック …… 星野　太　115

はじめに　115

1　キケロの海賊論　117

2　陸と海と　121

3　シュミットの海賊論　122

おわりに　125

第8講　歴史の中の人間の安全保障 ………………………… 黛　秋津　129
　　　　　──バルカンの事例から

はじめに　129

1　近世のバルカン──オスマン帝国のバルカン支配　131

2　「民族国家の時代」としての近代　137

おわりに　142

第9講　中・東欧諸国における多様な歴史記憶 …………… 重松　尚　145
　　　　　──現在から過去に向けられるまなざし

はじめに　145

1　犠牲者意識ナショナリズムの出現と「歴史に対する自決権」　147

2　体制転換後の中・東欧地域と歴史記憶の政治化　149

3　犠牲者ナショナリズムが抱えるさまざまな問題　152

おわりに　154

第10講　語り手のいない物語 ……………………………… 吉国浩哉　159
　　　　　──東日本大震災における「心霊体験」と人間を連帯させるもの

はじめに　159

1　プサンメニトスの沈黙と慟哭　163

2　物語──ミュトスとアイノス　164

3　物語の発芽力　166

4　沈黙の終わり、物語の始まり　168

5　憑依現象──物語が語る　170

6　繰り返すこと、物語ること　171

おわりに――そして物語は続く　173

Ⅲ　豊かな人間像への接合

第11講　自然災害と被災者の尊厳　………………………………内尾太一　179
はじめに――災害発生直後の被災者の尊厳　179
1　人間の安全保障における尊厳　181
2　復興と尊厳　184
3　尊厳の回復にどう関わるか　189
おわりに　191

第12講　牧畜民から見る人間の安全保障　………………阪本拓人　193
　　　　――自然と社会の変化のなかで
はじめに　193
1　変化する世界と牧畜民　195
2　スナップショット――サヘルに生きる牧畜民　197
3　環境と生業の修復の試み――サヘルにゴミをまく　202
おわりに　204

第13講　異なる社会をつなぐ　…………………………………受田宏之　207
　　　　――先住民と人間の安全保障
はじめに――先住民と人間の安全保障　207
1　制度も人も――つないで変化を引き起こす　208
2　メキシコの先住民　211
3　メキシコシティの現場で考える　214
おわりに　217

第14講　生き抜くためのつながりを可視化する　…………関谷雄一　221
はじめに　221
1　定住性と移動性が共存するアフリカのつながり　223
2　20世紀初頭アメリカの労働移民のつながり　226

vi——目　次

　3　2つの事例、3つの学問領域の有効性　231

　おわりに　233

第15講　記憶、記録、文学 ……………………………… 星埜守之　237
　　　　──『苦海浄土──わが水俣病』から

　はじめに──水俣病という問題　237

　1　水俣病と「人間の安全保障」　238

　2　『苦海浄土』を読む　239

　おわりに　247

結　論　危機の時代における人間の安全保障の実践 … キハラハント愛　251
　　　　──より人間的な世界へ

　はじめに　251

　1　描き出される「人間の安全保障」像　252

　2　「人間の安全保障」像、解釈と実践の課題　255

　3　国際社会の動きに寄せた考察　257

　おわりに　259

付　録　「人間の安全保障」研究案内 … 阪本拓人／和田吾雄彦アンジェロ　261

あとがき　275

執筆者一覧　278

序　論

人間的な地球社会を目指して
「人間の安全保障」の30年

阪本拓人

はじめに

　「人間の安全保障（human security）」という言葉が国連開発計画（UNDP）の報告書『人間開発報告書1994』で取り上げられ［UNDP 1994］、国際社会で広く議論されるようになってから、今年（2024年）でちょうど30年になる。漠然とした響きを持つこの言葉がいかなる状態を指しているのかすぐには想像できない読者もいるだろうが、そこから大きく逸脱した状況を見出すことは——今日も30年前も——おそらくそれほど難しくはない。思い浮かぶのは、ガザやウクライナといった場所から日々報じられる武力紛争かもしれないし、数年間にわたって未曾有の規模で世界中の人たちの命と生活を脅かした新型コロナウイルスかもしれない。30年前というと、3ヶ月間に80万人もの市民が虐殺されたルワンダのジェノサイドを思い出す人もいるだろう。ガザを取り上げると、患者がひしめく病院や逃げ場のない人たちが身を寄せる学校や難民キャンプに対して容赦のない空爆が繰り返されている。自衛やテロ撲滅といった目的を掲げて正当化されるこうした攻撃で、多数の人命が失われる状況は、多くの人が直感する「人間の安全」とはおよそかけ離れた状態であるに違いない。このような状態から人々を自由にすることが「人間の安全保障」であるならば、それは疑いの余地なく世界中ですぐにでも実現すべきであろう。

　このように世界を見渡せば、人間の安全保障を実現することの意義はいくらでも主張できる。だが、この言葉が登場して30年も経っている以上、人間の安全保障を追求し探究し続ける意義も同時に問われていいだろう。それは、単に著しい「人間の不安全」が今も昔も変わらずに存在していることを

指摘したいからではない。より重要なのは、30 年前に「人間の安全保障」という理念の実現に大きな期待を抱かせた国際社会の状況が、今日大きく変化してしまったことである。

　先の『人間の安全保障』（2008 年）の序論で山影がまとめているように［山影 2008: 1-6］、この概念の出現には、脱植民地化といった国際社会の長期的な構造変化を含むさまざまな要因が関わっているが、その広まりを強く後押しした直近の背景として「冷戦後（ポスト冷戦）」という文脈を無視することはできない。実際、人間の安全保障について当時書かれた主要な政策文書を読み返してみると、その実現に向けて、冷戦後の「平和の配当（peace dividend）」——東西陣営間の軍拡競争の終焉で生まれた資金的余裕——の活用［UNDP 1994: chap.3］や、冷戦期の米ソ対立を脱した国連安保理を中心とする「多国間主義（multilateralism）」の強化［CHS 2003: chap.8］といった政策案が、強い期待感とともに提示されている。だが、大国間の地政学的な競合が再び顕在化し、日本を含め各国が競って巨額の軍事費を投じる今日の国際社会において、このような政策の実現がもはや楽観できないのは明らかである。人間の安全保障に「冷戦後の新たな安全保障」としての清新さを感じられないとしたら、概念そのものが陳腐化したというよりは、「冷戦後」という文脈の変化が大きいであろう。

　要するに、たとえ概念自体の意義は揺るがないとしても、30 年経ってその実践や実現の展望がかなり揺らいでいるということである。そして以下で示すように、それはおそらく人間の安全保障という単一の概念や理念に限った話ではない。「保護する責任（responsibility to protect: R2P）」や「文民の保護（protection of civilians）」なども含む（第 1 講参照）、冷戦後に顕在化した「人類社会を少しでも人間的なものにしようとする動き」［山影 2008: 10］全体が直面している状況と考えられる。本書は、人間の安全保障を取り巻くこうした困難な状況を受け止めつつ編まれた。この序論では、人間の安全保障をそれでも探究し続ける意義、学ぶことの意義についてもう少し掘り下げて考えておきたい。

1 「人間の安全保障」とその周辺

　まず、本書の主題となる人間の安全保障の概念について改めて説明しておこう。この概念をめぐる政策面・学術面の議論や論争については、巻末の付録に関連する主要な文献を中心にまとめておいたので、より詳細な情報はこうした文献を参考にしてほしい。

　この言葉をめぐってはさまざまな定義が林立しているが（［福島 2010: chap.2; Tadjbakhsh and Chenoy 2007: chap.2］などがよくまとまっている）、最も核にあるのは、安全を保障する対象（referent）が国家ではなく個人であるという考えである［Tanaka 2019: 50］。このミニマムな共通項以外の要素――誰が安全を提供すべきか、いかなる脅威からの安全か、どのような手段で安全を保障するか、など――について論者の考えは一致していないが、とりわけ以下の二つの側面が大きな争点となってきた。

　一つは、個人の安全を脅かす「脅威（threats）」に何を含めるのかという点である。UNDP の報告書で提起された当初から、人間の安全保障は、暴力や圧政などの不在を指す「恐怖からの自由（freedom from fear）」と、貧困や飢餓といった状態からの脱却を指す「欠乏からの自由（freedom from want）」――さらにその後、人権と基本的自由に関わる「尊厳を持って生きる自由（freedom to live in dignity）」も加わる――をともに包含する広範な概念規定がなされてきた。これに対し、政策面での混乱を招く、あるいは分析概念としての明晰さを損なうといった理由から、2000 年代にかけてさまざまな論者が強力な批判を展開した（たとえば［Paris 2001］）。その多くは、武力紛争など直接的な暴力の脅威からの人々の保護、つまり「恐怖からの自由」に人間の安全保障の射程を局限することを求めていたが、こうした議論は後述する「保護する責任」概念に大部分収斂していくことになる。今日では「人間の安全保障」と言うと、「欠乏からの自由」「尊厳を持って生きる自由」を含む包摂的な理解が前提にされていることが多い。

　もう一つ争点となってきたのは、特に国家安全保障（national security/state security）との関係において人間の安全保障をどこまで優先（prioritize）するのかという点である。この点は、国際社会の構成原理とも言うべき国家主権

4——序　論　人間的な地球社会を目指して

や内政不干渉といった原則との整合性に直接関わっており、ある意味より論争的な争点と言えるであろう。もちろん、概念的には国家の安全保障と人間の安全保障が常に対立関係に置かれているわけではないが［山影 2008: 11-12］、具体的な政策実践のレベルで国家の安全と人間の安全のどちらを優先するのかが問われる場面はいくらでもありうる。冒頭で挙げたガザの事例——テロ撲滅か民間人保護か——はそうであるし、もう少し身近な例を挙げると、日本全体の安全保障のために沖縄の人たちの安全を犠牲にして基地負担を強いるといった状況もこれに該当するだろう［高橋 2008］。実際、国家安全保障との間にこのような緊張をはらんでいるからこそ、人間の安全保障概念は、国家主権を重視する国々、特に新興国や途上国の間で強い警戒と疑念を呼ぶことになったのである。

　この争点についても、2000 年代半ば以降、他国への強制的介入を一部容認する「保護する責任」との概念的な「棲み分け」が意識的に図られることで緩和された部分はあるものの［福島 2010: 44-47］、人間の安全保障概念に対する警戒はその後も根強く残った。そして主に国連総会の場でこうした懸念に応えようとする中で得られた人間の安全保障の「共通理解（common understanding)」を示したものが、2012 年 9 月に採択された国連総会決議 66/290 であった（採択過程の詳細は［栗栖 2018］)。この短い決議では［UNGA 2012］、人間の安全保障に関する上記の包摂的な概念理解を踏襲しつつ、「国家のオーナーシップ」「国家主権の完全な尊重」「国家の側に追加的な法的義務を課さない」といった文言を重ねることで、国家安全保障に最大限配慮した形での整合化が図られている。

　これにより人間の安全保障概念の受容は進んだかもしれないが——次節で示すように実際にはそれほど進んでいない——今度はその付加価値が問われることになった。もちろん、国家の主権やオーナーシップを最大限尊重すると言っても、国際社会が当該国の同意と協力のもと、さまざまな脅威にさらされた人々の安全を保障する取り組みに関わることはできるし、現にそういう関与は広く見られる。だがそれは、人道援助や平和構築、開発援助といった国際社会の既存の政策実践と大部分重なるものである。そのため、人間の安全保障の主流化を目指す論者や機関（たとえば日本の JICA など）は、特に 2003 年の報告書『人間の安全保障の今日的課題』［CHS 2003］を拠り所とし

ながら、複数のセクターにまたがる「統合的なアプローチ（integrated approach）」や、「保護」と並ぶ「エンパワメント」——最近では加えて「団結（solidarity）」も［UNDP 2022］——の有効性を示すことで、この概念の付加価値を高めようと努力を続けている。

以上、「人間の安全保障」の定義や理解を概観してきたが、ここで改めて強調しておきたいのは、この概念を、「人間開発」「保護する責任」「文民の保護」など広く問題意識を共有する他の理念や概念との関連の中で捉えた方がよいということである（第1講も参照）。たとえば、UNDP は 1990 年代以降、マクロ経済全体のパフォーマンスではなく個々人の選択の幅と自由の拡大に重きを置いた「人間開発（human development）」を推進しており、この文脈で人間の安全保障を提起したことはよく知られている［Tadjbakhsh and Chenoy 2007: chap.4］。ジェノサイドなど極めて深刻な人道状況下に置かれた人々の保護のための関与や介入を規定した「保護する責任」も、上で触れた通り、政策論議としては人間の安全保障の概念規定をめぐる論争の中から生まれた部分が大きい［ICISS 2001］。人間の安全保障と「冷戦後」の文脈を共有するこれらの関連概念は、国家中心的な既存の国際社会の非人間的な側面を直視し、これにさまざまに対応しようとしている点で最低限の共通項を持つ。いずれも「人類社会を少しでも人間的なものにしようとする動き」の中に位置付けることができるのである。

本書は、このような動き、志向性が大切だと考えている。したがって、定義の細部にはあまりこだわらずに、また関連概念と過度に差別化することなく、より人間的な地球社会を目指す指導理念の一つとして人間の安全保障を理解することにしたい。

2 「人間の安全保障」のこれまで——国連における政策討議の中で

本節では、人間の安全保障のこれまでの軌跡を振り返っておこう。といっても、この概念の受容や実践の経緯については、付録で挙げた主要な文献をはじめこれまで幾度も回顧されているので、ここでは類書にはない方法を試みることにしたい。それは国連、特にその安全保障理事会（安保理）の政策討議の中で、「人間の安全保障」が誰によってどのように、またどれだけの

頻度で語られてきたのかを、冷戦後の安保理公式会合の議事録から得たテキストデータを使って体系的に俯瞰するというものである（データや手法の詳細については［Sakamoto 2023; Sakamoto and Matsuoka 2023］を参照）。

　国連憲章上、安保理は国際社会の平和と安全の維持を担う主要機関であり、実際に人間の安全保障を扱った主な政策文書（［CHS 2003］など）でも安保理におけるこの概念の主流化が訴えられている。国際社会の「人間化（humanization）」という観点からも安保理における討議はしばしば研究の対象になっており（たとえば［Knapp 2024; Weinert 2015］など）、国際社会のレベルでの人間の安全保障の議論の動向を知る上で、安保理はさしあたり理にかなった分析対象と言えるだろう。他方で、前節で触れた「共通理解」に関する総会決議のように、主に日本政府の主導で人間の安全保障が独立の議題として討議の対象になってきたのは、国連の中でも安保理ではなく、全ての加盟国が参加する総会である。そこで、総会に関する既存研究［Turco 2024］のデータを使って行った分析の結果も、あわせて示すことにしたい。

　まず図1は、1990年1月から2023年8月まで公開で開催された6,200回余りの安保理公式会合において、各国・機関の代表の口から「人間の安全保障」（"human security"）という語句が発せられた頻度の変化を示したものである。分析には各会合の議事録の英語版から得たテキストを利用しており、頻度は1,000語ごとの出現頻度に標準化し、かつ見やすさのため3年移動平均を取っている。比較のためグラフには「人間の安全保障」のほか、同様に算出した「保護する責任」（"responsibility to protect" ないし "responsibility of ...... to protect"）、「持続可能な開発」（"sustainable development"）、「主権」（"sovereignty"）の頻度の変化も示しておいた。

　グラフから、安保理の政策討議において「人間の安全保障」という語句の出現頻度はもともとそれほど高くない上、2010年代以降は下降傾向にあることがわかる。安保理会合で初めてこの語が発せられるのは1997年のことである。その後頻度は1999年にピーク——移動平均を取らない単年ベースで1,000語あたり0.7回弱——に達し、かなりの増減を伴いつつもこの頻度を超えることがないまま、2012年以降減衰する（ただし、直近の2023年は若干増加している）。0.7回といった頻度自体も特段高い値ではなく、図にあるように、安保理が本分とする政策領域（安全保障）とは明らかに離れた分野

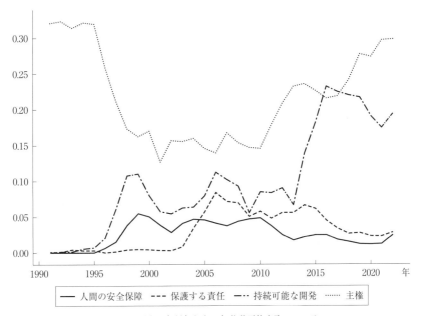

注) 縦軸は1,000語ごとの出現頻度。各語句とも3年移動平均を取っている。

図1　国連安保理討議での「人間の安全保障」の出現頻度の変化（1990～2023年）

（開発）を象徴する「持続可能な開発」の頻度水準よりもはるかに低い。

　ここで興味深いのは、同様の低調な趨勢が、一定の時間差を伴いつつ「保護する責任」にも認められるという点である。「人間の安全保障」とは異なり、「保護する責任」は安保理の決議でもこれまで幾度か言及されているが、安保理の日常的な政策討議の中でこの語句は特に目立って言及されることはないということである。さらに興味深いのは、1990年代後半以降著しく落ち込んでいた「主権」の言及頻度が——「人間の安全保障」「保護する責任」の減衰傾向とは幾分対照的に——2010年代以降急伸していることであろう。

　図1は単に単語を数え上げただけのものであったが、図2は「単語埋め込み（word embedding）」というもう少し手の込んだ手法を使って得た結果である。この図は、対象期間中（1990～2023年）の安保理討議において、「人間の安全保障」という語句が他のいかなる語句と強く関連づけて議論されてきたかをワードクラウドの形式で示している。相対的に大きく表記されている語句は、統計的に「人間の安全保障」との意味的連関がそれだけ強いと判断

図2　国連安保理討議における「人間の安全保障」の関連概念（1990～2023年）

された語句になる。こうした語句の中には、「エンパワメント（empowerment）」「尊厳（dignity）」「保護（protection）」「包括的アプローチ（comprehensive approach）」といった、人間の安全保障を特徴づける概念としてお馴染みのものが見出せるほか、「ジェンダー平等（gender equality）」「経済開発（economic development）」「人権（human rights）」など関連する政策領域を示す語句も混じっている。全般的に、日本政府――図2には「日本（Japan）」の語も見出せる――がこれまで推進してきたような人間の安全保障の包摂的な理解を、そのまま可視化した図になっていると言えるであろう。

　このことは図3を見れば首肯できる。このグラフは、対象期間中の安保理討議における「人間の安全保障」の1,000語あたりの言及頻度を国・機関ごとに集計したものである。ここでは、安保理の中心メンバーである五つの常任理事国（英米仏ロ中）に加えて、期間中頻繁に非常任理事国に選ばれ発言回数がそれだけ多い日本を含む五カ国、それに一時期人間の安全保障を推進していたカナダ、さらに国連（事務局や関係機関）を取り上げている。図から明白なように、日本、次いでカナダの政府代表が群を抜いた頻度で「人間の安全保障」に言及している一方で、常任理事国や国連を含む他の国・機関のメンバーはこの言葉をほとんど使っていない。しかも、対象期間中カナダが

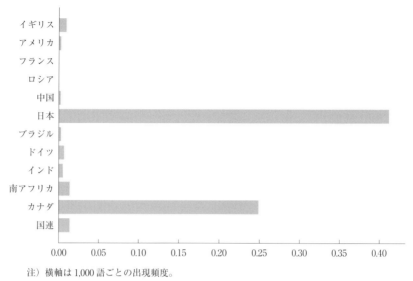

注）横軸は 1,000 語ごとの出現頻度。
図 3　国連安保理討議での「人間の安全保障」の国・機関ごとの言及頻度（1990～2023 年）

安保理の非常任理事国であったのは 1999 年から 2000 年までの任期一回分のみであるため、それ以外の時期安保理で「人間の安全保障」を熱心に語っていたのは、実質日本のみだったということになる。

　以上のような傾向は安保理だけではなく、国連総会でも概ね成立している。たとえば図 4 は、1993 年から 2017 年までの総会公式会合をカバーする［Turco 2024］のデータを使って、「人間の安全保障」など四つの語句の出現頻度（3 年移動平均）の時系列を出力したものである。図 1 で示した安保理会合でのパターンに比べると、たとえば「持続可能な開発」の言及頻度の増加が著しいなどの際立った違いがある一方で、「人間の安全保障」「保護する責任」については、2010 年代に入ってから言及頻度が相次いで下落していくなど、質的にはかなり似通った趨勢が見られる。

　「人間の安全保障」についてもう少し詳しく見ると、対象期間中一番言及頻度が高いのが単年では 2010 年の 1,000 語あたり約 0.56 回で、その次が 2012 年の約 0.27 回であるが、これらはいずれも日本の主導で人間の安全保障をテーマとした総会討論が開催され、関連決議が採択された年であり、この時期に集中してこの概念が語られたのは特段意外なことではない。実際、

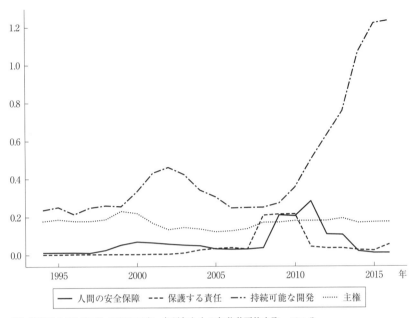

注）縦軸は1,000語ごとの出現頻度。各語句とも3年移動平均を取っている。

図4　国連総会討議での「人間の安全保障」の出現頻度の変化（1993～2017年）

対象期間中に相対的に高い頻度で言及されたのはこれらの年のみであった。さらにここでは図示しないが、国・機関ごとに言及頻度を集計すると、日本のみが群を抜いた頻度で「人間の安全保障」に言及していることも分かる。これも安保理での結果と大きく変わらない。

結局、安保理を見ても総会を見ても、国連の場において人間の安全保障の概念は、特定の国を越えて広範に、そして継続的に語られてきたとはとても言えないということである。多国間の日常的な政策討議の場でこの語を一貫して発しているのが、日本のような自明な推進者——「規範起業家（norm entrepreneur）」とも言われる——くらいしかいないのであるから、少なくとも人間の安全保障という「規範（norm）」が国際的に拡散し受容されたといった見方には無理があると言わざるを得ない。

だがより重要なのは、「人間的な地球社会」を志向する他の関連概念も近年退潮傾向だという点である。本節では「保護する責任」のみ取り上げたが、たとえば「文民の保護」など他の語句をカウントしても2010年代以降言及

頻度の明白な減衰が見られる。単なる語句の数え上げで分かることには当然限界もあるが、国家間の競合が再び頭をもたげ、「冷戦後」という文脈が大きく変容する中、「人間の安全保障」という言葉の低調は、一つの概念の凋落のみならず、国際社会におけるより大きな流れの後退をも示唆しているかもしれないのである。

3　「人間の安全保障」のこれから──「東大駒場 15 講」へのいざない

　国際社会においてこの 30 年「人間の安全保障」が直面してきた状況を冷静に受け止めた上で、この概念にそれでも関わり続ける意義があるとしたらそれは何かを改めて考えてみよう。

　ひとつは、「人間的な地球社会」を求める営みそのものが持つ多大な価値である。これまで幾度も述べてきた通り、今日の世界でこうした営みは困難に直面しているが、ガザであれ他のどこであれ、人々の生存・生活・尊厳が繰り返し犠牲にされている状況に強く疑問を持ち、胸を痛める人たちがいる限り、そうした営みの価値はなくならない。この営みの中で「人間の安全保障」という言葉自体にこだわる必要はないのかもしれないが、繰り返される人々の犠牲を、国家中心の安全保障の論理の中であたりまえのものとして消化することなく正面から理解し、同時に抗っていく上で、「人間の」安全保障という観点は依然有効であろう。

　もうひとつ指摘しておきたいのは、国連を中心とする国際社会での公的な言説としての低潮ぶりとは別に、人間の安全保障に対する政策的な関心と学術的な探究は今日まで衰えていないということである。その一端は付録で取り上げた政策文書や学術文献の蓄積からもうかがえるであろう。実際、図 5 で示したように、人間の安全保障を主題とする学術論文は英語で書かれたものだけでも近年では年間 150 本ほどの水準でコンスタントに刊行されており、その分野も国際関係論や安全保障論を中心としつつも、地域研究や人類学、さらには社会学、ジェンダー研究、環境科学といった分野にまで広がりを見せている。学術領域全体の規模は決して大きいとは言えないが、さまざまな分野との相互作用を通じて、人間の安全保障をめぐる知的探究は、まだまだその内実を豊かにできる余地がある。

12——序　論　人間的な地球社会を目指して

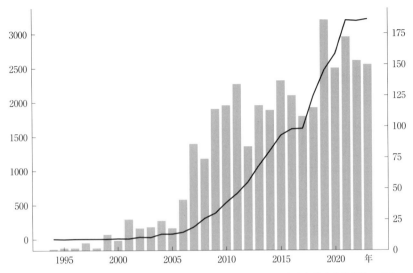

注）タイトル、要約、キーワードのいずれかに "human security" を含む論文等出版物のうち、Web of Science Core Collection に収録されたもの。右軸（棒グラフ）は論文数、左軸（折れ線グラフ）は引用数を示す。［制作協力：和田吾雄彦アンジェロ］

図 5　「人間の安全保障」を扱った論文の出版数と引用数（1994〜2023 年）

　本書に収められた 15 の「講義」は、より人間的な地球社会への志向性を共有しつつ、まさにこうした知的な可能性を追求する論考から構成されている。本書はこれらの論考を以下に示す 3 部の構成で、各部 5 講ずつ配列した。
　第Ⅰ部「今日の世界と日本の実践」では、日本を含む現代の世界における人間の安全保障の実践に焦点をあてる。第 1 講「脆弱な人々を保護する枠組み」は、人権法から「文民の保護」まで、こうした実践を支えるさまざまな法制度や規範を取り上げて解説する。続く各講では、アフリカの平和活動（第 2 講「アフリカの平和活動と人間の安全保障」）、開発途上国の農業開発と貧困（第 3 講「「農業開発」を再考する」）、日本の移民と教育現場（第 5 講「人の国際的移動と教育」）を事例に、こうした実践の現場が抱えるさまざまな課題が人間の安全保障の観点から可視化され論じられる。さらに第 4 講「インドネシア警察改革への「お手伝い」」では、今日も人間の安全保障を指導理念に掲げる日本の国際協力の実践の一面が明らかにされる。これらの論考を通じて、人間の安全保障を支える政策実践上の基盤と、その分析的な付加価値を改め

て確認しておきたい。

第Ⅱ部「多彩な知との対話」では、人間の安全保障を、思想・歴史・文学を含むさまざまな知の潮流と交錯させる。そこでは、「消極的平和」「積極的平和」に代表される平和論の系譜（第6講「平和論と人間の安全保障」）、近世オスマン期以降のバルカンの歴史（第8講「歴史の中の人間の安全保障」）、あるいは中・東欧諸国の歴史記憶とナショナリズム（第9講「中・東欧諸国における多様な歴史記憶」）の中にこの概念が位置付けられ相対化される。キケロ以来の海賊論を題材に「人類の敵」というレトリックを検討した第7講「海賊とは誰か」、東日本大震災後に人々が語った物語とその自己展開に焦点をあてた第10講「語り手のいない物語」では、「人間の安全保障」の「人間」、あるいはそれをつなぐ「連帯」といった概念の理解が大きく揺さぶられるはずである。各講を通じて、人間の安全保障をめぐる研究のフロンティアの広がりを示したい。

これに対して、第Ⅲ部「豊かな人間像への接合」には、人間の安全保障研究の「深化」の方向性を示す論考を配置した。『人間の安全保障』（2008年）にある通り、「人間の安全保障の具体的取り組みは「草の根」でなされる類のものである」［高橋・山影 2008: i］。そのためには、草の根の「現場」で向き合う人間に対する豊かな理解、そして共感が求められるのは言うまでもない。東日本大震災の被災者（第11講「自然災害と被災者の尊厳」）、西アフリカの牧畜民（第12講「牧畜民から見る人間の安全保障」）、メキシコの先住民と関連する制度を支える人々（第13講「異なる社会をつなぐ」）、現代のアフリカと20世紀初頭のアメリカの労働移民（第14講「生き抜くためのつながりを可視化する」）にそれぞれ焦点をあてた各講は、いずれもこうした理解と共感の涵養に資する。水俣病とその患者たちを描いた稀有の文学作品『苦海浄土』を通して、「学問領域以前の「命の問い」」と向き合った第15講「記憶、記録、文学」も、この文脈でぜひ読んでもらいたい一章である。

おわりに

本書が出版される2024年は、人間の安全保障「誕生」30年の節目の年であると同時に、本書の執筆者の多くが身を置く東京大学の駒場キャンパスに、

「人間の安全保障」を冠する大学院プログラム（HSP）が設置されて20周年でもある。この間、さまざまな分野の研究者や実務者がこのプログラムの運営に関わり、そこで教育を受けた多数の卒業生は、現在アカデミアからビジネス、実務の現場まで世界のさまざまな場所で活躍を続けている。駒場を起点に「人間の安全保障」という言葉が紡ぎ出してきたこうしたコミュニティの存在も、我々がこの言葉にこだわり続けるいまひとつの理由である。

　より人間的な地球社会の実現という実践的な課題を知的な挑戦と受け止め、こうした社会の実現に資する「人財」の輩出に今後も努めていきたい。本書にはこうした思いも込められている。

[文　献]

栗栖薫子（2018）「日本による人間の安全保障概念の普及——国連における多国間外交」グローバル・ガバナンス学会編、大矢根聡・菅英輝・松井康浩責任編集『グローバル・ガバナンス学Ⅰ——理論・歴史・規範』法律文化社、236-256頁。

高橋哲哉（2008）「人間存在の地平から——人間の安全保障のジレンマと責任への問い」高橋哲哉・山影進編『人間の安全保障』東京大学出版会、259-274頁。

高橋哲哉・山影進編（2008）『人間の安全保障』東京大学出版会。

福島安紀子（2010）『人間の安全保障——グローバル化する多様な脅威と政策フレームワーク』千倉書房。

山影進（2008）「地球社会の課題と人間の安全保障」高橋哲哉・山影進編『人間の安全保障』東京大学出版会、1-18頁。

Commission on Human Security (CHS) (2003〔2003〕) *Human Security Now: Protecting and Empowering People.*〔人間の安全保障委員会『安全保障の今日的課題——人間の安全保障委員会報告書』朝日新聞社〕

International Commission on Intervention and State Sovereignty (ICISS) (2001) *The Responsibility to Protect: Report of the International Commission on Intervention and State Sovereignty,* ICISS.

Knapp, Andrea (2024) Speaking of Civilians: Automated Text Analysis of the United Nations' Framing of Complex Humanitarian Emergencies, *International Interactions* 50 (2), pp. 300-331.

Paris, Roland (2001) Human Security: Paradigm Shift or Hot Air? *International Security* 26 (2), pp. 87-102.

Sakamoto, Takuto (2023) Threat Conceptions in Global Security Discourse: Analyzing the Speech Records of the United Nations Security Council, 1990-2019, *International Studies Quarterly* 67 (3), sqad067.

Sakamoto, Takuto and Tomoyuki Matsuoka (2023) The UNSC Meetings and Speeches, version 2, *Harvard Dataverse*.

Tadjbakhsh, Shahrbanou and Anuradha M. Chenoy (2007) *Human Security: Concepts and Implications*, Routledge.

Tanaka, Akihiko (2019) Toward a Theory of Human Security, Carolina G. Hernandez, Eun Mee Kim, Yoichi Mine and Ren Xiao, eds., *Human Security and Cross-Border Co-operation in East Asia*, Springer International Publishing, pp. 21-40.

Turco, Linnea R. (2024) Speaking Volumes: Introducing the UNGA Speech Corpus, *International Studies Quarterly* 68 (1), sqae001.

United Nations Development Programme (UNDP) (1994) *Human Development Report 1994: New Dimensions of Human Security*, UNDP.

United Nations Development Programme (UNDP) (2022 [2022]) *New Threats to Human Security in the Anthropocene: Demanding Greater Solidarity (2022 Special Report)*, UNDP. 〔国連開発計画（UNDP）『2022 年特別報告書 人新世の脅威と人間の安全保障――さらなる連帯で立ち向かうとき』日経 BP〕

United Nations General Assembly (UNGA) (2012) *Resolution Adopted by the General Assembly on 10 September 2012: Follow-up to Paragraph 143 on Human Security of the 2005 World Summit Outcome* (A/RES/66/290; 10 September 2012).

Weinert, Matthew S. (2015) *Making Human: World Order and the Global Governance of Human Dignity*, University of Michigan Press.

I

今日の世界と日本の実践

第1講

脆弱な人々を保護する枠組み
国際法と政治的概念

キハラハント愛

「人間の安全保障」の主眼の1つは、人々を客観的・主観的な恐怖や欠乏から守るということである。特に重要なのが、脆弱な立場におかれる人々である。これらの人々を守る枠組みとして、本講では国際法と関連する政治的概念を取り上げる。「人間の安全保障」の概念の中には人権法、国際人道法、難民法、という3つの国際法が丸ごと含有されている。また、国際法の枠に入りきらないが、政治的な概念として、「保護する責任」と「文民の保護」は切り離せない。ここでは、これらの脆弱な人々を保護する枠組みについて論じる。

はじめに

「人間の安全保障」の概念は、その内容の最も重要な側面や、その詳細については、必ずしも各国、また国家以外のアクター間で合意できているわけではない。「国家の安全保障」との対比の中で、紛争が無い状態を確保することのみが安全保障として完結するわけではないこと、貧困、そしてそれに対処する方法としての開発と安全保障が切り離せないこと、この2つを「人間の安全保障」という1つの概念の中で結びつけたということは言える［山影 2008］。人々が直面する「安全保障」の問題として、「恐怖からの自由」、「欠乏からの自由」があり、さらに、同じ状態であってもその状態を「自由」と感じるかどうかは、その人の立場によって異なる。「人間の安全保障」は、客観的な面と主観的な面で測られるということが言える。

ある社会における治安状況は、男性にとっては「安全」であっても、例えば性暴力や体罰が容認されているようであれば、女性や子どもにとっては「安全」でないということがあり得る。この基準の鍵となるのが、「恐怖からの自由」、「欠乏からの自由」と並んで「人間の安全保障」の3つ目の柱とし

て挙げられている、「尊厳」を持って人間らしく生きる自由が守られているか、ということである。

　この、ある状態を体験する人によって「安全」かどうかが違うということは、必然的に、「人間の安全保障」の概念が、その状態を体験する人々に焦点を当てることを意味する。とは言っても、一人一人の人々に焦点を当てて個別に対応するということは困難なため、人々を集団に区切って考慮していく。これは、国際法、特に人権法の考え方としては、「人間の安全保障」の概念以前からある。

　人々を「守る」ことを中心に考えると、注目するのは人々の脆弱性である。2005年の世界サミットでも、すべての人々の安全を保障するということは、特に脆弱な人々に注目することによって達成されるということが確認された[UN GA 2005]。脆弱な人々を保護する仕組みと言っても、社会的なもの、政治的なもの、文化的なものなど、様々な意味があり得るが、本講では、中でも国際法における、脆弱な人々を保護する仕組みを主に取り上げる。

　人間の安全保障委員会の報告書（Commission on Human Security 2003）によると、「人間の安全保障」概念の中に含有されている国際法は、人権法、国際人道法、難民法である。そこで、ここではその3つの国際法の枠組みを扱う。また、国際法の枠組みを少々超えて、一定の人々の「人間の安全保障」が脅かされる場合に他国や国家連合、国際社会が使える政治的な概念として、「保護する責任」と「文民の保護」の概念についても簡単に触れることにする。

　脆弱な人々とは、社会の中で抑圧されているか、危害を受けやすい集団に属している人々[UN OHCHR 2012]を意味し、ここでは、歴史的に、または長期的にそのような状態におかれている人々とともに、例えば紛争や自然災害などで短期的に脆弱な状態におかれる人々を含むものとする。

1　人権法

　国際法の枠組みで脆弱な人々を保護するのは、なんと言っても人権法が重要である。世界中の誰もが持つ基本的な権利を人権として認め、各個人と、その個人の人権を守る義務を持つ国家との関係を司るものが、（国際）人権

法である。人権法のルーツと言われるのは 13 世紀イギリスのマグナ・カルタとも言われているが、現在の人権法は第二次世界大戦後の国際連合の体制の下に築かれてきたものである。特に、1948 年に国連総会で採択された世界人権宣言と、それを法的に適用できるようにした 2 つの人権規約（経済的・社会的・文化的権利に関する人権規約、または A 規約と、市民的・政治的権利に関する人権規約、または B 規約）の 3 点を、「国際人権章典」と言う。

　人権法は、例えば国家が恣意的に個人の命を奪ったり、拷問したりしない、個人の人権を侵害しない消極的義務（negative duty）と、例えば国家が個人の健康の権利を守るために生存に不可欠な薬品や医療サービスを提供する、国家が個人の人権を守るために積極的に何かを行わなければならない積極的義務（positive duty）との両面を持つ。このどちらの側面も、脆弱な人々を守るために必要である。

　人権法は、さらに 2 つの角度から見ることができる。1 つは生命の権利、表現の自由、教育の権利、など、各人権ごとに見る方法である。もう 1 つは、特定の集団、特に脆弱性を持つ人々に注目して、脆弱性を補完して人権を他の人々と同じように享受できるようにする、または稀に、その集団そのものが持つ権利を見る方法である。脆弱な人々を保護するには、どちらの方法も有用である。つまり、個別に各人権を守ろうとする場合、その個人のおかれた状況を考慮に入れて擁護する必要性を判断するし、脆弱性に焦点を当てて個人を見たり、集団そのものの特性に注目して集団としての権利を見る場合には、より脆弱な人々や、特定の集団のニーズに直接注目して、他の人々と同じように人権を享受できるように補完するという考え方をする。

　まず前者の、権利ごとに見て行く場合、「人間の安全保障」の「恐怖からの自由」は、紛争や暴力などの被害に合わないということが中心に構想されており、人権の中で市民的・政治的権利により関わりが強い。人権という立場から見ると、生命の権利（恣意的に命を奪われない権利）、拷問や非人道的な扱いを受けない権利、身体の自由及び安全に関する権利、表現の自由、プライバシーの権利など、国家が個人の自由に介入しないということが前面に出されている。対する「欠乏からの自由」は、「人間の安全保障」の概念が提唱された当初は飢餓や絶対的な貧困ということが中心的に懸念されており、人権の中で経済的・社会的・文化的権利により関わりが強い。人権から見る

と衣食住の権利や最低限の生活をする権利、健康の権利、など、国家が個人の人権を守るために行わなければいけないこと、が中心となっている。

これらの権利を保障するためには皆に対して同じ対応をすれば良いというわけではない。例えば、夫婦が別姓を選択できない日本の民法について、夫婦どちらの姓を選んでも良いので男女同権だということにはならず、96%の夫婦が夫の姓を選ぶ現状に鑑みて、国連男女差別撤廃委員会は実質的に夫婦同姓を強いる男女差別であるとしている［Kihara-Hunt 2019］。

これに対し、より直接的に、人権を守られるべき人々の特性に注目する見方がある。人権を集団として保有することが最も認められているのが先住民族で、彼らについては、その特有の伝統や文化、生き方・生活様式（way of life）などを守るためには、先住民族に属する個々人が人権を享受できるだけでは意味がなく、集団として人権を持つと考えられている。他に、人種的・民族的・宗教的・言語的・文化的マイノリティなども、集団としての存在の必要性が認められている。

人権を持つ個人の特性に注目するもう1つの見方としては、脆弱性を持つ集団に属する個人の人権に注目する見方がある。例えば女性、児童、障がい者、難民、移民など、他の人々と同じ人権を確保するためには一定の特定の配慮が必要な人々が挙げられる。この場合、例えば自然災害の際に必要な情報が皆に同じように与えられていたとしても、日本で日本語だけで情報が提供されている場合、日本語に不自由な移民には必要な情報が実質的に届かないことを考慮に入れ、他の言語でも情報を発信する必要がある。

人権を守る仕組みにおいては、これらの人権を守る義務を持つのが各個人が帰属する国家で、国家はその領域内にいるすべての人々の人権を守る義務を持つ。さらに、国家はその国籍を持つ人々の人権を守る義務を持つため、例えば移民については人権を守る義務を持つ国家が複数あることもある。誰のどの人権を守る義務をどの国家が持つかは、その国家と個人との関係性によって決まる。また、国家に準ずる主体や多国籍企業などについても、個人に与えられる影響の大きさに従って、例えばある領域を実効支配する国家に準ずる主体がその領域内の人々の人権を守る義務が発生したり、多国籍企業が先住民族の権利を侵害してはいけないという義務が生まれたりする。

人権の枠組みの強みは、人権は国際法上合意されている国家の法的義務で

あり、侵害された場合に被害者が法的な補償を得られるという点にある。人権の普遍性が認められているため、この枠組みは世界中のすべての人に与えられている権利保護の枠組みであると言える。一方、人権の枠組みの弱みとしては、国家によって人権保護の程度に差があり、国際法の性質上、人権を実際にどう守るかという方法に関して国家にある程度の裁量が認められているため、実際に人権が守られない場合、また、国家自体がその管轄内にいる人々の人権を侵害する場合、実質上人権保護の枠組みがうまく機能しないという点がある。

　人権の枠組みは、戦時でも平時でも適用されるものであるが、ひとたび紛争が起きると、人権法とは別に国際人道法が適用され、補完的な保護の枠組みとして機能する。次にこの国際人道法について触れる。

2　国際人道法

　国際人道法は、紛争中に適用される国際法で、主に紛争に関係ない人々やものを紛争の被害から守るためにある。これは国際的武力紛争または非国際的武力紛争があって初めて適用される国際法で、紛争当事者の国家だけでなく、武装組織に対しても、彼らが紛争当事者となれば直接適用されるという特徴がある。また、紛争当事者である国家だけでなく、周辺の国々や紛争に直接的・間接的に関わる国々にも一定の義務が発生し、紛争に関わっていない国家も国際人道法を国民に周知させる義務などを負う。

　紛争は人々が存在する限り存在してきたと言われ、国際人道法は歴史が古く、慣習法となっている内容も人権法より詳細である。国際人道法は「ジュネーブ法」と「ハーグ法」に分けられることが多く、前者は1949年のジュネーブ4条約を代表とする、主に保護する人々やものについての規定であり、後者は1907年ハーグ交戦条約など、一連の交戦の仕方についての規定である。なお、国際人道法では、人だけでなく戦闘に関わりのないものはすべて民用物として守られるが、ここでは人に限って議論する。

　戦闘そのものの被害から守られる人々としては、戦闘に直接参加しない文民、負傷したり海戦で難破したり、戦闘を既に放棄したりして、戦闘にもはや参加しない戦闘員、戦争捕虜などが挙げられる。これらの人々は一般的に

戦闘の被害から守られる人々である。

そのような一般的な戦闘の被害からの保護に加えて、特に追加的に守られる人々がいる。これには2種類の人々がおり、1つめは他の人々を戦争の被害から守ったり必要なサービスを与える役割のある人々である。例えば、医療関係者、人道支援に関わる人々、平和維持関係者、赤十字国際委員会、国連職員、報道関係者、一定の宗教関係者、などであり、その人々の役割に応じて、紛争当事者が軍事活動そのものを計画する際に、これらの人々への偶発的な被害を避けて計画しなければならないという義務を負う。

もう1つは、特に脆弱性に注目することから追加的な保護を受ける人々である。例えば、女性、児童、移動する人々、外国人、などが挙げられる。ここで紛争当事者に課される義務は、例えば児童を戦闘に直接的に関わらせない、民間人を安全上の理由から拘留せざるを得ない場合に男女を別に拘留する、児童を家族から引き離さない、児童や妊娠している女性をどのような重罪であっても死刑にしてはいけない、など、通常民間人の受ける保護（故意に攻撃の標的にならない）の上に、付加的に適用される保護の義務である。

国際人道法の強みは、紛争が存在すること自体は受け入れ、軍事的な必要性を認めた上で、それと人道性のバランスを取ろうとする、現場的・現実的な法であることであろう。国際人道法の保護者とも言われる赤十字国際委員会は、中立性・公平性の原則に基づいて、紛争そのものの正当性を問題にしたり個々の攻撃を公に非難したりすることなくどのような国家とも武装組織とも直接国際人道法の遵守について対話をするため、紛争中の国家や領域や紛争下で安全が脅かされる人々にも直接アクセスすることができる。また、国際人道法は、その重大な違反については戦争犯罪であるということが盛り込まれており、当該の個人の訴追を追及する。

一方、国際人道法の弱みとしては、国際的武力紛争への対応を中心に発展してきたため、現在大多数を占める非国際的武力紛争や、テロ行為やサイバー攻撃、長期化する武力紛争、民間人を多く巻き込む市街戦、自動化された武器など、新しい形態の武力紛争や新しい紛争当事者、戦闘の手段や方法に対して、既存の国際人道法の枠組みをどう適用するか常に解釈し続ける必要があることが挙げられる。

武力紛争や大規模な人権侵害、自然災害などが起きると、安全を求めて大

規模な人々の移動が発生する。この移動する人々の中で一定の条件を満たす人々を守る国際法として、次に難民法を取り上げる。

3　難民法

　難民法は、狭義には、1951年の「難民の地位に関する条約」と、1967年の追加議定書を中心とする、国境を越えて迫害から逃れる人々に対して受入国が「難民」認定をし、一定の保護を与える義務を設定している法を指す。ここで認定される「難民」は、人種、宗教、国籍、特定の社会的集団の構成員であること、または特定の政治的意見を有することのいずれかの理由により迫害を受けるおそれがある人々、いわゆる「条約難民」である。条約難民は滞在国が難民条約を批准していれば、その国において難民認定を受ける権利を持ち、本国に帰れない事態が終わるまで受入国に滞在し、その国の国民と同じような教育・働く権利・社会保障を受ける権利などが法的に保障される。

　これらの条約の定める狭義の「難民」以外に、紛争や一般化した暴力などから国境を越えて避難する避難民を、広義の「難民」と捉えることもあり、これに関しては各国で保護の枠組みを設けている。例えば、2022年のロシアのウクライナ侵攻以降にウクライナから世界各国に避難している避難民の人々は、受入国によっては条約上の「難民」として扱われ、難民条約に定められる保護措置を与えられている。「難民」ではなく「避難民」とされている場合でも、法的に特別な在留資格や滞在の手続きの簡潔化や職の斡旋などの対応をしている国も多い［橋本　2022］。

　「条約難民」や特別な措置を与えられる広義の「難民」よりさらに広く、国境を越えて移動する人々の中で、例えばより良い経済的機会や教育の機会を探求したりして自由意志で移動するのではなく、何らかの理由で移動を余儀なくされるという点に注目した、「強制移民（forced migrants）」または「非自発的移民（unvoluntary migrants）」という概念もある。

　移民の権利については、人権法の枠組みが主に使われる。また、どのような理由でも、国境を越えない避難民の場合は、人権法の枠組みの中で保護される［UN ECOSOC 1998］。

難民法の強みは、自国の庇護を受けられずに国境を越えて移動する人々に、避難先の国家による庇護を保証する点である。その一方、弱みとしては、狭義の難民法で庇護を受ける「難民」の条件が厳しく、その条件の適用には各国による解釈も大きく関わってくるため、庇護が必要でも受けられない人々を残してしまうという点が挙げられる。

ただ、広義の「難民」、また、「強制移民」あるいは「非自発的移民」を守る枠組みは、難民法の条約に明記されている内容だけではなく、厳密な国際法の枠組みを超えて、2018年の難民に関するグローバルコンパクトと、それ以降の市民社会や企業などを巻き込んだ包括的なグローバル難民フォーラムの枠組みに移行して来ている。このように国際法の枠組みを超えて脆弱な人々を守る他の2つの枠組みについて、次に簡単に触れる。

4 国際法の枠組みを超えて

国際社会が大規模な被害にあう人々を目の前に何ら有効な対応がとれなかった1990年代半ばの、特にルワンダと旧ユーゴスラビアのスレブレニツァにおける虐殺の歴史を教訓に、1990年代の終わり頃から、国際法では通常許されていない、ジェノサイド、人道に反する罪、戦争犯罪、大規模な人権侵害などが起こっている場合に国家が人々を保護できない場合、または保護する意思がない場合、その国の承認がなくても他国や国家集団が介入できる概念が生まれてきた。この代表的なものとして、ここでは「保護する責任」と、関連する「文民の保護」について扱う。この2つの概念は密接に関連しているが［Breakey 2012］、別の意味を持つ。

(1) 保護する責任

1990年代の国際社会の失敗を背景に、「保護する責任（Responsibility to Protect: R2P）」は有識者からなる「介入と国家主権に関する国際委員会（International Commission on Intervention and State Sovereignty: ICISS）」の2001年の報告書で新しい概念として示された。その中心となる考え方は、「国家および国際社会が重大な人道危機から人々を保護する責任を負う」というものである。

その責任の内容については、人道危機が起きてしまった場合の対応として、

受入国の同意なしに他国の人々を保護するために軍事力を伴う介入ができるとする軍事的介入に関する面を強調する ICISS の案がたたき台となったが、人道危機の予防の必要性を強調し、人道危機に対応する場合でも人々を保護する義務は当該国家にあることを確認し、当該国家にその能力または意思がないときに限り、他国や国際社会が介入でき、その場合でも国連安全保障理事会の決議が必要である、という内容に落ち着くこととなった［中内他 2017: 1-31］。

この政治的概念は、重大な人道危機に直面する人々を保護する責任の主体が第一義的にその国家にあるということ、また、その責任の内容についてのある程度の国際社会の合意を明らかにした点、また責任の主体を予防と対応、そして 3 つの柱（当該国家による保護の責任、国際的な援助と能力構築、断固とした対応）に分けて明らかにしたという点では有用であった。ただし、重大な人道危機に直面する人々を他国や国際社会が直接的に軍事力を伴って保護するという可能性については、手続き的に何ら新しいことを加えるものではなかった。

(2) 文民の保護

類似する「文民の保護」は、1990 年末に生まれた概念で、その中心にあるのは武力紛争において文民を意図的に攻撃の対象としないなど、紛争の被害から文民を守るということである。初めて「文民の保護」概念を定めた国連安全保障理事会の決議は 1999 年の 1265 号決議であったが、その後、特に保護の必要な女性や子どもなどに言及する国連安全保障理事会の決議（1261 号決議、1325 号決議）なども採択され、これらが国連によって直接運用されるのは、シエラレオネにおける平和活動以降、主に国連平和活動においてであった。

この「文民の保護」という概念は、①国際人道法的な武力紛争中に戦闘に参加しない文民を紛争の被害から守るという考え方、②国連の安全保障理事会などにおいて保護するべき人々がいるかどうかを確認し、それにより例えば国連の平和活動などを設立する必要があるかどうかを判断する基準としての「文民の保護」の可能性という面、③それを実際に国連平和活動でどう運用するかという戦術的・技術的な基準という面、④そして人道援助活動などにおいて広く人々に対する援助をする際に使われる「文民の保護」という面、

という4つの種類に分けることができる。いずれにおいても、武力紛争が前提となっていること、武力紛争に直接的に関わらない人々を保護するという考え方である、という点は共通しており、武力紛争に関連して脆弱な立場におかれる人々の保護という枠組みを提供していると言える。

おわりに

　本講では、「人間の安全保障」を確保するための視点の1つである、脆弱性を持つ人々に注目し、彼らを保護する枠組みとしての国際法、特に人権法、国際人道法、難民法と、その周辺にある政治的概念としての「保護する責任」と「文民の保護」を取り上げた。こうして見ると、3つの国際法、そして関連する政治的な概念において、脆弱な人々を守る枠組みが複数あるということが分かる。

　これらの枠組みは、それぞれ保護する対象となる人々や、保護する法的義務や政治的責任を持つ主体、保護の内容、枠組みが適用される状況や条件などが異なる。しかし、その根底にあるのは、ある状況において脆弱な立場におかれる人々を保護する必要性を認め、保護する枠組みを確保しようとする意図である。

　どの国際法や政治的概念もそれだけでは脆弱な立場におかれる人々の保護の仕組みとしては十分とは言えない。これらすべての枠組みを以ってしても、従来ある「人間の安全保障」の問題に加え、次々に新しく現れる問題に十分に対応できるものでもない。例えば、これまで国家の集団安全保障体制の柱であった大国が、より明らかに大規模な国家間の紛争に参加、あるいはそれを容認し、国際の平和と安全保障を司る国連安障理事会が機能不全に陥る中、いくら国際法や政治的概念が確立されていたとしても、それを適用する体制が危機に瀕していては、実際に効果的に脆弱な人々を守ることはできないかもしれない。

　しかし、脆弱な立場におかれる人々に注目し、特に彼らを守ろうとするこれらの複数の枠組みは、国家単位で力のバランスを取り、危うい平和を保つという国家の安全保障の視点を超え、国際の平和の目的を人間単位に変更し、どのようにしたら実際に人々を守って行けるかという、包括的で実践的なツ

ールを提供するものではないかと思われる。これらの枠組みは、人間単位で多角的に安全保障を考え、包括的に皆の「人間の安全保障」を守ろうとする、互いに補完的で柔軟に発展する可能性を持つ。強制することは難しいとしても国家に対して法的効力を持つ国際法、より柔軟に変容し続け、市民社会や他の国際社会におけるアクターが国境を越えて協力するための共通のガイドラインともなる政治的概念は、人々を守る重要な国際社会の試みであるとも言える。大規模な紛争だけでなく、気候変動、自然災害、格差の拡大、人口知能を含む新しい技術の出現などが新しく「人間の安全保障」を脅かすことがあっても、このように層の厚い、柔軟な枠組みを積極的に適用していくことで、脅威に対抗していけるのではないだろうか。

［文　献］

中内政貴他編（2017）『資料で読み解く「保護する責任」――関連文書の抄訳と解説』大阪大学出版会。

橋本直子（2022 年 5 月 28 日）『GPF セミナー：ウクライナ避難民と日本――日本の難民受け入れ政策の過去・現在・未来』Global Peace Foundation, 2022 年 6 月 4 日。〈https://www.youtube.com/watch?v＝OnMmC1kUs0s〉（2024 年 3 月 3 日最終アクセス）

山影進（2008）「地球社会の課題と人間の安全保障」高橋哲哉・山影進編『人間の安全保障』東京大学出版会、1-18 頁。

Breakey, Hugh（2012）The responsibility to protect and the protection of civilians in armed conflict: Overlap and contrast, Angus Francis, Vesselin Popovski and Charles Sampford, eds., *Norms of Protection: Responsibility to Protect, Protection of Civilians and their Interaction*, United Nations University Press, pp. 62-81.

Commission on Human Security（2003〔2003〕）*Human Security Now: Protecting and Empowering People.*〔人間の安全保障委員会『安全保障の今日的課題――人間の安全保障委員会報告書』朝日新聞社〕

Kihara-Hunt, Ai（2019）Discrimination against Women in the Sphere of Marriage and Family Life, Saul Takahashi, ed., *Civil and Political Rights in Japan*. Routledge, pp. 68-83.

UN ECOSOC（1998）*Guiding Principles on Internal Displacement*, 22 February 1998, UN Doc. E/CN. 4/1998/53/Add. 2.

UN GA（2005）*Human Security*, 24 October 2005, UN Doc. A/RES/60/1.

UN OHCHR（2012）*Human Rights Indicators: A Guide for Measurement and Implementation.*

30 —— I　今日の世界と日本の実践

【読書案内】

申惠丰（2020）『友だちを助けるための国際人権法入門』影書房。

 ＊ 人々を保護するために国際人権法がどのように使えるかということを実践的に説明した、日本の読者に分かりやすい事例も豊富な文献。

赤十字国際委員会（2014）『国際人道法のいろは——わかりやすい国際人道法』赤十字国際委員会。

 ＊ 国際人道法について、分かりやすく実践的に解説する、教科書的な文献。

中内政貴他編（2017）『資料で読み解く「保護する責任」——関連文書の抄訳と解説』大阪大学出版会。

 ＊ 「保護する責任」について体系的に関連文書を収集し解説した文書。

Freeman, Michael（2011〔2016〕）*Human Rights: an Interdisciplinary Approach,* 2nd ed., Polity.〔『コンセプトとしての人権——その多角的考察』高橋宗瑠他訳、現代人文社〕

 ＊ 人権という概念を分野横断的に解釈する現代の「人権」概念の代表作。

第 2 講

アフリカの平和活動と人間の安全保障

遠藤 貢

> アフリカにおける紛争形態は、2010年代以降その形を変えたと考えられる。暴力を伴う紛争は、テロリズム、あるいは暴力的過激主義（Violent Extremism: VE）と称される活動としてとらえられるようになった。同時に、こうした紛争に対するアフリカ連合（African Union: AU）の平和活動も、暴力集団の根絶を目的とする「安定化」とよばれる活動に変化してきた。しかし、VEに関与している主体たる「人間」のおかれている問題を捨象し、対症療法的に対応することに主眼をおく活動は、人間の安全保障の視座からみると、さまざまな矛盾を孕んでいる。

はじめに

　武力を伴った紛争は、「恐怖からの自由」を一つの重要な構成要素としてきた人間の安全保障にとって、極めて重大な問題としてとらえられてきた。紛争に関する各種データを提供するオスロの平和研究所（Peace Research Institute Oslo: PRIO）は、アフリカにおける紛争の傾向に関する報告書で、一事象あたり25名以上の犠牲者を出している紛争を、大きく三種類の形態に分類して数値化している［Palik et al. 2022］。第一に、政府（による統治）、あるいは領域をめぐる両立不能な闘争（contested incompatibility）に特徴付けられる「国家を基礎とした紛争（State-based Conflict）」である。第二に、政府軍ではない、組織された集団間による武器を用いた対立によって特徴付けられる「非国家紛争（Non-state Conflict）」である。そして、第三に、上記二つの紛争とは幾分様相を異にするが、文民に対する政府、あるいは政府以外の組織された集団による武力の行使としての「一方的な暴力（One-sided Violence）」である。なお、拘留中に発生した超法規的な殺人は第三のカテゴリーには含まれないと定義されている。このうち、2010年代以降は第二と第

三の形態に分類される紛争が増加傾向にある。

こうした紛争形態の変容は、「政府軍ではない、組織された集団」とされる紛争主体の変容にも現れている。今から 10 年以上前に、アフリカにおける紛争の様態の変容に関する興味深い分析を行った S・ストラウス（Scott Strauss）は、上記のような紛争に関するデータを分析し、アフリカにおける反乱勢力と紛争の特徴に関する傾向の変化に分析を加えている［Strauss 2012］。中でも、1990 年代に見られたルワンダでのジェノサイドといった大量殺戮を特徴とする、第三の形態に分類されるような政治暴力の発生が減少傾向にあることと、これまで研究上十分に分析対象となってこなかった他の形態の政治暴力が顕在化しているという点がその特徴である。紛争形態の変容という観点からは、選挙関連の暴力の増加と、土地や水をめぐる極めてローカルなレベルでの紛争が多発する傾向が見られることを挙げている。

この議論の中で、ストラウスは、特に長期化している紛争において特徴的な反乱勢力を、「カウンター・システム」的な反乱勢力として提示している。2012 年当時の例として挙げている反乱勢力は、アルジェリア南部、マリ北部での活動が知られている「イスラーム・マグレブのアル・カーイダ（AQIM）」、現在でもソマリアでその活動を継続しているイスラーム主義勢力「アッシャバーブ（Al-Shabaab）」、また当時ウガンダ北部を中心に活動していた「神の抵抗軍（Lord's Resistance Army: LRA）」などである。

UNDP（2023）では、これらを暴力的過激主義（Violent Extremism: VE）のグループとして改めて整理している。そして、チャド湖流域地域（Lake Chad Basin）で活動するさまざまな勢力を「ボコ・ハラム（Boko Harum）」としてまとめ、上記のアッシャバーブ、そして、マグレブと西アフリカを中心に活動しているアル・カーイダ傘下のイスラーム武装勢力を「イスラーム教及びイスラーム教徒の守護者（Jama'a Nusrat ul-Islam wa al-Muslimin: JNIM）」として分類している。

ストラウスの議論にもあったように、これらの勢力のリーダーが目指しているのは、既存のシステムとしての民主主義を基盤とした「ゲームのルール」に対抗してこれを根本的に変革し、一部はイスラーム法に則った統治を行うことである。つまり、これらの勢力が目指す政治環境は、国際的に求められる民主主義的な状況ではない。そのため、必ずしも選挙を通じて自らの

主張を通すことはできないという共通項を持っていることが特徴となっている。こうした反乱勢力が活動している地域は、アフリカにおいて1990年代以降に紛争が減少する傾向の中でも紛争が継続している、コンゴ民主共和国東部、スーダン、ソマリア、マリやニジェールの北部などサハラ砂漠南縁部に位置する「サヘル・アフリカ」である。そのため、これらの地域においては、こうした反乱勢力の特徴が紛争の長期化にも影響を及ぼしていると考えられる。

また、この「カウンター・システム」的な反乱勢力について、ストラウスは、越境を繰り返しながら、複数の国の治安部隊と交戦したり、民間人への攻撃や誘拐を行ったりすることを特徴とする、「移動型反乱勢力（mobile insurgent groups）」という表現も用いている。越境という観点からは、AQIMはアルジェリア、マリ、ニジェール、モーリタニアのサヘル地域を移動している。同様に、アッシャバーブも、ソマリアに限らず、ウガンダやケニアでも爆弾テロを行っている。こうした移動型反乱勢力は、その活動が比較的小規模であると同時に、強いイデオロギー性を有するために、活動の完全な封じ込めや交渉による問題解決が極めて困難である。そのため、1990年代に生起したような大規模な紛争は起こりにくい状況にはなったとはいえ、こうした小規模で、局所的な暴力と犯罪性を帯びた紛争が継続的に発生する可能性は排除できない。つまり、人間の安全保障に関わる恐怖の「質」も変化してきたと考えなければならない。

こうした紛争と紛争主体の変質に鑑みると、果たしてどのような紛争対応がなされてきたかを確認するとともに、その政策対応の妥当性を検討し、必要に応じて新たな政策対応を模索しなければならない段階に入っているとも考えられる。

1 アフリカにおける平和活動の新展開

アフリカでは、従来の国際連合（以下、国連）を中心とした平和活動に加えて、以下に記すように、2002年に発足したAUによる平和活動が活発に行われるようになっている。

（1）アフリカ連合における平和安全保障枠組

2002 年 7 月に、前身のアフリカ統一機構（Organization of African Unity: OAU）を発展的に改組する形で発足した AU は、政治的・経済的統合の実現と紛争の予防・解決に向けた取り組みを強化することをめざした地域機構である。AU の大きな特徴は、1990 年代以降アフリカ大陸に多発してきた紛争の予防と解決にかかわる分野に大きな力点をおいている点である。

この取り組みの代表的なものとしては、域内の紛争解決に取り組むために整備されてきた「アフリカ平和安全保障枠組（African Peace and Security Architecture: APSA）」を挙げることができる。APSA は、連合制定法において「（アフリカ）大陸における平和、安全、安定を促す」ことを目的として掲げ、そのための意思決定を行う組織として、「平和安全保障理事会（Peace and Security Council: PSC）」を設けている。これ以外に、早期警報システム、賢人パネル、アフリカ待機軍（African Standby Force: ASF）、平和基金という 4 つの組織が APSA を構成している。アフリカ域内の極めて重大な紛争事態・人道危機（戦争犯罪、ジェノサイド、人道に対する罪）に関しては、総会での決定に基づき加盟国に対して AU が介入できる権利を認めているなど、アフリカにおける「保護する責任」の実現を企図している。

PSC の決議の下に、平和維持活動を行うのが ASF である。当初の構想では、2015 年までにアフリカの 5 つの地域に設立することを予定していた。しかし、現実の紛争事態が先行したことから、スーダン西部のダルフールへのミッションを皮切りに、ソマリア、ブルンジ、マリ、中央アフリカなどのミッションが活動してきた。

（2）新たな紛争主体への対応——タスク・フォース型平和活動

しかし、はじめに触れたように、近年のアフリカにおける紛争は、当初 APSA という枠組みが想定していた紛争からその姿を大きく変え、特に 2010 年代以降には脅威や恐怖の「質」も変化してきた。加えて ASF 自体の整備も順調には進んでいなかったこともあり、2013 年にはその代替措置となる介入型の軍事対応として、「アフリカ緊急危機対応能力（African Capacity for Immediate Response to Crises: ACIRC）」が設立された。しかし、すでに新たな脅威となっていた移動型反乱勢力に対応するため、国内や国境を越えて地域レベルで活動する軍隊を中心に再構成されるタスク・フォース型平和

活動を新たに設立し、その脅威に対応する動きを強めることになった。

このように変容してきた紛争主体は、VEを実践する主体、さらにはいわゆる「テロリスト」「テロ組織」と認識され、アフリカにおける平和活動では「安定化（stabilization）」を実現するための殲滅対象として位置づけられている。上述のタスク・フォース型平和活動は、こうした紛争主体を殲滅する（stabilize）ことを主たる目的としてアド・ホックに設立・実践される点に特徴がある。その最初のケースとされるのは、2012年3月に設立されて以降、PSCがその活動を更新し、2018年9月に活動を終了した「地域協力イニシアティヴ（Regional Cooperation Initiative for the Elimination of LRA: RCI-LRA）」である。この活動の目的は、ウガンダを中心に活動したLRAの残虐行為で被害を被った国々に対する軍事作戦能力の強化と、その地域の安定化であった。この取り組みには、LRAが活動していたウガンダ、コンゴ民主共和国、南スーダン、中央アフリカの軍隊が関与した。

ボコ・ハラムに対しても、「多国間共同タスク・フォース（Mult-National Joint Task Force: MNJTF）」が活動している。このタスク・フォースの設立を主導したのは、1964年に創設され、水や自然資源管理を主とした活動を行う地域機構「チャド湖流域委員会（Lake Chad Basin Commission: LCBC）」と域外国のベナンである。2014年10月に委員会の特別首脳会議で設立を決定し、翌2015年1月にPSCの授権の下にその活動を開始した。その構成国は、ボコ・ハラムの活動領域諸国であるナイジェリア、ニジェール、カメルーン、チャド、ベナンであり、活動主体は各国の軍である。

サヘル・アフリカでは、複数のイスラーム武装勢力に対応する「G5サヘル・ジョイント・フォース（G5 Sahel Joint Force）」が国連安全保障理事会の授権の下に2017年6月に正式に設立されている。その目的は、サヘル地域における対テロの安定化作戦を実施することであった。もともとのこの前身となる組織は、2014年2月にモーリタニアの首都ヌアクショットで開催された、サヘル地域の5カ国（ブルキナファソ、チャド、マリ、モーリタニア、ニジェール）の首脳会議で設立された。そして、正式な設立以降、G5サヘルは、以前からこの地域に影響力を有してきたフランス軍と共同で活動を実施することになった。

（3）タスク・フォース型平和活動やアフリカにおける平和活動の今日的課題

タスク・フォース型平和活動は、移動型反乱勢力の活動領域諸国である各国の軍隊を中心に再構成されてきた。ヨーロッパ連合（European Union: EU）などドナーの観点からは、「アフリカ連合ソマリアミッション（African Union Mission to Somalia: AMISOM）」のような、約2万人規模のアフリカの多くの諸国の軍から構成される大型の平和活動のミッションを新たに設立することに比べて低いコストで運用が可能である。さらに、それぞれの軍隊供出国（Troop-contributing Countries: TCCs）の観点からは、差し迫った脅威に対応するための財政支援を得られる。このように、タスク・フォース型平和活動は、一定の国際的な正当性を実現できる点で重宝される面を有している。

こうした平和活動は、「テロ集団」の殲滅という極めて短期的な脅威の排除という目的に資する可能性を高めるが、TCCsの活動の自由度が高まることに伴い、各国の政治的な思惑を含んだ活動が放任されることにもつながりかねない。タスク・フォース型平和活動は、AUが設立当初から掲げてきた、アフリカにおける共通の課題に対応するという目的の実現との整合性が保てなくなる危険性をも孕んでいる［Brubacher et al. 2017］。

タスク・フォース型平和活動に限らず、アフリカにおける平和活動では、アフリカにおける政治・経済的文脈に埋込まれた運用が見られる［Fisher and Wilén 2022］。例えば、紛争直後から兵力派遣を行うことで、外部からの給与・待遇面で利益を得ようとする動き、国軍の能力を強化するために行う部隊派遣前の軍事教練などのための外部資金を得ようとする動きである。

加えて、タスク・フォース型平和活動へのドナーの評価にも見られるように、こうした対症療法的な対応は、外部からは一定の評価を得ている。そのため、アフリカ諸国はタスク・フォース型平和活動以外の国連の平和維持活動（Peace Keeping Operations: PKO）においても比較的積極的に軍の拠出を行う傾向にある。アフリカで実施される国連の平和活動における2021年4月段階での主要なTCCsは、貢献順にルワンダ、エチオピア、ガーナ、セネガル、チャドである。ガーナはアフリカでも有数の民主主義国であり、セネガルも後退傾向は見られるものの民主主義国としての一定の評価がある。しかし、ルワンダ、エチオピア、チャドはフリーダムハウスの指標などでは、「自由ではない」と評価されてきた国々である。AMISOMに関与している

国々の中でも、ウガンダやブルンジは極めて権威主義的な国と評価されてきた。実は、平和活動への関与は外部からは高く評価されることから、平和活動を行うことで外部からの体制評価や批判を回避し、権力を維持するというダイナミズムがあることが指摘されている［Fisher and Wilén 2022］。

UNDP（2023）も、「対テロ」といった目的に対応したイニシアティヴはその当初は一定の成果を収めたとしても、多くのサハラ以南アフリカにおいて、VE に関わるクループは継続してその存在を維持し続けているほか、破壊的な影響を残し続けていることに警鐘を鳴らしている。その意味では、タスク・フォース型平和活動は対症療法的であるという限界を抱えており、VE 活動の背景として存在する政治経済的な課題への対応が不十分であるということでもある。そのため、こうした平和活動の実践は、人間の安全保障の視座に立ち返ったときに、大きな課題を抱えている。

こうした問題に対しては、例えば、人間の安全保障を外交の一つの柱としている日本を中心に、新たな紛争対応のアプローチが提起されている。2019年に横浜で開催された第 7 回アフリカ開発会議（TICAD7）では、日本政府が「アフリカの平和と安定に向けた新たなアプローチ（New Approach for Peace and Stability in Africa: NAPSA）」を発表した。ここでは、その具体的な方法までには明確に触れてはいないものの、アフリカにおいて持続的な平和を実現するためには、紛争・テロ等の脅威を除去することに主眼を置いて「恐怖からの自由」を実現しようとする、対症療法的な対応のみでは不十分で、紛争・テロ等の根本原因ともなる貧困などの「欠乏からの自由」の実現にアプローチする必要性に言及している。加えて、紛争・テロ等の根本原因の一つとして、国家や地方の制度そのものが脆弱であることを挙げ、若者が過激主義に引きつけられる土壌の醸成を防ぐことの重要性を指摘している。では、その「土壌」とはいかなるものなのだろうか。

2 アフリカにおける「テロリスト」とは誰か

アフリカの紛争の文脈においては、「テロリスト」や「テロ集団」という概念の利用が VE とも関連付けられて頻繁に行われ、前節で検討したタスク・フォース型平和活動の正当性もこうした活動を安定化・殲滅することに

あると考えられている。しかし、こうした概念はどの程度正確にこうした活動に関与する「人間」や「組織」の内実を表しているのだろうか。

(1) ソマリアのアッシャバーブの事例

筆者は、ソマリアにおける「テロ集団」、VE ともされる勢力であるアッシャバーブについて、「なぜ、アッシャバーブはソマリアにおいて一定の勢力を維持し続けているのか」という問いを立てた論考を記したことがある [遠藤 2021]。アッシャバーブは、ジハード（聖戦）を唱え、暴力的な手段を用いる点に関しては、ソマリア社会の中でも必ずしも評価されない面が確かにある。ただし、ソマリア社会においてイスラームのあり方を問おうとする場合には、その宗教的特徴はアッシャバーブから切り離すことが困難な状況にもある。こうした点に加え、アッシャバーブが一定の官僚機構的な制度を整え、十分に機能していない政府に代わって行政サービスを提供していることが、勢力維持の理由の一つとなっていることを示した。

実際、アッシャバーブは 1991 年以降約 20 年にわたる中央政府の実質的不在が続いてきたソマリアの政治文脈にうまく適応して、その組織化や制度化を進めてきた。その結果として、ソマリア国内の一部の領域支配につながってもきたのである。上述のように、限定的とはいえ、現地社会におけるアッシャバーブへの支持は、政府が十分に機能しない中で一つの自生的な秩序を形成する姿を示すものでもあり、アッシャバーブを「テロ集団」としてのみとらえることには留保も必要となる [遠藤 2015]。

(2) UNDP 報告書 2023 年

アフリカにおける「テロリスト」とは誰か、という問題を考える上で、興味深いデータと分析を提供しているのが、VE グループに関与するようになったり、離脱したりする要因を多角的に分析している国連開発計画の報告書である [UNDP 2023]。この研究は、UNDP が 2017 年に類似の調査をもとに公表した成果 [UNDP 2017] の後継の研究として、より掘り下げた調査研究を行ったものである。先に触れたボコ・ハラム、アッシャバーブ、そして、JNIM が活動歴を持つブルキナファソ、カメルーン、チャド、マリ、ニジェール、ナイジェリア、スーダン、ソマリアにおいて、自発的（40%）、強制的（14%）に VE に関与したサンプルとして 1,181 名（合計 54%）にインタビュー調査を行っている。そのほかに、統計分析を行う目的で統制グループ

（参照グループ）のサンプルとして、実際には VE グループに関わったことのない 1,015 名（46%）に対してもインタビューを行う形でデータを集めている。

　この報告書において興味深い点は、VE グループに関わる背景として、生誕地（birth places）が極めて辺境（remote）であることや宗教的な理由があるものの、参照グループも含め 7 割を超える回答者が、政府に対する強い不信感（雇用機会の創出の失敗も含む）に加え、6 割以上が治安を提供すべき警察に対する信用の欠如を挙げているという点である。ただし、これは背景的な要因であり、より直接ともいえる要因（tipping points）として挙げられているのは、政府による家族や友人の殺害や逮捕といった事件である。加えて、経済的な困窮や剥奪（deprivation）意識が大きく関わる要素となっており、VE グループへの関与を通じて経済的な雇用機会を得ることも、大きな動機となっていることを明らかにしている。他方、VE グループからの離脱に関わる部分でも、経済的な動機が影響している。離脱者の 54% が十分な雇用機会を与えられなかったことを離脱要因として挙げている。さらに、政府による恩赦や、社会への再統合のイニシアティヴの存在が、離脱を円滑に進める上での重要な要因となることも指摘している。

　こうした分析に鑑みると、「テロリスト」として殲滅対象となっているグループを構成するメンバーは、決して特定のイスラームの教義を熱狂的に信奉する「狂信者」として表象可能な人々ではない。日本の NPO 法人アクセプト・インターナショナルもソマリアにおけるアッシャバーブからの投降者の「脱過激化・社会復帰」プログラムに関わっているが、その活動の中でも、過激な思想を有しており刑務所からの脱獄を図る者がいる一方で、強制的な加入を余儀なくされた元構成員の姿がみられる［永井 2023］。

　このように、「テロリスト」をどのように評価するのかは必ずしも単純ではない。したがって、前節で述べたような TCCs に資金を集中することで「テロ組織」を殲滅させようとするタスク・フォース型平和活動は、人間の安全保障の視座に立てば、「恐怖からの自由」を取り戻すことを優先しつつも、決して「欠乏からの自由」や人間の尊厳の実現につながる政策対応とはならないリスクを含んでいることは明らかである。こうした政策の課題は、ここで扱った UNDP の報告書でも指摘されている［UNDP 2023］。さまざま

に存在するローカルな視点をも重視した「人間」の安全保障の視座が改めて必要とされるゆえんである。

3 アフリカにおける「平和」の創造に向けて

(1) ピースランドとピース・インク

既述のようなさまざまな紛争主体の関わる紛争への万能な政策があるわけではないが、紛争地域で長く実務と研究を重ねてきたオトセールが提示するアプローチは一考に値するものである [Autesserre 2014: 2022〔2023〕]。

オトセールは、紛争地帯から紛争地帯へ飛び回る援助活動家の世界をピースランド (Peaceland) とよぶ。そして、ピースランドの住民が考案する、トップダウンで、アウトサイダー主導のアプローチをピース・インク (Peace Inc.) と名付けている。このアプローチは、一般的には定型化されているものではあるが、多くの問題を含む紛争終結法と考えられる。

彼女は、「ピースランドの住人は、地元の人は暴力を取り除くのに必要なものを持っていないけれど、外部の専門家はもっていると思い込んでいることが多い。この思い込みが、戦争に対するピース・インクのアプローチの核にあり、国内と国外の平和構築者いずれもがさまざまな困難を生んでいる。その結果、標準的な国際戦略がうまくいくことはめったになくて、ときに逆効果になる」[Autesserre 2022〔2023: 115〕] と指摘する。

しかし、オトセールの議論の主眼は、ピース・インクが問題だらけであることではなく、さまざまな紛争問題に対処する上では、ローカルな取り組みに加えてトップダウンのアプローチも必要であるということである。そこで留意すべきは、ピース・インクを完全に捨て去ることではない。「それ〔ピース・インク〕を見直して、インサイダーとアウトサイダーの関係を変え、非生産的な思い込みを取り除いて、有害な習慣やルーティンを一掃する必要がある。そして、よりローカルな平和構築のとり組みと組み合わせるべきだ。〔中略〕マクロレベルとミクロレベルの取り組みを組み合わせることでのみ、持続可能な平和を築ける。ボトムアップの仕事を支えるために、トップダウンの取り組みを犠牲にすべきではない。どちらのアプローチも必要で、それは、両者が互いに補完し合うからにほかならない」[Autesserre 2022〔2023:

240〕〕からである。ただし、「それぞれのアプローチにどれだけ重きを置き、どんな方法で実行に移すのか。それは現場に固有の条件によって決められるべきで、当然ながら時間と場所によって大きく異なる——だからこそ、それぞれの紛争を深く理解することが欠かせない」〔Autesserre 2022〔2023: 240〕〕のである。

　さらに彼女は、次のようにも述べている。「外国人の平和構築者は、紛争地帯の住民にさまざまなものを提供できる。肝心なのは、現地の住民が必要としているとこちらが思い込んでいるものではなく、住民が実際に必要としているリソースやスキルに焦点を合わせて、本物の貢献をすることだ。それに、典型的なピースランドの住民として振る舞い続けてはいけない。〔中略〕必要なのは、思い込むことではなく尋ねること。導くのではなく従うこと。支配するのではなく支援することだ」〔Autesserre 2022〔2023: 280〕〕。

(2) アフリカにおける紛争対応の課題

　オトセールの議論に照らして考えてみると、前節で扱ったタスク・フォース型平和活動は、必ずしもアウトサイダーの活動とも分類できないが、ピース・インク的な発想、言い換えると「テロ集団」「テロリスト」といった一般化された脅威対象の認定に基づく「安定化」を目的とした定型的な行動様式を特徴としていることがわかる。「〔アフリカ〕大陸における平和、安全、安定を促す」ことをねらいとした活動という側面は有しつつも、アフリカにおけるローカルな文脈を十分に理解した上で実践されているのかについては、課題が残されている。

　タスク・フォース型平和活動の対象の中でも、G5サヘルの活動している地域を事例としてごく簡単にみてみよう。この地域では、イスラーム武装勢力であるJNIMの活動に伴う治安悪化に対する政府による対応への不満なども加わり、マリでは2020年と2021年に軍によるクーデタが発生した。そして、G5サヘルなどとも一定の協力関係のもとで軍事作戦を展開していたフランスが2021年6月にマリ軍との協力を停止した。その後2022年5月に、マリはG5サヘルから撤退し、その後にクーデタを経験したブルキナファソ、ニジェールも撤退した。そして、2022年8月15日フランスのマクロン大統領は、治安維持を目的としてマリに駐留していたフランス軍の完全撤退の完了を発表している。さらに国連のPKO活動である「国連マリ多面的統合安

定化ミッション（United Nations Multidimensional Integrated Stabilization Mission in Mali: MINUSMA）」に関しても、クーデタで発足した暫定政権との関係悪化を背景として、2023年12月末を期限に完全撤退している。

現状においては、新しい紛争主体に対応する目的で設立されたタスク・フォース型平和活動は、LRAに対してはその活動の事実上の消滅という形で一定の成果を上げたといえるかもしれない。しかし、上述したサヘル・アフリカにおいては、その不安定化に対し「テロ集団」の認定とその殲滅を通じた「恐怖からの自由」を通じた「平和」の実現に力点を置いた対応に偏重し、それは必ずしも期待された成果にはつながっていない。オトセールの議論が示唆しているのは、UNDP（2023）における提言とも関わり、よりローカルな視座を折り込む形での現地のニーズを組み入れた対応の必要性であろう。繰り返しになるが、そこには、改めて人間の安全保障の視座が提起する「欠乏からの自由」、そして人間の尊厳の実現をも想定した対処法が構想される必要がある。こうした視座を組み入れない限り、平和活動が実現を目指す「平和」は極めて不安定なものに留まらざるを得ない。ここに、現在の紛争対応が抱える課題をみることができる。

おわりに

紛争を引き起こす主体が「悪」として評価されるのは一般的には適切である。ただし、本講で言及したVEなどの活動に関わる背景や要因は、思ったほどには自明なものではなく、極めて複雑かつ複合的な要因を含んでいる。アフリカにおいて2010年代以降展開してきた紛争の変容とその対応としての平和活動は、一見その目的実現とは整合的であるようには見える。しかし、そこにおいては、「テロ集団」や「テロリスト」として極めて固定的に枠づけられた、「悪者」の掃討・殲滅のみがその目的となっている。こうした取り組みは、人間の安全保障の視座から評価した場合、残念ながら、適切な対応とはいえないという課題を含んでいる。

オトセールの議論は、本講でも述べてきた、紛争地域で生活する人々（「人間」）のあり方に改めて光を当てる必要性を議論している点において、人間の安全保障の視座とも共鳴する形で重要な問題提起となっている。そして、

こうした視座を組み込みながら紛争への理解をより深めることが、万全ではないとしても、より「ましな」紛争対応の政策を構想していく鍵となる。紛争は「人間」のなす営為であることも確かである。そのことを考えれば、紛争を理解する中で、「人間」がおかれているさまざまな政治、経済、社会環境をより的確に理解し、対処する視座を組み込むことは不可避である。このことは決して容易なことではない。しかし、その労を惜しむことによって、むしろ紛争の再生産と負の連鎖が続いていく状況を許容することはあってはならないのである。

［文　献］

遠藤貢（2015）『崩壊国家と国際安全保障——ソマリアにみる新たな国家像の誕生』有斐閣。

遠藤貢（2021）「ソマリア政治史におけるイスラームの変遷とその現在」佐藤章編『サハラ以南アフリカの国家と政治のなかのイスラーム——歴史と現在』日本貿易振興機構アジア経済研究所、85-110頁。

永井陽右（2023）『紛争地で「働く」私の生き方』小学館。

Autesserre, Séverine（2014）*Peaceland: Conflict Resolution and Everyday Politics of International Intervention*, Cambridge University Press.

Autesserre, Séverine（2022〔2023〕）*The Frontlines of Peace: An Insider's Guide to Changing the World*, Oxford University Press.〔『平和をつくる方法——ふつうの人たちのすごい戦略』山田文訳、柏書房〕

Brubacher, Matthew, Erin Kimball Damman and Christopher Day（2017）The AU Task Forces: An African response to transnational armed groups, *Journal of Modern African Studies*, 55（2）, pp. 275-299.

Fisher, Jonathan and Nina Wilén（2022）*African Peacekeeping*, Cambridge University Press.

Palik, Júlia, Anna Marie Obermeier and Siri Aas Rustad（2022）*Conflict Trends in Africa, 1989-2021*, PRIO.

Straus, Scott（2012）Wars do end! Challenging Patterns of Political Violence in Sub-Saharan Africa, *African Affairs*, 111/443, pp. 179-201.

UNDP（2017）*Journey to Extremism in Africa: Drivers, Incentives and the Tipping Point For Recruitment*, UNDP.

UNDP（2023）*Journey to Extremism in Africa: Pathways to Recruitment and Disengagement*, UNDP.

44——I　今日の世界と日本の実践

【読書案内】

遠藤貢・阪本拓人編（2022）『ようこそアフリカ世界へ』昭和堂。
　＊ アフリカ地域研究の入門書。人間の安全保障に関わるテーマが多く扱われている。

落合雄彦編（2019）『アフリカ安全保障論入門』晃洋書房。
　＊ アフリカをめぐる紛争や安全保障課題を多角的に扱っている。

オトセール、セヴリーヌ（2023）『平和をつくる方法──ふつうの人たちのすごい戦略』山田文訳、柏書房。
　＊ 本講第3節でも引用したように、「平和」をどのように創造するかについて考えるヒントがある。

スターンズ、ジェイソン（2024）『名前をいわない戦争──終わらないコンゴ紛争』武内進一監訳、白水社。
　＊ コンゴ東部における「新しい戦争」をめぐり、紛争のダイナミズムをもとにした交戦当事者の利益と社会構造を詳細に描いている。

第３講

「農業開発」を再考する

中西 徹

農と食の「安全保障」といえば、我々は「食料安全保障」の問題を想像しがちである。発展途上国では「緑の革命」に代表されるように、専ら技術開発による生産性の向上という「量」的増大が目的とされてきた。しかし、世界レベルで貧困緩和と格差拡大をもたらしたグローバル化の過程において、飢餓から脱出した貧困層に新しい問題が生じている。それは、非感染性疾患に起因する「新しい貧困」である。本講では、こうした現状を踏まえ、フィリピンを事例に、発展途上国における「農業開発」を「人間の安全保障」の観点から再検討したい。

はじめに──「人間の安全保障」と農業開発

　筆者がマニラの貧困層の調査を開始した 1985 年当時、フィリピンは、戦後、最大の経済危機のさなかにあった。全国の貧困層比率は国家統計局によれば４割を超えており、調査地のそれは８割に及んでいた。しかし、その後、たしかに、いわゆる「トリクル・ダウン仮説」は作用した。マルコス Sr. 政権が崩壊した 1986 年の二月政変を経て、とくに 1990 年代以降の安定した経済成長は、数字の上では貧困層の底上げに大きく貢献してきたといえよう。コロナ禍直前には全国の貧困層比率は２割を下回っている。

　しかし、他方において、気がつくと、循環器系疾患、糖尿病、各種がんなどのいわゆる非感染性疾患（NCDs: Non-Communicable Diseases）に苦しむ人々が増えていた。筆者がマニラ首都圏の貧困地区において 2023 年９月に実施した調査では、542 世帯 1,960 人の 15 歳以上 1,023 人のうち、既に自覚症状があり医療機関でサービスを受けている居住者は、高血圧で 172 人（17％）、糖尿病では 52 人（5％）となっている。このような状況に至った原因としては、生活習慣や大気汚染の影響も大きいが、「食」の問題も無視できな

いように思われる。化学物質や農産物自体の質はとくに重要であろう。

NCDs については、SDGs（Sustainable Development Goals: 持続可能な開発目標）においても目標3（すべての人に健康と福祉を）の四番目のターゲットに「2030年までに、非感染性疾患による若年死亡率を、予防や治療を通じて3分の1減少させ、精神保健及び福祉を促進する」として言及されている。それは、「飢餓・疾病・抑圧等の恒常的な脅威からの安全の確保と、日常の生活から突然断絶されることからの保護の2点を含む包括的な概念」としての「人間の安全保障」の観点からみると、ある程度まで飢餓から脱出した人々が新しい疾病の脅威に晒されている状況といえるであろう。本講は、この疾病の脅威に大きな影響を与え得る農業開発について、再検討することを目的としている。

ここで、「人間の安全保障」の観点から考えるとき、農業開発が多面的かつ複雑な相互依存性を有している点を付言しておきたい。すなわち、それは、人間の安全に対する脅威として挙げられている分野全てに直接的、間接的に関わっている。農業は人々の生命の源である「食」を支え（食料の安全保障）、貧困層の雇用に貢献する（経済の安全保障）。他方において、農薬は、生産者から消費者に至るまで健康被害をもたらし（健康の安全保障）、とくに生産者にあっては労働災害の原因となっている（個人の安全保障）。農薬とともに化学肥料もまた自然環境を汚染してきた（環境の安全保障）ことを忘れてはならない。さらに、こうしたことから生産過程においては周辺農家にも被害が及び地域社会内においてトラブルが生まれる（地域社会の安全保障）ことが少なくないし、農業政策はしばしば農民の基本的人権問題を引き起こしてきた（政治の安全保障）。「人間の安全保障」の観点から農業開発を考えるためには、生産性のみに着目するのでは決して十分ではない。このことは本講の事例においてもあきらかにされるであろう。

1 「健康」と「食」の大分岐

ハラリ［2018］によれば、私たちが向かっている未来は、SF 小説に描かれているようなディストピアになる。21世紀中にも、情報テクノロジーとバイオテクノロジーの急速な進歩によって、情報を独占し、肉体を改造し文

第3講 「農業開発」を再考する──47

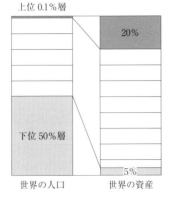

最近約40年の所得増加（1980年と2018年の単純比較）	
上位0.001％未満の階層	235％増加
上位1％の階層	74％〜235％
下位50％の階層	62％〜120％
下位20％の階層	76％〜115％

注）上の表は1980年と2018年の二期間の各階層にいる人々の上昇率の範囲を示している。詳しいデータはhttp://piketty.pse.ens.fr/ideology（2024年8月15日閲覧）におけるChapter0 TablesFigures.xlsxの図0-5［Piketty 2020］を参照。

出所）トマ・ピケティ（2014）『21世紀の資本』みすず書房　http://piketty.pse.ens.fr/ideology にもとづき筆者作成。

図1　世界における格差の拡大

字通り超人的な能力を有するようになる0.01％にも満たない少数の「エリート層」と、残りの99.99％以上の無用者階級、「民衆」からなる二階層社会に突入し得るというのである。

　最新の研究は、それが現実となる日も遠くないことを示している。たしかに、世界銀行のDatabankによれば、1990〜2015年の25年間で、世界の貧困者数は約19億人から約7億人に、貧困率も36％から10％に減少した。しかし、ピケティ［Piketty 2020］が論じるように、上位の0.01％未満の階層の所得と富が1970年以降、一貫して他の階層を遥かに超える成長を遂げ、一国内のみならず国際的にも極めて大きな格差が生じていることもあきらかである（図1）。現代社会では、貧困緩和と格差拡大が同時に生じている。しかも、格差の原因を、才能と努力の差のみに、つまり「民衆」の自己責任に求め、格差を正当化するが如き「思想」が広く浸透してきた。私たちは、力で押さえつけられるのではない。一見すると厳格な論理を纏った「思想」によって、この状況を受け入れざるをえない状況になってしまっているといえるであろう。

　そのような中で、「エリート層が無用な貧しい人々の健康の維持さえ意味がないと結論し得る」というハラリの指摘は、「食」について深刻な問題を

提起する。全世界の体重過多の人口はいまや飢餓人口の3倍を数え、うち6割以上が発展途上国の人々なのである（de Janvry et al., *Development Economics*, Routledge, 2016, pp. 666）。もはや発展途上国の貧困を飢餓だけで語ることはできない。「食」の未来もまた推して知るべしということになろう。「エリート層」向けの食と「民衆」向けの食という「食」の大分岐である。

2 「安全な食材を用いた正しい食」を求めて

　人々の福祉指標の基盤が「健康」にあり、それを保障するものの一つが「安全な食材を用いた正しい食」であることは多くの人々が共有することであろう。では、ここでいう「安全な食材」とは何か。この問題については、森永ヒ素ミルク中毒事件の原因をいち早く発見した医師による議論［梁瀬1978］が依然として注目に値する。梁瀬は、1970年代に自らが診察した農薬禍による多くの生産者と消費者の事例にもとづき、化学的生産資材の投入に頼る農業、すなわち慣行農業（conventional agriculture）は「死の農法」であり、「土を殺し、益虫を殺し、そして人を殺す」と喝破した。化学肥料は短期的な生産性の向上と引き換えに、土壌劣化と環境汚染を引き起こす。それは、農作物にミネラル、ビタミンや酵素の欠乏をもたらし、それを食する人々の生命力を弱める一方で、病虫害を招き農薬の多投を招来するため、人々の健康をさらに損なうというメカニズムを多くの臨床例から実証したのである。

　その後、慣行農業は、遺伝子組み換え（GM: Genetically Modified）技術を導入し、「進化」してきたが、人体や自然界に与える危険の疑いさえ払拭できないでいる。知的所有権の壁ゆえに第三者による十分な長期的実験が困難なままに、企業側がGM食品は安全であり、非GM食品と「実質的同等」であると主張しているのが現状である。

　では「正しい食」とは何か。コリン・T・キャンベルは、1970年代、中国農村部の食習慣研究を端緒として、動物性蛋白質の摂取量とNCDsの間には有意な相関関係があるが、菜食中心の食によって、こうした疾病を予防し得ることをつきとめた。それは、混合機能酸化酵素の複雑な働きによる。たとえば、この酵素は動物性蛋白質を摂取した際には、発がん性物質によって

誘発された腫瘍を促進するが、植物性蛋白質の場合には、逆に、腫瘍の成長を阻害する。さらに、彼は、代謝の複雑性に着目し、対症療法的な個別の栄養素サプリメントの摂取が必ずしも所期の目的を実現しないのみならず、重篤な副作用をもたらす危険性を指摘し、プラント・ベースのホールフード摂取の有効性を主張する。ここで、プラント・ベースのホールフード（Plant-Based Whole Food: PBWF）とは、植物由来の食材による「食」の中でも、加工や精製をせず、皮、根、葉などを含め、素材を丸ごとすべて食すことをいう。したがって、必然的に有機農産物が望ましいとされるようになる。

　これらの研究の一部は、2004 年に出版され、200 万部を超える大ベストセラーとなったキャンベル［2024］を通じて、世界的に「エリート層」の「食」に大きな影響を与え続けてきた。フランスでは 2003〜15 年の間に肉類の消費は 15% 減少し、現在、3 分の 1 の世帯が、基本的には菜食主義か時には動物性食品を摂取するフレキシタリアンだと指摘されている［アタリ 2020］。

　しかしながら、その議論は、多方面からのいわれのない批判と圧力も受けてきた。キャンベル自身が論じているように、畜産業を筆頭とする食品業界のみならず、医薬品業界などの多くの既得権益が複雑に絡み合い、「正しい食」のレシピには未だ大きな広がりはみられない。豊富な情報を有する「エリート層」以外は、その恩恵を享受できないようになってしまっている。

　工業製品の場合、最新科学技術の粋を集めた新製品は、まず「エリート層」によって購入され、その後、大量生産化によって底辺まで浸透していく。ところが、農産物はこれとは全く異なる性質を有する。技術が「ローテク」であればあるほど、「食」としての質はむしろ高くなり、厳格な認証が必要となる。他方、ハイテク農法は当初より膨大な「民衆」を対象とした薄利多売による短期的利潤の最大化を意図している。完全に市場が分離され差別化されているといってよい。

　「所有と経営の分離」が進んだ現代のグローバル企業にとっては株主の利益が最も重要である［中西 2020］。「民衆」向けの食品については、生産費用の大半は、情報弱者の人々の潜在意識を刺激し、購買意欲をそそるべく商品の外観と広告をデザインすることに注がれる。生産が長期的に及ぼす健康や環境への影響は、株価に影響が及ばない限り考慮されない。

50——I　今日の世界と日本の実践

　ここで、グローバル企業の株主である「エリート層」は「無用な貧しい人々の健康の維持」には「意味がない」と考えているというハラリの指摘を想起されたい。発展途上国の農産物の場合は、短期的な生産の増加が唯一の評価基準となる「援助」という名目も付いてくる。化学的生産資材を投入した農産物の加工品の場合、研究開発などの投資も援助国政府からの多額の補助金拠出が可能になれば、企業側にはほとんど費用はかからない。

　こうして、キャンベルが雄弁に語るように、巨大アグリビジネスは、大きな利権の温床となり、先進国では、しばしば研究費がコントロールされることになった。アメリカでは、自然科学者であっても、食の安全や環境負荷について客観的な議論をすることさえ難しいというのである。

3　慣行農業と有機農業

　ところで、この間の歴史を振り返ると、興味深い事実に気づく。表裏一体の関係にある慣行農業と有機農業の展開である。そもそも慣行農業は、第一次世界大戦後に大量に残った爆薬の原料と関連施設を利用した窒素肥料の大量生産や毒ガス兵器の転用による農薬生産が可能になったため発展した［藤原 2017］が、有機農業はそれに対抗する形で、ルドルフ・シュタイナー、アルバート・ハワードや福岡正信らによって開始された（ORAGANIC 1.0）という経緯がある。その後、二つの農業の関係が本格的に動き出すのは、第二次世界大戦後である（表1）。再び戦後の兵器資源の「平和利用」はその後の慣行農業の隆盛をもたらすが、そのさなか 1962 年にレイチェル・カーソンが『沈黙の春（Silent Spring）』において農薬禍の問題を指摘すると、慣行農業への不信感が蔓延する。これを受けて、1970 年代には、農薬規制が強化されるとともに、ベトナム戦争に端を発する反体制運動と呼応する形で、有機農業が多くの先進国において開始されたのである（ORGANIC 2.0）。

　しかし、既に開発されていた農薬をはじめとする化学的生産資材には巨大アグリビジネスによって多額の先行投資がなされており、その回収が不可欠となっていた。そこで利用されたのが、発展途上国への開発援助であったように思われる。そもそも、発展途上国は、農薬や化学肥料を投入する農業、つまり慣行農業とは、長い間、無縁であった。農民は、自然交配や種子交換

51

表 1　慣行農業と有機農業の史的展開

	国際社会	慣行農業の展開		有機農業の展開	
1950		50s 慣行農業の全面展開	先進国 慣行農業の浸透		
	55 ベトナム戦争 （-1975）		⇩		
1960		60s F1 種普及・農薬被害	農業による被害		
		62 Silent Spring	⇩		
		65 「緑の革命」始まる	発展途上国 緑の革命		
1970	71 ニクソン・ショック （変動為替相場制）	70 除草剤ラウンド・アップ開発		70s ORGANIC 2.0 71 日・有機農業研究会	先進国 ORGANIC 2.0 反体制運動 非市場的展開
	73 第一次石油危機	73 初の遺伝子組換え技術		72 IFOAM 設立 75 『わら一本の革命』『複合汚染』	
	78 第二次石油危機 79 ボルカー・ショック （金利自由化）	74 ラウンド・アップ販売開始		78 日・「提携」確立	⇩
1980	80 構造調整融資，米・S&L 危機	80 米・初の生命特許 （対バクテリア）	先進国 GM 作物の開発 ①除草剤の浸透 ②法制度の整備		
	82 米・先物株式市場開設				
	85 プラザ合意				発展途上国 有機農業の開始
	86 英・金融ビッグバン	86 米・初の生物特許			
	87 ブラック・マンデー，株式大暴落	87 米・初の動物特許		87 比・MASIPAG 設立	
	89 冷戦終結		⇩		
1990	91 北欧金融危機		GM 作物の商業化 とその失敗		先進国 有機農産物ブーム 有機農産物の市場化
	92 欧州通貨危機 （-93）				
	94 メキシコ金融危機 （-95）	94 米・GM トマト商業化	⇩		⇩
	95 WTO 設立	96 米・GM 大豆商業化			
	97 アジア経済危機	97 米・GM トウモロコシ商業化			
	99 米・業際規制緩和	98 加・シュマイザー事件	発展途上国 援助として GM 作物	99 CODEX 規格 日・JAS 認証	先進国 有機認証制度
2000	00 米・ドットコム・バブル崩壊	04 加・シュマイザー事件結審		04 参加型有機保証制度	
		05 比・GoldenRice II 開発			⇩
		06 比・GM トウモロコシの作付		06 日・有機農業推進法	
	07 米・サブプライム危機				主に発展途上国 参加型有機保証制度
	08 米・リーマン・ショック 世界金融危機（-10）				
2010		12 CRISPER-Cas9 の開発	先進国 ゲノム編集作物の開発	10 比・有機農業推進法 15 ORGANIC 3.0	ORGANIC 3.0 グローバル化？
		18 米・ゲノム編集大豆の生産	スマート農業 ⋮		
2020	20 新型コロナ感染症の流行（-23）	20 米・Agriculture Innovation Agenda	⇩	20 欧・Farm to Fork 戦略 比・有機農業推進法改正 21 日・みどりの食料システム戦略	

出所）筆者作成

を繰り返して育種した固定種を用いて化学的生産資材とは無縁の多品目少量を特徴とする農業を行い、代々培われてきた技術によって持続可能性と生物多様性を実現していた。有機農業のバイブル的存在になっている『農業聖典』［ハワード 2003］を著したアルバート・ハワードは、20 世紀初頭、農業指導のために植民地だったインドに赴いた際、現地農民の技術水準の高さに驚愕し、「インド農民は西洋から学ぶものは何もない」と断言した［魚住 2003］。

　ところが、1960 年代半ば以降、発展途上国では、一般に食料危機克服に大きな成果を挙げたと評価される「緑の革命」によって、こうした様相が一変する［木村 2008］。たしかに、短期的には米やトウモロコシの収量は増加したが、政府による誘導もあり、種子は、農薬や化学肥料を生産してきた数社の巨大アグリビジネスが生産・販売する、しかしエリートたちは決して食べたがらない、数少ない交配種に限定されるようになった。自給用の雑穀や窒素固定に寄与していた豆の裏作もなくなってしまった［シヴァ 1997］。さらには、先進国では既に禁止されている農薬がその後も長らく利用され続けており、多くの被害をもたらしているという報告［Quijano & Quijano 2003］もある。

　それ以降も、この状況は加速する［中西 2023］。現在では、野菜のみならずコメにまで農薬や化学肥料を多投し毎年種子を購入しなければならない一代雑種（F1 種）が導入され、発展途上国では、さらに大豆、トウモロコシ、菜種などの GM 種が農村を席巻する。巨大アグリビジネスによって、当初は先進国の税金で研究開発が進められ、やがては「援助」という名目で発展途上国の農民に食い込み薄皮を剝ぐような薄利多売が展開されているという批判もあながち的外れとはいえないだろう。

　先進国における事業に問題が生じると、舞台を発展途上国に移し、開発援助の名目でそれを展開するというパターンは、その後も繰り返されてきたことは強調されてよい。巨額の研究開発投資が投入されてきた GM 作物がその代表的事例である。アメリカでは、1970 年にグリホサートを主成分とし、ほぼ全ての植物を枯死させる非選択性除草剤ラウンドアップがモンサント社によって開発されると、この除草剤に耐性を有する GM 作物の研究開発が本格化する。これを受けて 80 年代には生命特許の確立とともに法的制度が

整えられ、90年代の商業生産が準備された。ところが、欧州はいち早くEEC指令90/220を発令し、GM作物の環境放出を規制する。その後も予防原則（precautionary principle）にもとづき、栽培はほとんど行われておらず、表示義務を含め厳しい規制が続いている。イギリスのチャールズ国王は「GM作物は食べたくもないし、客人に出そうとも思わない」と発言し、ローマ教皇ヨハネパウロ二世やフランシスコもGM作物のもたらす様々な問題を指摘し批判してきた［中西2023］。こうした状況から、欧米先進国において、加工品を含め非富裕層向けのGM作物の市場に将来性を見いだすことは困難であるように思われる。

　このような経緯から、現在、GM作物については、生産拠点のみならず販売戦略の主要舞台もまた、北米地域を除けば、発展途上国に移りつつある。グリホサート系除草剤耐性や虫耐性の形質を有する「第一世代」のGM種は土壌細菌のDNAを標的作物に組み込む形で開発され、高い生産性と費用削減を謳い農民側の利益を強調してきた。最近では、消費者の便益となる機能性を付与するとした「第二世代」として、発展途上国の貧困層向けにビタミンA欠乏症（VAD: vitamin A deficiency）の予防を謳ったゴールデン・ライスが開発されている。

　他方、欧州の「農場から食卓まで（Farm to Fork）」戦略や日本の「みどりの食料システム」戦略が示すように、先進国においては、その対極にある有機農産物への需要が近年高まってきた。注意すべきは、良質な有機農産物は多品目少量の生産方法でしか生産できず、大量生産が不可能であることである。希少な有機農産物は、高い費用のかかる認証制度に加え多段階の流通過程も作用して価格が高騰し、少なくとも市場では「民衆」には容易には手の届かないものとなってしまった。

　こうした経緯から、農と食の経済構造は、「民衆」が生産する「おいしく安全で地球環境にもやさしい高品質の食材」を「エリート層」がグローバルに買い求め消費し、「エリート層」所有の巨大企業がグローバルに生産を支配する「見てくれがよく廉価な、しかし大量の化学製品が投入された低品質の食材」を「民衆」が消費しているという歪なものになりつつあるように思われる。

4 「民衆」の取り組み

　以上みてきたように、経済的誘因の欠如のため、政策過程や市場機構に、「安全な食材を用いた正しい食」を広く実現することを期待することは難しい。しかし、価格を高くする要因となっているように思われる流通過程や認証制度の問題を解決できるとすればどうであろうか。以下で紹介する「提携 (*tei-kei*)」と「参加型有機保証制度（PGS: Participatory Guarantee Systems）」は、ともに、「民衆」側の生産者と消費者を繋ぎ、「弱者」にも手の届く有機農産物の流通を促進する優れた取り組みである。

　「提携」は 1970 年代に日本で開始された。有機農業は自然との調和を重視するので多品目少量を特徴とするが、有機農産物の需要は、他の慣行栽培による作物の作況に影響を受け、価格とともに大きな変動に直面せざるを得ない。主婦たちの活動に端を発し、一樂照雄［一樂 2009］らによって制度化されたシステム、「提携」はこの問題を解決する［枡潟 2008；折戸 2018］。それは、「生産者と消費者が、協力しあい互恵精神に基づく有機的な人間関係を育み、その信頼関係の中で、価格と生産量を決め、全量買い取りを行う」という契約を意味する。この制度の意義は現在においても大きい。農業生産者と家計だけではなく、生産者と外食産業との関係にも、発展が期待できるからである。

　ところが、取引を拡大しようとすれば、匿名性が支配する「市場」を利用せざるを得ない。その際に生じる、生産者と消費者の間の「情報の非対称性」による「逆淘汰（adverse selection）」の解決策の一つが JAS 規格のような第三者認証制度である。しかしながら、そこでは生産者は認証をとるために多額の支出が必要となるため、その費用は価格に転嫁されることになり、有機農産物市場の成長が阻害されてきた。

　国際 NGO の国際有機農業推進連盟（IFOAM: International Federation of Organic Agriculture Movement）が提案する PGS はこの問題の解決に貢献し得る［久保田 2012］。それは、生産・流通・消費に関わるすべての関係者が相応の訓練を受けて参加し得る認証制度であり、そこでは「提携」同様に人々の「信頼」が重要な役割を果たしている。公的認証制度以上に厳しい基準を有

するものの、費用はほとんど必要がないので価格転嫁は生じない。PGS も
また、巨大アグリビジネスが席巻する市場に「民衆」が対抗するための優れ
た技術となり得るし、発展途上国の小農にも大きな意味を有する。

有機農業は、先進国では 1970 年代から本格的に取り組まれてきたが、発
展途上国でも、多くの取り組みが既に 1980 年代頃から始まっている。事例
としてとりあげるフィリピンにおいても、「緑の革命」によるコメの在来種
の喪失に対する懸念から 1980 年代以降いくつかの米作農村を舞台に有機農
業が開始された［中西 2023］。その代表的存在が、国際稲研究所（Internation-
al Rice Research Institute）が位置するラグナ州において、米作農民とフィリ
ピン大学農学部の研究者らが設立した NGO 団体「農業発展のための農民と
科学者（MASIPAG: *Magsasaka at Siyentipiko para sa Pag-unlad ng Agricultura*）」
である。MASIPAG は、2010 年のフィリピン有機農業法（共和国法 10068 号）
制定に大きく寄与しただけでなく、2020 年には PGS を国家認証と同等のも
のとする法改正（共和国法 11511 号）を主導し、小農による有機農業の発展の
道を開拓してきた。

米作地帯以外においても行政の協力もあって、いくつかの地域で有機農業
が推進されている。その一つが南部にあるネグロス島である。この島は、砂
糖の私的大農園が集中し「砂糖の島」と呼ばれてきたが、砂糖は国際価格の
影響を受けやすく、その脆弱性を克服する農業開発が求められていた。選択
肢の一つは、政府が全土で 2006 年から推進していた家畜飼料用の GM 黄色
種トウモロコシの導入であったが、ネグロス島では、主食用の白色種が主体
であり、黄色種の作付けが遅れていたことが幸いした。世界銀行が推し進め
てきた地方分権化によって地方自治が強化された流れの中で、島内 2 州の知
事は、生態系と健康に及ぼす影響を理由に、2007 年、島内の GM 作物栽培
を条例によって全面的に禁止する。さらに、翌年には、有機農業への転換に
よって島全体を「有機の島」にするというスローガンが共有されるようにな
る（写真 1）。

島内最大都市のバコロド市中心街のモールには、有機食材を使った富裕層
向けレストランが開店した。エアコンの利いた洒落た店内ではオン・デマン
ドでの給仕など付加価値の高いサービスが提供され、高い利潤が期待できる。
他方、市の下町地区には、同じ経営主体による大衆食堂が運営されるように

(2012年8月／筆者撮影)
写真1　西ネグロス州バコロド市に掲げられたGM種を禁止し「有機の島」を目指すとする州政府の掲示

なり、その隣には山岳地帯に居住する先住民族による有機農産物の直販所も開設された。興味深い点は、サービスに差別化がはかられているが、食材やメニューは、二つの飲食店でほぼ同一であることであろう。富裕層向けレストランで得られた利潤によって大衆有機食堂が他の食堂並みの価格帯での経営を実現できるという仕組みになっている。これらはいずれも、フィリピン大学農学部のグループと東・西ネグロス両州の政府によって実現したモデルである。

こうして、「緑の革命」が席巻したフィリピンの米どころだけでなく、かつて砂糖価格の暴落で貧困に喘いだ島においても、理想の「食」が「民衆」まで届けられようとしていた。

5　引き続く過去——フィリピンの事例

ところが、その後の過程において、発展途上国における農と食の将来を考える上でも重要になると思われる二つの事例がフィリピンにおいて観察された。

一つは、米どころルソン島中部のヌエバ・エシハ州の事例である。COVID-19 のパンデミックのさなか、ロックダウンによって経済活動が滞る中、「支援物資 (*ayuda*)」と称して、政府が、2021 年に農民に農産物の販路についても保証した上で、稲の F1 種子を化学肥料および農薬とのセットで無償配布した政策である。それは有機米耕作面積の急速な減少をもたらしたという。

　理由の一つは喧伝された収量の著しい増加と短期的なコスト節減である。従来の非 F1 の近代種の慣行農法による収量はこの農村でも 1 ha あたり約 5 t 程度であり、5 年以上の有機農法の経験を持つ熟練した農家であれば、在来種を用いた有機農法であったとしても、この水準と遜色のない収量が期待できる。ところが、これらに対して、F1 種の収量は少なくとも短期的には激増する。この間、化学肥料と農薬は「とりあえずは」無料となる一方で、平均収量が 1 ha あたり約 10 t を超える圃場もみられた。しかし、F1 種であるため、支援期間が終われば、収穫毎に、種子を含むセット一式を買い続けなければならなくなる。しかも、いったん慣行農法に移行すると、再度、有機農業に転換するには、追加的な直接費用と時間を必要とするため、農家は容易には有機農業に戻ることはできない。

　いま一つの理由としては販路の問題がある。じつは以前から、この類の F1 種への誘導戦略はあったものの、有機農業者は、有機農法固有の価値を重視して、それを受け入れることはなかった。しかし、今回は、パンデミック下でロックダウンが実施され、地域間移動が不可能になった。このため、彼らが独自で築き上げた販路が機能せず、有機農業者にあっても政府による販路が保証されている F1 種を選択する者が増えてしまったのである。

　さらに、GM 種を拒否し有機農業の推進を目指していたはずのネグロス島においては、別の形でより深刻な事態が進行していた。フィリピン南部では、白色トウモロコシを中挽きして米同様に炊き（セブアノ語では *bugas nga mais*）、主食としている。フィリピンでは、トウモロコシの GM 種の商業栽培は家畜飼料を主たる用途とする黄色種においてしか認められていないが、前述のようにネグロス島では、2007 年の条例以降、そもそも全ての GM 種の栽培が禁止されている。ところが、他のいかなる地域においても認可されていないはずのグリホサート系除草剤耐性を有する白色種が同島山岳地帯において

58——I　今日の世界と日本の実践

栽培されていたのである。

　2024年3月に筆者が調査を行った東ネグロス州S村は島中央部を走り東西を分断する山岳地帯に位置する。もともと一農家の平均耕作面積は0.5ヘクタール程度であり、生産性も在来種（*mimis*）では年1.2 tと著しく低い。農民は、農薬を投入する経済的余裕がなく、肥料も水牛や山羊のし尿を中心とする堆肥を用い、白色種は主に自給用として生産されていた。

　農務省におけるこの調査時の聞き取りによれば、2017年頃にフィリピンの民間企業によってGM交雑種（GM種と在来種の交雑種）と考えられる*sige-sige*（シゲシゲ）と呼ばれる白色種が持ち込まれたのだという。この白色種は、ラウンドアップなどのグリホサート系除草剤への高い耐性を有し、在来種との比較において、生産性が高いうえに耕起の必要がない。また、グリホサート系除草剤耐性GM種（ラウンドアップ・レディ種）の場合、既に特許期限は2014年に切れており、知的所有権問題は生じない。生産資材さえ投入すれば、収穫時以外労働はほぼ不要となり、反収は、地質に恵まれない調査地でも最低2割以上は増大するうえに、多期作も可能になる。さらに、それは先の事例とは異なり、F1種ではない。自家採種が可能であり、他の農民から譲り受ければ種子を購入する必要さえない。

　こうしたことから、多くの農家がGM交雑種とは認識できないまま、*sige-sige*が農民間のネットワークを通じて、拡大するという事態となった。農務省によれば、GM種を禁止しているとはいえ条例であるため厳しい措置がとれないうえに法的な制度が不備であり、農民間のネットワークを通しての拡散をコントロールすることができなくなってしまっているという。しかも、この白色種の注意点についての説明や指導が何らないまま農民間で普及してきたために、食味に勝るという理由で在来種を栽培していた農家も被害を受けた。近隣のグリホサート系除草剤の利用によって栽培していた在来種が枯死したため、このGM交雑種への移行を余儀なくされたのである。

　こうしてGM交雑種は瞬く間に広がり、聞き取りによる限り、2024年3月現在、S村の白色種は全て*sige-sige*となっている。

　この事例におけるいま一つの深刻な問題は農民の健康問題である。利用されている除草剤の主成分であるグリホサートは、世界保健機関（WHO）の専門機関である国際がん研究機関（International Agency for Research on Cancer）

写真2　S村で散布されているグリホサート系除草剤

によって 2A（ヒトに対しておそらく発がん性がある）の発がん性物質に分類され、欧州では厳しい規制を受けているが、この化学物質を主成分とする白色 GM 種用の除草剤の利用について農民への指導は全く行われていない。農民には英語を理解できる者はほとんどおらず、もともと化学的生産資材を利用していなかったため、除草剤パッケージの裏側にある、小さな活字で記載されている英語の注意事項も、小さなアイコンの意味も理解することは困難である（写真2）。マスク・手袋も装着せず、何ら身体を防護することなく除草剤を利用してきた者も多い。既に身体に不調を訴える者もおり、早急な対策が必要である。

　経済面でも、家族労働によって生産を行っていた小農にあっては、規模の経済が働かないために、当初は生産量が増えたとしても、すぐに資金不足から化学肥料の投入が十分できずに生産量が減少してしまう（写真3）。前述のように、山間部は一般に世帯あたりの土地が狭隘であるため、ほとんどの農家が 0.5 ヘクタール以下の小農である。訪れた農家はおしなべて困窮化していると答えていた。また、人々の主食である白色種はさらに在来種との識別がされないまま市場にも流通することになった。

　最後に生態系、そして環境面に与える影響が深刻であることもいうまでもない。トウモロコシは、同じイネ科のイネとは異なり、自家受粉を行わない他殖性植物であるため、受粉期に近隣の在来種との交雑も生じやすい。対応が遅くなれば、ネグロス島における白色種全体が単一の GM 交雑種によって汚染され、生物多様性にも危機を及ぼす。もはや国内の主体のみの対応ではこの現状に抗しがたい状況にきており、広範な側面からの対応と支援が求

(2024 年 3 月 7 日／筆者撮影)
写真 3　東ネグロス州 S 村の白色 GM 交雑種作付け地（写真右の農地では資金不足から十分な施肥ができず生育不良が生じている）

められるであろう。

おわりに

　本講では、発展途上国の弱者を取り巻く農と食をめぐる環境が、この間の農業生産性の上昇にもかかわらず、依然として、相対的のみならず絶対的にも悪化する可能性を否定できないことを確認したつもりでいる。たしかに 2000 年以降、MDGs（ミレニアム開発目標：Millennium Development Goals）、そして SDGs の浸透に現れているように、世界レベルでの貧困の問題は人類の共通の課題として、広く、そして深く認識されてきたといわれている。しかし、それは、いまや主権国家を凌ぐほどの政治経済力を有するグローバル企業の市場戦略の隠れ蓑として機能し、様々な社会問題を深刻化させる危険性も孕んでいる。

　冷戦終結は、グローバル企業に対する言説そのものに大きな影響を与えた。冷戦期においては、「多国籍企業」と呼ばれたグローバル企業は、発展途上国における活動に露骨な収奪が存在するとして、多くのマスコミや NGO、そして少なくない研究者から、しばしば批判を受けていた。ところが、いま、このような議論はほとんど姿を消している。MDGs が叫ばれるようになってから、グローバル企業が、あるときは司令塔として、またあるときは間接的な関与によって、グローバル・パートナーシップという大義名分の下、普

遍的価値に結びつけられるに至った。さらに、金銭的インセンティブの付与による貧困層の行動変容の誘導が開発政策として着目され、先進国の人々の多くが配当とキャピタル・ゲインをめぐってマネーゲームに没頭するに及び、その状況を批判的に考察しようとする議論は冷戦期との比較において確実に少なくなっているように思われる。

　たしかに、そのような中でも本講にみた有機農業をコアとして「民衆」が創造する、独立した小社会集団の動きは、確実に「弱者」の営為として存在感を増してきている。しかし、グローバル企業からの巻き返しもまた様々な形で行われていくかもしれない。ここに発展途上国の「農」と「食」を、「人間の安全保障」の課題として捉え直さなければならない理由がある。MDGs の目標 8 と SDGs 目標 17 は、ともに「グローバル・パートナーシップ」であり、目標というよりは手段のように感じられ違和感をもつが、それにもかかわらず最もターゲットの数が多い。開発政策や援助自体が、「パートナー」と目されるグローバル企業の利害に直結しており、短期的な成果に覆い隠された中長期的な負の影響、そして格差拡大をもたらすメカニズムが、そこに内在するかもしれない。農業開発を考える際にも、我々は、その可能性に常に着目すべきであるように思われる。

［文　献］

アタリ、ジャック（2020）『食の歴史──人類はこれまで何を食べてきたのか』林昌宏訳、プレジデント社。（Attali, Jacques〔2019〕 *Histoires de l'alimentation, De quoi manger est-il le nom?*, Fayard）

一樂照雄（2009）『暗夜に種を播く如く──一樂照雄　共同組合・有機農業運動の思想と実践』協同組合経営研究所。

魚住道郎（2003）「解説」アルバート・ハワード『農業聖典』保田茂監訳、日本有機農業研究会、311-315 頁。

折戸えとな（2018）『贈与と共生の経済倫理学──ポランニーで読み解く金子美登の実践と「お礼制」』ヘウレーカ。

カーソン、レイチェル（1974）『沈黙の春』青樹築一訳、新潮社。（Carson, Rachel〔1962〕 *Silence of Spring*, Houghton Mifin）

木村秀雄（2008）「貧困削減を目指す農業の試練」高橋哲哉・山影進編『人間の安全保障』東京大学出版会、115-127 頁。

キャンベル、T・コーリン、トマス・M・キャンベル（2024）『チャイナ・スタディ［最新改訂増補版］』松田麻美子訳、ユサブル。（Campbell, T. Colin & Thomas M. Campbell

II〔2016〕*The China Study*, revised and expanded version, BenBella Books）

久保田裕子（2012）「グローバル経済下の有機農業『提携』運動」『社会科学論集』136号、47-60頁。

シヴァ、ヴァンダナ（1997）『緑の革命とその暴力』浜谷喜美子訳、日本経済評論社。（Shiva, Vandana〔1991〕*The Violence of the Green Revolution: Third World Agriculture, Ecology, and Politics*, Zed Books）

中西徹（2020）「現代経済の『錬金術』と有機農業——フィリピンにおける『食』と『貧困』」『東洋文化』100号、125-174頁。

中西徹編（2023）『現代国際社会と有機農業』放送大学教育振興会。

ハラリ、ユバル（2018）『ホモ・デウス（上・下）』柴田裕之訳、河出書房新社（Harari, Yuval Noah〔2015〕*Homo Deus*, Vintage）

ハワード、アルバート（2003）『農業聖典』保田茂監訳、有機農業研究会。（Howard, Albert〔1940〕*An Agricultural Testament*, Oxford University Press）

ピケティ、トマ（2014）『21世紀の資本』山形浩生ほか訳、みすず書房。（Piketty, Thomas〔2011〕*Capital in the Twenty-First Century*, translated by Arthur Goldhammer, Harvard University Press）

藤原辰史（2017）『戦争と農業』集英社インターナショナル。

枡潟俊子（2008）『有機農業運動と〈提携〉のネットワーク』新曜社。

梁瀬義亮（1978）『生命の医と生命の農を求めて』柏樹社。

de Janvry, A. & E. Sadoulet（2016）*Development Economics*, Routledge.

Piketty, Thomas（2020）*Capital and Ideology*, Harvard University Press.

Quijano, Romeo F. & Sampaguita Quijano（2003）*Health Effects of Pesticides on Former IRRI Workers*, College of Medicine, University of the Philippines, Manila, Pan Pesticide Action Network: Asia and the Pacific.

【読書案内】

アタリ、ジャック（2020）『食の歴史——人類はこれまで何を食べてきたのか』林昌宏訳、プレジデント社。（Attali, Jacques〔2019〕*Histoires de l'alimentation, De quoi manger est-il le nom?*, Fayard）
  ＊ 農業の現状と将来について優れた分析が展開される「食」のグローバル・ヒストリー。

中西徹編（2023）『現代国際社会と有機農業』放送大学教育振興会。
  ＊ グローバル化における有機農業の歴史と現状についての教科書。

ハワード、アルバート（2003）『農業聖典』保田茂監訳、有機農業研究会。（Howard, Albert〔1940〕*An Agricultural Testament*, Oxford University Press）
  ＊ 英国の研究者が当時の植民地インドから学んだ技術を軸に論じた有機農業のバイブル。

福岡正信（2013）『緑の哲学　農業革命論——自然農法　一反百姓のすすめ』春秋社。

＊ 自然農法の草分けとして国際的に著名な福岡正信の哲学。資本主義社会への警告の書でもある。

本城昇（2004）『日本の有機農業――政策と法制度の課題』農村漁村文化協会。
＊ 日本の有機農業の発展経路をめぐる優れた研究書。

第4講

インドネシア警察改革への「お手伝い」
日本の警察分野の国際協力

谷垣真理子

> 本講では、JICA と日本警察によるインドネシア国家警察の改革支援プログラムを
> 取り上げる。他国の警察改革支援は、どのような背景の中で始まり、実際にどの
> ように進展したのであろうか。このプログラムを日本の ODA の歴史の側から説き
> 起こし、警察分野における国際協力の歴史を整理して、その意義を考察する。

はじめに

　人間の安全保障の 3 つの柱のうち、本講で扱う「国際協力」は「開発」と
「平和」に関わってくる。世界には貧困や紛争という問題を抱える地域が多
くあるが、貧困は教育や雇用の機会を奪い、衛生事情の悪化や環境汚染を招
く。世界のグローバル化に伴い、こうした問題は国境を越えて、世界全体へ
と波及していく。一方、日本は経済活動に必要なエネルギーの多くを輸入に
頼り、食料自給率は 4 割を切っており、日本は一国では成り立たない。この
ような状況下、国際社会全体の平和と安定、発展のために、日本は諸外国・
地域の人々を支援する国際協力を行っている。

　本講で扱うインドネシア国家警察改革支援は JICA を通じた ODA（政府開
発援助）であり、国際協力の一事例である。日本の戦前の歴史をひもとけば、
満洲事変後、中国河北省から察哈爾省にかけて領事警察権の拡大が見られた。
そのような過去を考えれば、なぜ日本警察はインドネシアに支援をすること
になったのかを問いかけたくなる。そして、20 年以上もの間、日本警察は
現地でどのような活動を行ったのであろうか。支援を行った側の記録から考
察する。

1 日本のODAと人間の安全保障

(1) 日本のODA

本講の議論の前提として、政府開発援助（Official Development Assistance: 以下ODA）について整理してみよう。ODAとはOECD（経済協力開発機構）のDAC（開発援助委員会）が作成する援助受取国・地域のリストに掲載された開発途上国・地域に対し、主に経済開発や福祉の向上に寄与することを目的として公的機関によって供与される贈与および条件の緩やかな貸付を指す。

金額ベースでみれば、有償資金協力が日本のODAの多くを占める。1980年代半ばにヒモつきローンとして批判されたが、実際には低金利でインフラ整備を中心に長期にわたって貸し付けた。無償資金協力は有償資金協力と比較すると小規模なプロジェクトで、病院や学校、道路や生活用水などの建設資金を無償で贈与した。技術協力プロジェクトは農業指導や公衆衛生から、本講で扱う警察改革まで多種多様である。

日本の戦後の国際協力は1954年のコロンボ・プランへの参加で始まった。最初の資金協力は、アジア諸国、具体的には賠償協定を締結したビルマ連邦（現ミャンマー）やフィリピン、インドネシア、ベトナム共和国（現ベトナム社会主義共和国）などに対する戦後処理としての賠償支払いとそれに並行する経済協力であった。当時、所轄官庁は外務省のアジア局であった。これは、冷戦構造の下、自由主義陣営内のアジア諸国を援助するという意味合いもあった。同時に、1980年代までは、ODAで調達される物資や役務の対象は日本企業に限定され、日本企業の輸出を振興するという一面もあった。

(2) ODA大綱

1990年代に入ると、日本政府はODAについて情報発信を始めた。高度成長を経験する過程で、日本のODA総額は増加を続け、日本は1989年にODA拠出額は世界第一位となった。一方、1991年に勃発した湾岸戦争で、日本は130億ドルを供出して戦費の2割を負担したが、人的貢献がなかったことを非難され、クウェートによる感謝広告には名前が記載されなかった。これは日本の国際貢献のあり方を見直す契機となった。すでに1989年に冷戦は終結し、中央アジアでは旧ソ連から独立する国々があらわれ、1990年

代には世界各地で民族問題を原因とする紛争が起きていた。

　このような状況を踏まえて、1992 年の ODA 大綱（政府開発援助大綱）は、「その国力に相応しい役割を果たすことは重要な使命である」と述べ、世界最大の支援国としての道義的義務を果たす姿勢を示した。ODA の基本理念の中には、従来のような開発途上国への開発援助だけでなく、「広範な人造り、国内の諸制度を含むインフラストラクチャー（経済社会基盤）及び基礎生活分野の整備等を通じて、これらの国における資源配分の効率と公正や「良い統治」の確保を図」ることがあげられた。「良い統治」とはグッド・ガバナンス（good governance）である。「民主化」という価値観を押し付けることなく、人権や法の尊重、民主的多元主義などが奨励された。

　しかし、1991 年に日本でバブル経済が崩壊し、日本はこれまでのような経済的な余裕をなくしていった。こうした状況下、ODA の原資は税金で賄われているため、国民に一歩踏み込んだ意義を説明することが求められた。2003 年の ODA 大綱は「ODA を通じて開発途上国の安定と発展に積極的に貢献することは我が国の安全と繁栄を確保し、国民の利益を増進する」と、ODA が日本の国益に結びつくと説明した。さらに、2003 年大綱より、ODA の 5 つの基本方針のひとつに「人間の安全保障」の視点が盛り込まれた。すなわち、「紛争・災害や感染症など、人間に対する直接的な脅威に対処するためには、グローバルな視点や地域・国レベルの視点とともに、個々の人間に着目した「人間の安全保障」の視点で考えることが重要」であった。

　2003 年大綱と時期を同じくして、日本の国際協力の体制も変化した。2003 年には特殊法人国際協力事業団（Japan International Cooperation Agency: JICA）が独立行政法人国際協力機構（Japan International Cooperation Agency: JICA）へと改組された。2008 年には国際協力銀行が解散し、その海外経済協力業務は JICA に継承された。こうして、JICA が有償資金協力から技術協力まで日本の ODA を一元的に管理することになった。実は JICA 内部でも大きな変化があった。新生 JICA は国連難民高等弁務官を務めた緒方貞子を理事長に迎えた。緒方のイニシアチブのもと、JICA は人間の安全保障を実現すべく、緊急災害援助や開発援助だけでなく人道復興援助も実施するようになった。「現場」を重視し、援助を受ける「被援助国」は「パートナー」となり、信頼で世界をつなごうとした。

その後、ODA 大綱は二度改定されたが、人間の安全保障は基本方針に引き続き取り上げられた。ODA 60 周年にあたる 2015 年に、ODA 大綱は「開発協力大綱」に名称変更された。2015 年 2 月 10 日の閣議決定では、日本は「平和国家としての歩み」を堅持して、「国際協調主義に基づく日本の積極的平和主義の立場」を取り、国際社会が直面する課題の解決のために「開発途上国と協働する対等なパートナーとしての役割」を強化することをうたった。2015 年大綱では、「開発協力の目的」の中で、日本の外交を機動的に展開していく上で、開発協力は「最も重要な手段の一つ」とされた。

2015 年から 8 年を経て、開発協力大綱は再度改正された。2015 年から 2023 年までの間、気候変動や新型ウイルスの感染拡大など、国際社会はさまざまな地球的規模の課題を経験してきた。その中で、2022 年のウクライナ危機以後、国際社会は分断がこれまでになく顕在化し、グローバルサウスが台頭する中で、G7 に代表される欧米中心の世界秩序が変容しつつある。

2023 年大綱の 4 つの基本方針のうち、「(非軍事的協力による) 平和と繁栄への貢献」は 2015 年大綱と変わらないが、「新しい時代の人間の安全保障」についてはひとりひとりの「保護」と「能力強化」に加えて、「さまざまな主体の連帯」が挙げられた。同様に「開発途上国との対話と協働」には「共創」が盛り込まれた。開発協力は日本からの一方的な開発途上国への自助努力支援ではなく、「対話と協働による社会的価値の創出とその価値の日本社会への還流」である。すなわち、国際協力の場で「連携」して「共創」することで「連帯」するのである。

なお、2003 年大綱の基本方針は「開発途上国の自助努力支援」「『人間の安全保障』の視点」「公平性の確保」「我が国の経験と知見の活用」「国際社会における協調と連携」であった。これが 2015 年大綱では「非軍事的協力による平和と繁栄への貢献」「人間の安全保障の推進」「自助努力支援と日本の経験と知見を踏まえた対話・協働による自力的発展に向けた協力」となり、基本方針は 5 つから 3 つに減った。

2 日本警察の国際協力

前節で触れた 1992 年大綱の「良い統治」、すなわちグッド・ガバナンス

（good governance）を確保するために重視されたのが、法の支配と治安機構の整備であった。冷戦構造の崩壊とともに、旧ソ連とその周辺国は混乱に見舞われたが、冷戦終結とともに、より積極的な平和を構築する国際社会の介入が可能になった。平和構築なくして、経済や社会活動を促進することが困難であるということが、国際社会のある種の合意事項となった。日本警察によるインドネシア国家警察改革の「お手伝い」はこの国際的な潮流に乗るものであった。後述するように、日本警察の技術協力は、1990年代半ばより、警察改革に関する案件が増えていた。

　日本のODAでは軍事的用途にあてられるものや、国内外の紛争を助長するような援助を禁止している。このため、警察機構が軍の一部に組み込まれている場合は、技術協力の対象から除外された。そのような事情もあって、1990年代半ばまでは、捜査技術の向上などまさに技術的な支援中心であった。

（1）セミナーの実施

　日本警察の国際協力は、研修の受け入れから始まった。1962年にアジア諸国の警察官を対象に薬物研修コースが創設された。さらに1966年には交通警察行政セミナー、1975年には国際セミナーが創設された［松尾2014］。1995年から警察庁独自のODAによる国際会議として、「アジア・太平洋薬物取締会議（ADEC）」が開催されてきた。

（2）専門家の派遣

　1970年以降、日本警察の国際協力はセミナー開催から一歩進む。日本の警察の技術や知識が注目され、麻薬取締りや犯人割り出し、交通取締り、交番制度、通信管理、組織運営などの分野で技術協力の要請が相次いだ。1982年にフィリピンに初めて鑑識の長期専門家が派遣された［松尾2014］。

　1978年から2002年の間に、日本警察は合計391人の専門家を海外に派遣した。このうち、1年以上の長期専門家派遣は41人、1年未満（通常は数カ月）の短期専門家派遣は350人であった。長期専門家の派遣先はフィリピンが16人、タイが14人、インドネシアが7人であり、短期専門家の派遣先は中国が64人、シンガポールが62人で、タイが38人であった［宮越・笠原2013］。

　分野別では、交通警察の専門官が135人と最も多く、次いで犯罪鑑識、交

番システムを含むコミュニティ・ポリシングであった［宮越・笠原 2013］。コミュニティ・ポリシングは地域社会型警察活動を意味し、犯罪発生後に法執行を行うだけではなく、警察官が日常的に地域の組織や住民と協力して問題を解決するものである。

(3) プロジェクトの輸出

専門家の単発の技術指導だけではなく、ひとつのプロジェクトとして技術協力がなされた大きな案件もある［松尾 2014］。1977 年にはフィリピン道路交通訓練センタープロジェクトが始まり（1983 年に終了）、1981 年にはシンガポールへの交番制度の輸出が始まった。1988 年には中国道路交通管理幹部訓練センタープロジェクトが始まった（1993 年に終了）。平成に入ると、タイでの市民緊急通報システム整備（1990 年）と指紋自動識別システム（AFIS）の整備（1991 年）が、日本警察初の無償資金協力として行われた。

上記プロジェクトのうち、シンガポールへの技術移転は日本警察の得意分野であるコミュニティ・ポリシングの技術移転であった。交番制度は日本版のコミュニティ・ポリシングである。女性が日没後もひとり歩きできる治安の良さを実現したことが、日本警察の強みである。1980 年代、シンガポール警察は急速な都市化に伴う犯罪の増加に直面した。この問題を解決するため、シンガポール政府は日本の交番制度導入を決定した。シンガポールへの技術移転では長期専門家の派遣はなく、短期専門家が頻繁に派遣された。シンガポールは 1995 年より近隣諸国の警察官を招聘して第三国研修を開始した。なお、交番制度は、2005 年、JICA プロジェクトとしてブラジルにも輸出された。

(4) 複合的なプロジェクト運営

専門家の派遣から一段と進んだ複合的なプロジェクトも見られた。ひとつは地域的な拡大である。2002 年 6 月に「タイ麻薬管理地域協力プロジェクト」が、タイ、カンボジア、ラオス、ミャンマー、ベトナムの 5 カ国における麻薬分析技術と管理能力の向上を目的とした 3 年間のプロジェクトとして始まった（2009 年に終了）。これは日本警察が複数の国を同時に支援する初めての試みであった。

一国で複数のプロジェクトを実施した例もあった。後述するインドネシアと同じく、警察改革に関するプロジェクトであった。フィリピンには、実は

30年間にわたって、技術協力が行われた。前述のように1982年から鑑識の長期専門家が派遣され、1986年にピープル革命でマルコス政権が倒れると、国家警察の改革がアキノ政権下で始まった。それまでは拷問や司法取引につながりかねない供述に頼る捜査が一般的で、それが警察への信頼を損ねていたので、物的証拠に基づく科学的捜査の技術移転が行われた［松尾2014］。核となったのはAFIS（2004年に無償供与）の運用（指紋鑑定技術を含む）と銃器管理であった［飯利2015］。プロジェクトが終了する2014年までに、フィリピン国家警察は訪日研修で日本のコミュニティ・ポリシングについての見識を深めた。

このほか、パキスタンと南アフリカでも同様に、警察改革についての取り組みがあった。パキスタンのムシャラフ大統領が同国の警察を民主的な警察に変えるために日本警察をモデルにしたいと要請し、1996年日本警察は調査団を派遣して提言を出した［松尾2014］。南アフリカについては、1994年ネルソン・マンデラが大統領に就任した際に、法と秩序の回復と維持を優先事項として、警察改革を開始した。1995年にマンデラが来日した際に、当時の村山富市首相に警察官教育についての支援要請があり、1996年から2000年まで5回の南アフリカ警察行政セミナーが開催された［松尾2014］。

(5) そのほかの国際貢献

大規模な災害が起きた時、日本政府は被災国政府または国際機関の要請に基づき国際緊急援助隊を派遣してきた。国際緊急援助隊の派遣に関する法律が施行された1987年以降、日本警察は2023年のトルコ地震まで、のべ313人の隊員をのべ17の国と地域に派遣した。

カンボジアでの国連平和維持活動（PKO）にも、日本警察は75人の文民警察官を派遣した。「文民警察」について明確な定義はなかったが、カンボジア警察への「指導・助言・監督」が求められた。しかし、カンボジアの総選挙直前にポルポト派の襲撃を受け、岡山県警の高田晴行警部補が殉職するという事件が発生した。その後、日本警察が文民警察官を派遣したのは、東ティモールへ1999年に3人、2007年に4人のみであった。

3　インドネシア国家警察改革への「お手伝い」

　前節で警察分野でのいろいろな国際協力を整理したが、一国の警察制度全体の改革を支援する試みは、日本警察にとってインドネシア国家警察（以下国家警察）改革支援プログラムが初めてであった。「改革支援」を「改革への「お手伝い」」と表現したのは、二代目のプログラム・マネージャーの植松信一であった。「お手伝いさせていただく」という気持ちの表れであると彼は言うが、2023年大綱の「共創」や「連帯」の先取りのように思える。以下の記述はJICAのプロジェクト報告書を資料としている。

(1)「お手伝い」の背景

　JICAプロジェクトは、支援の受け入れ国から要請を受けて初めて企画される。前節のパキスタンや南アフリカへの協力と同様に、改革支援はインドネシア側から要請された。2000年2月、ルスディハルジョ国家警察長官が日本の在インドネシア大使館に改革支援を要請し、同年5月に来日した際に、日本政府に対して支援を再要請した。それを受けて、2000年6月から7月にかけて調査団が日本から派遣され、同年8月末に日本政府は国家警察長官政策アドバイザーの派遣を決定し、2001年2月にはアドバイザーとして後述する山﨑裕人が派遣された。

　この背景にあったのが、インドネシアの民主化であった。1997年のアジア金融危機以後、インドネシアでは経済的混乱を背景に、各地で学生や市民団体がスハルト退陣を迫る大規模デモを展開し、都市では反華人暴動も起きた。30年もの長きにわたって大統領を務めたスハルトは退陣し、インドネシアは民主化の道を歩み始めた。大統領選挙の実施に加えて、グッド・ガバナンスを獲得する上で法制度の充実と警察の改革は重要であった。1999年4月、国民協議会は国家警察をインドネシア国軍（以下国軍）から分離することを決定し、2000年8月、国家警察は国軍から分離され、大統領直轄組織として再編された。これによりインドネシア国家警察は日本のODAを受けることが可能となった。

　インドネシア国家警察は、インドネシア独立の翌1946年に発足した。インドネシア初代大統領のスカルノは、親共産党政策を取り、1955年にはバ

ンドン会議を主催し、会議には中華人民共和国から周恩来が参加した。このような状況下で、国家警察は1962年国軍に統合され、陸・海・空軍に続く第四軍として位置づけられた。親共的な外交姿勢を見せるスカルノに対し、国軍で勢力を伸ばしたスハルトは、共産党員が多かった国家警察を自身がコントロールしたかったのかもしれない。国家警察の国軍への統合から間もなく、1966年に共産党によるクーデター未遂事件とされる九三〇事件が起き、事件後、スカルノは失脚してスハルトが大統領に就任した。

　国軍の一部であった時代、国家警察の総予算はジャカルタ軍管区司令部と同額といわれた。国軍の中では陸海空軍に比べ、第四軍の警察では軍司令部や軍情報局への昇進が少なく、内務省や国会への警察からの出向者も、陸海空軍に比べて少なかった。軍隊式の組織文化の中で、国家警察は交通取り締まりと一般的な刑事事件の捜査を担当したという。

　2002年の警察法改正により、国軍は国防の責任を負い、外敵からインドネシア領土を守り、国家警察は国内の治安維持を担当することになった。国家警察のこのような重要な課題に対して、インドネシア政府は日本のほかに、アメリカとイギリス、オーストラリアに支援を要請した。かくて、日本警察による国家警察改革の「お手伝い」が始まったのである。

(2)「お手伝い」の基本方針

　軍隊と警察は国家の暴力装置としてひとくくりにされがちであるが、その組織文化は異なる。軍隊は一兵士に与えられる裁量権の幅を狭めて形成される組織であるが、警察は経験や年齢に関係なく第一線の警察官に大きな裁量権を認めている。逃走中の犯人を追う際に、上司の指示を待って行動していれば、犯人を取り逃がしてしまう。国軍時代の組織文化を「指導・助言」によって改革するのは、容易な仕事ではなかった。

　初代プログラム・マネージャーの山﨑裕人がインドネシアに派遣された直前には、2000年3月からイギリスからインドネシア国家警察改革支援のために派遣されていたマイク・ボウエン（Mike Bowen）がインドネシア警察による人権侵害や腐敗の実例（特殊部隊による民衆弾圧、内部の収賄、東ティモールやアチェ、西パプアの独立運動弾圧など）をセミナーで真正面から取り上げ、インドネシア側と折り合いがつかず、改革支援継続を断念した。このような背景もあり、山﨑は日本警察による「お手伝い」では、警察の意識改革に焦

点を当てることにした。

　改革支援が始まったとき、インドネシア国民の間には警察に対するネガティブなイメージがあり、警察は人々が「関わりたくない」「近づきたくない」存在であった。警察が国軍の一部であった時代、治安維持の目的のために十分な証拠なしに警察に逮捕された人々の存在を考えれば、無理はなかった。さらに「警察に鶏一羽盗まれたと届けると、警察が山羊一頭持って行く」という表現は、国家警察のイメージをよく表していた［山﨑 2012］。前出の山﨑によれば、プロジェクト開始時、インドネシアには警察官を主人公にした映画やテレビドラマがなかったという［山﨑 2009］。

　インドネシア国民からの信頼を勝ち取るため、プロジェクトは目に見える形で進め、結果的に意識改革につなげることを目指した。「誠実」は現場鑑識分野の技術を、「迅速」は通信指令分野の技術を移転することで担保しようとした。それは、「市民警察」としてインドネシア国家警察が自身の警察機能を近代化させ、行政能力を向上させることであった。誰が犯罪被害にあっても、通報を受ければ、警察官が事件現場に急行して指紋採取などの現場鑑識を行うことを習慣化させ、組織文化の変革を目指したのである［山﨑 2012; 山﨑 2013］。

(3) 5 期目に入る「お手伝い」

　JICA プログラムは 5 年間をひと区切りとする。以下、JICA 報告書から各期の概要をまとめていく（表 1 参照）。すでに 2001 年にプログラム・マネージャーは赴任していたが、JICA プロジェクトとしては 2002 年から始まる。最初の 2 期 10 年間は「市民警察活動促進プロジェクト」であった。モデル署であるジャカルタ近郊のブカシ署ではインドネシアにおける市民警察モデルが育成された。「市民警察」はインドネシアでは「POLMAS (Pemolisian Masyarakat)」と呼ばれ、軍隊的性格から脱却するための達成目標であった。1 期の終わりに無償協力で交番が建設され、日本流のコミュニティ・ポリシングの「道場」として位置づけられた。

　2012 年からの次の 2 期 10 年間は「市民警察活動全国展開プロジェクト」であり、ブカシ・モデルのインドネシア全土への普及が図られた。ブカシで育成された現場鑑識とコミュニティ・ポリシングの担当者が公式インストラクターとして、インドネシア各地で講習会を開催して、その後に検定を実施

表1 インドネシア国家警察改革支援プログラム

実施場所		市民警察活動の促進		市民警察活動の全国展開		犯罪抑止活動
		2002-2007	2007-2012	2012-2017	2017-2022	2022-
ジャカルタ	国家警察本部	プログラム・マネージャー	プログラム・マネージャー	プログラム・マネージャー	プログラム・マネージャー	プログラム・マネージャー
	警察大学院大学		POLMAS講義（1）	POLMAS講義（1）	（PM[2]）が講義を担当）	（PM[2]）を講義を担当）
	薬物対策	専門家（1）				
ブカシ	地域運営	専門家（1）	専門家（1）	専門家（1）	専門家（1）	
	現場活動	専門家（後半のみ1）	専門家（2）[1]	専門家（1）	専門家（1）	
	鑑識	専門家（1）	専門家（1）	専門家（1）	専門家（1）	
	通信指令	専門家（1）				
バリ島	観光警察	専門家（1）	専門家（1）			
スマラン[4]	犯罪抑止					専門家（2）
日本	国別研修	○	○	○	○	○
	カウンターパート研修	○	○		○	○
第三国研修	東ティモール				○	

注1）ブカシ署は2004年10月にメトロブカシ署とブカシ県署に分割された。事務所はメトロブカシ署。メトロ・ブカシ署とブカシ県署で2人の専門家が連携して活動。
　2）PMはプログラム・マネージャー。三代続けてPOLMAS講義担当者がプログラム・マネージャーとして赴任。
　3）括弧内の数字は人数。
　4）東ジャカルタ警察署とスマラン警察署を2人の専門家が連携して担当。
出所）警察庁国際協力室のデータとJICA報告書、インタビューから筆者作成。

することで、新たなインストラクターを誕生させた。インドネシア国家警察の教育訓練体系の中に、ブカシ・モデルが指導項目として取り上げられることで、ブカシ・モデルが国家警察の組織文化の一部となった。

　2022年からは、「市民警察」プロジェクトの20年間の成果を踏まえて、新たに「犯罪抑止対策促進プロジェクト」が始まった。同プロジェクトは、犯罪抑止モデルを構築し、国家警察でのマネジメント文化の育成を目指すものである。プロジェクトはスマランに新たなモデル地区を設定した。

　また、プログラム初期、バリ島で爆弾テロが発生し、バリ島の治安の改善

への「お手伝い」がインドネシア側から要請された。バリ島には観光警察制度があり、プログラムの立ち上がりで日本警察が一般的に行う警ら活動が導入された。

(4)「現場」での「指導・助言」

「市民警察」関連プロジェクトでは、まず、国家警察政策アドバイザーとして国家警察本部に、プログラム・マネージャーが派遣された。プログラムのモデル署となったブカシ署では、現場で「誠実」と「迅速」を担保する技術移転が行われた。「署」といってもその管轄区域は、日本の各警察署よりもはるかに広い。ブカシ署の管轄区域は1万5,000平方メートルで、香川県警よりやや小さい程度であった。その管轄地域には都市部と農村部が混在しており、伝統的な村、港町、工業団地、商業地域、住宅地と多様な地区を含んでいる。このため、インドネシア全体を視野に入れた市民警察活動のノウハウの移転を考えると、ブカシはパイロット・プロジェクトの地として便利な地域であった。首都ジャカルタに隣接していることから、国家警察本部やジャカルタ警視庁との連絡も容易であった。

プロジェクトはインドネシアの実情にあわせて調整されていった。その一例が、通信指令分野の技術移転であった。無償協力で通信指令センターが設置され、無線機も配布されたが、ずっと日本の110番にあたる112番通報が鳴らなかった。戦時中の日本占領下で設立された「隣組」的な町内会が今なお健在で、1地区100世帯から1,000世帯で構成されていた。人々は、何か問題が起きると町内会長に相談した。町内会長が警察に連絡することに同意して、人々は初めて警察に問題を報告したのである。通報が無い以上、現場に迅速に駆けつけることはできなかった。

このため、最初の5年が終わる前に、通信指令は現場活動におきかえられていった。軍隊式に指示を待つだけであったブカシの現場で、日本警察から派遣された長期・短期専門家は、事件が起きた際にはまず現場に急行して、現場保存をして、それを無線で本部に連絡するように指導した。現場も徐々に変化した。ブカシ署内では自身の携帯番号を地区の住民に教え、事件が起きた時に連絡を取るように働きかける者も出てきた。SNS網の発達とともに、事件の迅速な通報が警察官に寄せられるようになった。

鑑識分野では立ち上げ初期に赴任した専門家によれば、インドネシア側は

写真1　インドネシア国家警察高級幹部の日本研修

「すべて知っているから指導はいらない。日本警察と同様にモノとカネがあれば、自分たちも日本警察に負けない活動ができる」と自信を持っていたという。インドネシアでは身分証明書の発行に際して、指紋の登録が必要であり、事件捜査のためではなく、身分証明書の発行のために指紋を採取していた。「日本の指紋採取技術を実地に紹介したところ、まるで手品を見たかのように驚き、その驚きが技術を習得しようとする熱意に変わ」った（警察白書平成17年版）。一方、事件が起きると、指紋は現場で採取するしかなく、鑑識分野では鑑識技術の習得と並行して、現場活動鑑識の指導も並行して行われた。

(5) ブカシを「飛び出す」

プログラムはブカシを飛び出して、インドネシア国家警察全体を視野に入れた。「kunitoku」（国特）と呼ばれた日本での国別研修プログラムが2002年から始まった。警察庁国際協力室によれば、初回は埼玉県警と愛知県警が担当し、10名がそれぞれ44日間研修した。研修期間は2007年から1か月ほどになった。研修先は、警視庁を除く全国の道府県警であり、2004年から2011年までは3か所、2012年から2017年までは2か所、2018年からは1か所が研修生を引き受けた。新型ウイルスの感染が拡大した2020年と2021年を除いて毎年実施され、2023年の大阪研修で総計21回実施され、参加者は延べ380人にのぼった。

対象は国家警察の40歳未満の若手中堅幹部であった。ブカシの現場を知らない研修生に、日本研修ではまず東京の警察大学校で座学を行い、その後、日本国内の現場で警察官の日常の実践を直接観察させた。研修には交番勤務が組み込まれ、交通指導や職務質問を実際に体験した。研修最後の東京での成果報告会では、研修生の日本での発見が披露された。「百聞は一見に如かず」であり、2005年度の五期生による研修作文集では、大阪の研修先で小学生が100円を拾ったからと交番に届けたことに、研修生は市民と警察との距離の近さに驚き、感嘆の声をあげた。

さらに「kunitoku」の対象とはならない初級幹部をすくいあげるため、第2期初めの2007年に、ジャカルタの警察大学院大学で市民警察（POLMAS）の講座が開かれた。講師には警察庁から上級職の若手が派遣された。また、「kunitoku」と並行してプロジェクトの開始時より、高級幹部を含めて、日本から派遣された専門家のさまざまなレベルのカウンターパートに対して、日本でカウンターパート研修プログラムが実施され、組織運営研修について意識改革が目指された。たとえば、第七代プログラム・マネージャーである大原光博は、国家警察の業務管理文化が不在で「指示しっぱなしでモニタリングやフォローアップをしない」ことの見つめなおしをカウンターパート研修のテーマに据えた［大原2017-2019］。

(6) 日本警察の人材の育成

人的要素をあげれば、プロジェクトの3期まで、「市民警察」関連プロジェクトには、初代プログラム・マネージャーの山﨑と同じくカンボジアPKO参加者4人が参加した。山﨑はインドネシアへの赴任が10年半を数える。インドネシアから要請があった時点で、山﨑はインドネシア大使館に一等書記官として3年間赴任しており、インドネシア語が話せたが、それ以前にカンボジアPKOに文民警察隊長として参加していた。インドネシア大使館時代に、スハルトの左腕と言われたベニー・ムルダニに知遇を得た。インドネシア国家警察改革への支援を日本に要請したルスディハルジョは、カンボジアPKOでインドネシア文民警察の隊長であり、山﨑とプノンペンでやり取りをしていた［山﨑2009］。

しかし、驚かされるのは、山﨑以外の歴代プログラム・マネージャーもインドネシア赴任後すぐにインドネシア語で会話し、国家警察幹部ともインド

ネシア語で意思疎通を図れたことである［ダイ 2018］。山﨑は「部活動として後任にインドネシア語をマスターするように言った」という。インドネシアにプログラム・マネージャーや警察大学院大学の助教として赴任する者で、インドネシア語ができない者は、1 年間国際課勤務となり、インドネシア語の習得にあたったようだ。フィリピンとは違って英語が通じないインドネシアの国情を反映しているにしても、歴代のプログラム・マネージャーや警察大学院大学助教の熱意がわかる。

　ここからうかがえるのは、日本警察も人事面でプログラムを支えていたという点である。1992 年大綱制定後の 1994 年、警察庁は国際部を設置した。2004 年、国際部は廃止され、国際担当審議官を設置して国際課を設置した。内向き官庁である警察庁の中に国際協力を担当する部署ができたことになる。2006 年から「国際協力セミナー」が警察大学校で開講され、全国の警察官 26 万人の中から、国際協力に関心を持つ警察官に国際協力の現場を紹介した。受講者の中から短期専門家として現場に行く者が選ばれ、短期専門家の経験者の中から、長期専門家として派遣される者も出てきた。また、インドネシア大使館勤務を経験した者の中から、インドネシア国家警察改革の「お手伝い」に参加する者は、山﨑だけではなく、2024 年 7 月にインドネシアに赴任した第十代プログラム・マネージャーがそうである。この傾向は今後続いていくことが予想される。

おわりに

　プロジェクトがあって初めてインドネシアに生まれたものがいくつかある。「kunitoku」参加者は自主的に「サクラの会」という同窓会を 2007 年 8 月に結成した。インドネシア版の交番である BKPM（Belai Kemitraan Polisi dan Masyarakat）が誕生したことで、警察協力団体である FKPM（警察市民パートナーシップフォーラム: Forum Kemitraan Polisi Masyarakat）が誕生した。ヌス・スリタントリ・スルヨノは 2006 年、地域住民から賛助金を募り、交番建屋を建築して、BKPM を警察に寄付した。その地域で FKPM を創設し、会長職を長年務め、2022 年に日本から表彰された［在インドネシア日本国大使館プレスリリース 2022］。そして、2019 年、インドネシア国家警察は東ティモ

ールに地域警察活動の第三国研修を行った。

　こうしたプロジェクトの足跡を見ると、確かに20年を経て、日本警察はインドネシア国家警察に何かを残したように思われる。日本の国内に軸足を置く日本警察が、インドネシア国家警察改革のお手伝いをしたことは、今後の国際協力を考える上で一考に値する事例と言えるだろう。次の研究の課題として、インドネシア国家警察のクライアントであるインドネシア国民や、その研修を受けた東ティモールの警察にも、インドネシア国家警察が確かに変わったかどうか、その声を聴いてみたい。

【謝辞】筆者の質問に丁寧に答えてくださった山﨑裕人、植松信一、大原光博、鈴木基之、井澤和生、川原洋、青木博、間野洋児、折戸誠、谷口栄三郎、田中彰、阿部勝美、滝沢裕、太田明仁、安齋俊哉、小松千寿、宍戸久美子、櫻澤健一、中西章、宮川貴行（日本警察インドネシアプロジェクト関係者）、飯利雄彦、星野吉宏（日本警察フィリピンプロジェクト関係者）、警察庁国際協力室、石黒真人、石崎宏文、今橋博宣、大谷典弘、星野吉宏、土屋賢太郎、岩下貴紀（Kunitoku 関係者）、河野毅（東洋英和女学院大学）、Twedi Aditya Bennyahdi, Sambodo Purnomo Yogo, Priyo Waseso, Yundini Husni Djamaluddin（インドネシア国家警察関係者）、三井祐子（JICA）の皆様に感謝申し上げます。

［文　献］

飯利雄彦（2015）「国際協力機構を通じたフィリピン警察支援（1）」『警察学論集』68（3）、103-125 頁。

インドネシア国家警察支援に関する JICA 報告書（JICA の ODA 見える化サイトより）「市民警察活動促進プロジェクト」（2002 年-2007 年）、「市民警察活動促進プロジェクトフェーズ 2」（2007 年-2012 年）、「市民警察活動（POLMAS）全国展開プロジェクト」（2012 年-2017 年）、「市民警察（POLMAS）全国展開プロジェクト　フェーズ 2」（2017 年-2022 年）、「犯罪抑止対策促進プロジェクト」（2022 年-）

大原光博『専門家活動報告』（2017 年 8 月 15 日-2019 年 7 月 5 日）、JICA。

在インドネシア日本国大使館（2022）「外務大臣感謝状及び在外公館長表彰授与者の発表（インドネシアにおける警察分野功労者）」https://www.id.emb-japan.go.jp/news22_30j.html、2024 年 6 月 28 日最終閲覧。

ダイ・バクティアル（2018）「インドネシア国家警察改革支援の意義と思い出」『インドネシアに対する協力の足跡（寄稿集）』独立行政法人　日本国際協力機構、39-41 頁。

松尾庄一（2014）「警察分野の技術協力と警察改革」『警察の体制及び運用に関する諸考察──近代警察の創設から国際協力推進まで（警察政策学会資料　第 76 号）』警察政策

学会 管理運用研究部会、1-27 頁。

宮越極・笠原俊彦 (2013)「日本警察における国際協力の現状と課題」警察大学校編『警察学論集』56 (10)、102-136 頁。

山﨑裕人 (2009)「海を渡る KOBAN」『文藝春秋』87 (12)、82-84 頁。

山﨑裕人 (2012)「わが「インドネシア警察改革」記」『文藝春秋』90 (8)、204-210 頁。

山﨑裕人 (2013)「インドネシア国家警察改革支援プログラムの明日のために——「初代」そして「4 代目」としての通算 7 年半の勤務を終えて」警察大学校編『警察学論集』66 (1)、1-24 頁。

【読書案内】

下村恭民 (2020)『日本型開発協力の形成——政策史 1・1980 年代まで』東京大学出版会。

下村恭民 (2022)『最大ドナー日本の登場とその後——政策史 2・1990 年代以降』東京大学出版会。

  ＊ 著者は海外経済協力基金勤務経験あり。日本の ODA の歴史を振り返る力作。

佐藤仁 (2021)『開発協力のつくられ方——自立と依存の生態史』東京大学出版会。

  ＊ ODA を独創的な視点で再考するとこうなるのかという好著。

山田順一 (2021)『インフラ協力の歩み——自助努力支援というメッセージ』東京大学出版会。

  ＊ 著者は JICA 勤務。援助の現場からの率直な感想も交えながら、戦前との連続性を指摘。

本名純 (2013)『民主化のパラドックス——インドネシアにみるアジア政治の深層』岩波書店。

  ＊ インドネシアを政治から理解したければ、まず手に取ってみよう。

佐藤百合 (2011)『経済大国インドネシア——21 世紀の成長条件』中央公論新社。

  ＊ インドネシアを経済から理解したければ、まず手に取ってみよう。

旗手啓介 (2018)『告白——ある PKO 隊員の死・23 年目の真実』講談社。

  ＊ NHK スペシャルの書籍化。カンボジア PKO でなぜ文民警察官が殺害されたのか、を説き起こし、PKO そのものをジャーナリストとして考え抜いた力作。NHK の地上波と BS の番組もぜひ合わせて視聴してほしい。

第5講

人の国際的移動と教育
移民の子どもをめぐる教育問題と「日本人であること」の特権性

髙橋史子

移民問題とはどんな問題なのか。移民は問題なのか。移民を受け入れる社会が問題なのか。当事者とは誰のことなのだろうか。人間の安全保障を考えるうえで重要な要素の一つである教育を例として、移民やマイノリティをめぐる問題における「当事者」とは誰のことなのかを考えたい。

はじめに

経済的安定や政治的自由、性的指向の自由を求めての移住や紛争・暴力などからの避難など、さまざまな理由により国境を越えて移住する人びとの数は世界で増加傾向にあり、この50年でおよそ3倍になったと推計されている［IOM 2024: 22］。

人間の安全保障の枠組みにおいては、移民が市民生活を送る上での基本的なサービスにアクセスできることの重要性、特に第2世代・第3世代への市民権付与を緩和することの重要性が指摘されている［CHS 2003］。2022年に出された特別報告書『人新世の時代における人間の安全保障への新たな脅威(New Threats to Human Security in the Anthropocene)』［UNDP 2022］においても、社会経済的不安定や暴力などによって脅かされやすい移民の人権保護が重要であることが示されているほか、ジェンダー、人種、エスニシティ、性的指向、年齢による差別や暴力、人権侵害などの不平等が人間の尊厳を損なうと指摘され、マイノリティや子ども・若者の人権保護が重要であると述べられている。

このような移民・難民、マイノリティと人間の安全保障をめぐる議論において、教育は自立と社会参加のための術として捉えられ、教育を受ける権利は国籍や人種、言語、文化などにかかわらずすべての子どもに保障されるべ

き権利として重要である。しかし、移民や難民の子どもや若者の教育の権利や尊厳が守られない状況は多くの国で起きており、彼らの将来に向けた可能性が阻まれたり、機会が減少したりしている。日本も例外ではない。

　長いあいだ、日本社会は単一民族的と信じられてきたが［小熊1995］、他の先進国と同様に先住民やエスニックマイノリティが住み、70年代以降は難民を、90年代以降は南米からの日系人をはじめ多くの移民を受け入れてきた。そして、彼らの第2世代・第3世代は日本で生まれ、多くが日本で教育を受けている。

　移民・難民の子ども・若者の教育と就労においてはさまざまな困難が指摘されており、国籍や人種、民族、文化等にかかわらず公正な社会参加の機会が守られているとは言い難い。本講では、このような教育における不平等とその背景について検討する。特に、不平等の背景にある日本社会において「日本人であること」が持つ意味について考察することで、より公正な社会に向けてどのような実践が必要となるかを探っていきたい。

1　日本における移民の子どもと教育

　日本社会において移民と教育について語るときには、「オールドカマー」、「ニューカマー」という言葉を用いることがある。「オールドカマー」とは第二次世界大戦終結までに植民地であった台湾、朝鮮、中国から日本に移住し、戦後も日本に残留した人びとのことを、「ニューカマー」とは1970年代以降に渡日したインドシナ難民や中国残留日本人、また1990年の出入国管理及び難民認定法（入管法）の改正後に増えた日系ブラジル人等のことを意味する［額賀2019: 6］。そして、2019年に入管法の改正により在留資格に「特定技能」が新設されたことで、外国人労働者の受け入れがさらに拡大している。

　2022年現在、日本の公立小学校に通う外国籍児童数は84,930人（全体の1.4%）、中学校は30,792人（1.1%）、高校は10,821人（0.6%）で増加傾向にある［文部科学省2023］。

　また、日本語指導が必要とされている児童生徒は、外国籍・日本国籍とも増加傾向にある。2012年度から2021年度のおよそ10年の間に、外国籍では小学生が約1.8倍に増え31,189人、高校生では約2倍の4,292人になって

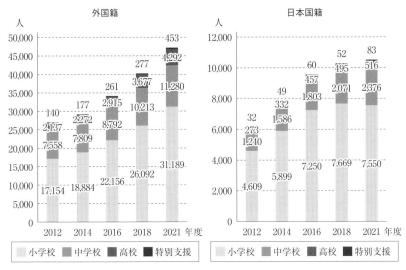

注）文部科学省「日本語指導が必要な児童生徒の受入等に関する調査」(平成24年度～令和3年度)をもとに筆者作成

図1　日本語指導が必要な児童生徒数（外国籍・日本国籍、2012～2021年度）

いる。日本国籍でも小学生が約1.6倍に増え7,550人、高校生が1.9倍に増え516人となっている。特別支援学校（小学部から高等部）においても増加傾向は見られ、外国籍約3.2倍、日本国籍約2.6倍の増加率となっている（図1）。

日本社会全体で日本国籍者の人口は減少傾向にあるものの、外国籍者の人口は増加している［小松2022］。社会の多民族化・多文化化にともなって、学校教育の現場もさまざまな課題や葛藤に直面している。

2　移民の子ども・若者が直面する教育上の問題

では、移民の子どもや若者は日本でどのように学校教育を経験するのだろうか。またそこにはどのような問題があるのだろうか。国籍や文化、言語等にかかわらず、教育の機会を得て社会に参加する権利が保障されているかどうかという観点から、就学機会、学校文化、進路という3つの点に注目する。

（1）就学機会——不就学問題

　義務教育段階にある外国籍の子どものうち、およそ1万人が公立学校だけでなく外国人学校も含めたいずれの教育機関にも在籍していない、すなわち「不就学」の状態にある可能性があるといわれている。さらに、転居後に不就学状態になっている者を含めるとこの数はさらに13,000人程度まで増加する可能性がある［文部科学省 2022a］。教育へのアクセスを国籍にかかわらず保障することは喫緊の課題であるといえるだろう。

（2）学校文化——「日本人」化を求める同化主義的学校文化

　日本に来て間もない子どもの場合は、日本語学級で取り出しの授業を受けたり（在籍学級の他の生徒が「国語」の授業を受けている時間などに、日本語学級で日本語を学ぶ）、在籍学級で入り込みの指導を受けたりする（在籍学級で授業を受ける際に通訳やNPOスタッフ等が児童生徒の横で学習の補助をする）。このように移民児童生徒にはその教育ニーズ、主に日本語指導という言語学習に関するニーズに応える形で「特別な」指導が行われる。

　しかし、日本語指導以外の時間、あるいは日本語指導が「必要ない」と認定された子どもは在籍学級で他の子どもたちと一緒に授業を受けることになる。このとき、移民背景のある子どもの服装や振る舞いなどに対しても「みんな同じ」であることを良いこととする同化主義的な学校文化が隠れたカリキュラムとして作用し、場合によっては彼らが自らのエスニックアイデンティティや文化的な差異を肯定的に捉えられないという結果を生み出すことがある。学校は移民の子どもたちの文化的背景を奪い、「日本人」への同化を求める奪文化化の装置だとも指摘されている［太田 2000］。

（3）進路——進学・就労における格差

　日本語指導が必要な高校生の中退率は6.7％で、高校生全体の中退率1.0％と比べるとかなり高い。大学や専修学校等への進学率についても、日本語指導が必要な生徒が51.8％であるのに対して高校生全体が73.4％となっており、20ポイントの差が生じている［文部科学省 2022b］。

　国籍別にみてみると、日本国籍者と比べてベトナム、フィリピン、ペルー、ブラジル国籍者の大学在学者率が低い。具体的には、日本国籍者では45.2％であるのに対して、ベトナム30.0％、フィリピン9.7％、ペルー11.3％、ブラジル11.8％となっている（図2）［樋口・稲葉 2018］。

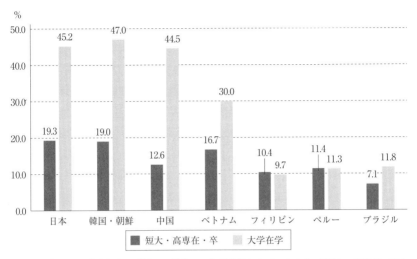

注）2010年国勢調査をもとに［樋口・稲葉 2018］が分析したデータから、「短大・高専在・卒」「大学在学」を抜粋しグラフを作成

図2　日本国内における19-21歳の国籍別進学・在学状況

　日本語指導が必要な高校生の就職者における非正規就職率は39.0%で、高校生全体では3.3%であるのに対しておよそ12倍となっている。また、進学も就職もしていない者の割合は13.5%で、高校生全体の6.4%のおよそ倍である［文部科学省 2022b］。

　大卒者の就職においても移民背景のある学生にはさまざまな障壁があるといわれている。日本の大学や大学院を卒業または修了した人の就職率について、国籍や移民背景を観点とした統計データはないが、移民・難民背景のある学生の就労支援団体からは就職の難しさや差別の事例がしばしば報告されてきた。筆者らが行った調査においても、幼少期から日本で育った移民第2世代で日本の大学を卒業した方々が、採用面接において「両親がどこでどう出会ったかなど、ルーツにまつわることは聞かれたが、多文化な背景で培った能力ややりたい仕事については聞かれずに面接時間が終わってしまった」と、本人の望まない形でのルーツに関する質問がなされたケースや、説明会会場で「あなたの国籍の方は雇っていませんと言われた」などのケースがあることがわかった［認定NPO法人 Living in Peace 難民プロジェクト他 2022；高橋・額賀・徳永 2023］。

このように、就学から就労にいたる過程において、移民の子どもや若者はいわゆる「日本人」と同等の教育機会、待遇、結果を得られていないということができる。すべての人の社会参加を促す仕組みづくりに向けて、問題の背景に対する理解と対応が求められている。次の節では、このような不平等の背景にどのような問題があるのかを検討していこう。

3　移民の子ども・若者の教育問題の背景──「日本人性」への着目

アメリカにおけるホワイトネス研究、すなわち「白人であること」の意味を問う研究から示唆を得ながら、［松尾 2005；松尾 2023］は、日本社会において「日本人であること」が持つ特権性（Japaneseness）を問い直すことの重要性を主張している。ここでは、ホワイトネス研究と「日本人性」を短く概観したうえで、2 節でとりあげた教育問題がなぜ生じるのか、その背景について「日本人性」という観点から検討したい。

（1）マジョリティの特権性──ホワイトネス研究と「日本人性」

松尾は、ホワイトネス研究とは、「意識化されない文化的な規範、構造的な特権、あるいは自己や他者や社会をみる視点など、歴史的、社会的、政治的、文化的に構築されてきた「白人であること」の解明をめざすとともに、その知見をもとにより人種的に平等で公正な社会の形成を志向する学問的営為ということができる」［松尾 2005: 16］と述べ、その特徴を下記の 4 点にまとめている。

ホワイトネスは、①無徴化された文化であり、②非白人ではないことによって定義され、③構造的な特権を持つ。また、④植民地主義に由来し、歴史的に形成されたものである［松尾 2005: 21-22］。つまり、白人文化は当然のこととして可視化されず、社会の規範を形成する。そして、白人／非白人という二項対立によって定義され、「色があるもの」に対して「色がないもの」として、「純粋」や「普遍」というイメージとともに認識される。こうして可視化されず普遍化された白人の経験、価値、生活様式がアメリカ社会の正統的なものと位置づけられる。その起源は植民地化の過程に遡るとされ、人種的な支配や搾取を正当化する論理として「発明」され、その後国内の階級やジェンダーと複雑に絡み合いながら構築されてきた［松尾 2005: 22］。

そして、ホワイトネスという概念によって以下の3点が可能になると述べている。

第一に、これまで可視化されてこなかった「白人であること」の持つ権力がどのように作用してきたかを問い直すことができる。

第二に、これまで非白人の人々の問題と捉えられがちであった人種に関わる問題を、「白人であること」の社会的な意義を問うことによって、すべての人々の関わる問題と位置づけることができる。

第三に、ホワイトネスが社会的に構築されていることを明らかにすることで、その脱構築を目指し、より平等な社会を構想することができるようになる［松尾 2005: 17-18］。

ホワイトネスの概念を参考に「日本人性」を考えるということは、日本社会において「日本人であること」が持つ意味やその特権性、さらにはそれらがどう構築されているかを問うことになる（詳しくは［松尾 2023］を参照）。2節でとりあげた教育問題の背景を「日本人性」という概念を用いてみると、どのように理解することができるだろうか。

(2) 教育へのアクセスと「日本人性」

まず、外国籍の子どもの不就学の背景として、子どもが就学年齢になったときに自治体から送付される就学通知が日本語であったり、そもそも就学通知が送られなかったりすることがあり、日本語を読めない保護者や日本の教育システムについてあまり詳しく知らない保護者にとって十分な就学支援となってこなかったことが指摘できる。また、在日朝鮮の人々を公立学校に「恩恵的」に受け入れるとしてきた差別的な制度が継続されているともいわれている［佐久間 2006］。こうして、およそ1万人の外国籍の子どもが不就学であるかもしれず、「日本人」であることが教育を受ける権利が保障される条件として機能し、反対に「日本人ではないこと」がそこから排除されやすくなる仕組みとして維持されてきた。

これは政府が積極的に「移民」という言葉を用いず、移民の社会参加の議論を推進してこなかったこととも関連しているといえよう。額賀は、日本の教育において、「マイノリティが抱える困難が可視化される契機が少なく、子どもたちの多様性を尊重する対応が十分に進められてこなかった」［額賀 2021: 30］原因の一つとして、「移民」という言葉が使われてこなかったこと

に注目している。「外国人労働者は一時滞在であり、「永住を前提とした移民」ではないというロジックで、移民という言葉の使用を避け、移民政策をとることに消極的姿勢をみせてきた」[額賀 2021: 30] 政府の姿勢が、永住していく可能性のある移民をどう受け入れていくのかという国レベルでの議論を停滞させ、移民の子どもたちの教育をめぐる現状把握と教育ニーズの検討にブレーキをかけていると指摘している。

(3) 学校文化と「日本人性」

　画一性によって平等を達成しようとする考え方が強く根付いている学校文化は、移民の子どもたちにとっては「奪文化化装置」[太田 2000] ともなり得る。学校の「ルール」と中立的に表現されるもののなかにも、マジョリティの習慣や価値観は深く埋め込まれており、移民家庭の習慣や価値観とは大きく異なる場合もある [髙橋 2016]。たとえば、日本の学校に色濃く見られる「一斉共同体主義」[恒吉 1996] や子どもの教育に熱心に関与する「教育する家族」[広田 1999] などの価値観と、出身国の文化や価値観との違いが理解されず、移民家庭の自尊心を傷つける。

　教育をめぐるマジョリティの規範は、これまで正当な価値規範として自明視され、問い直されないことによって、同じ価値観を持つ、あるいは適応できる家庭にとっての特権としてその機能が維持されてきた。その規範や社会構造に違和感を感じず、不利益を被らない集団からは、「正統性」を疑われることは少なく、何が問題であるかも気付かれることは少ない。特権や利益を得ようとか、他の集団を差別しようという積極的な意思がなかったとしても、差別や不利益をもたらす仕組みに気づかない、または問題視しないことが結果として不平等な仕組みを維持することにつながってしまうのである。

(4) 進学・就労における格差と「日本人性」

　進学や就職における格差の背景にも、マジョリティとしての「日本人」の特権性を見出すことができる。

　たとえば、筆者らが行った都内の高校教員への聞き取り調査では、移民生徒の進路指導上の課題の一つとして、奨学金の応募や就職にあたって在留資格の壁があることが指摘された [髙橋 2022]。しかし、多くの学校において在留資格等の法制度に関する情報や、移民生徒を積極的に受け入れている進学・就職先に関する情報を調べ続けることは難しい [髙橋 2022]。

教員がすでに多忙を極める状況であることに加えて、生徒の多民族化・多文化化に対応するための教員へのサポートが十分でないことから、多くの学校や教員にとって移民の生徒の進路指導は従来の「日本人」を対象とした指導や仕事に対する「プラスα（アルファ）」や「負担」と捉えられてしまいがちである。実際、聞き取りにおいても「学校に移民生徒の進路指導を行う力はない」という教員の声があがっており、学校が独自にネットワークを広げNPOや弁護士などの力を借りなければ対応できない状態であるといえる。

　企業の採用に関する人事担当者を対象としたインタビュー調査では、日本の大学や大学院を卒業／修了した移民背景のある学生の採用について、日本語検定1級を持っていたとしてもイントネーションが日本語ネイティブのようでないと顧客からの受け入れが難しく、採用を躊躇することがあるという声があった。

> 「正直言うとお客さま次第なんです。やっぱりお客さまからしっかりした日本語を話す方を担当として付けてほしいという要望を、悲しいかな受けるときがあります。そういう方をなかなか配置させにくいというのは現実です。みんな、頑張って日本語1級取ってくれているんです。それでもやっぱりお客さまから受け入れがなかなか難しいときがあるのは事実です。」（国内大手電機メーカー人事担当者）

　このように、「日本人ではないこと」が聴覚的に認識されることによって「日本人であること」が定義され、特権性を構築している場合もある。「白人であること」は、肌の色などの見かけなどの視覚的な差異を中心としながら、歴史的、社会的に構築されてきた一方で、「日本人であること」は見かけだけでなく、国籍、名前、振る舞い、言葉のイントネーションなどさまざまな観点から認識され、「日本人性」を構築しているといえる。

(5) 教育における「日本人性」と排除

　移民の子どもたちをめぐる教育問題を「日本人性」の観点からみてみると、政策レベルで移民の存在を認識しようとしないことが、社会において移民受け入れの議論が進まない一つの要因となっており、その帰結として不就学、同化主義的な学校文化、進学・進路における格差という問題に対して制度の

変革や十分なサポートを提供できない状況と深く関連しているといえる。

　日本の教育システムでは、移民の存在がほぼ認識されず、「日本人であること」が持つ特権性も認識されづらい。一方で「日本人ではないこと」が認識されると、それは排除の要因として働くことがあり、特別な支援は「平等ではない」あるいは「負担」とみなされがちで、「日本人であること」が持つ特権性が維持されることにつながっている。

4　多様性と包摂に向けて ――「日本人性」を脱構築してより公正な社会を構想する

　このように、「日本人性」はマジョリティからはその「正統性」や「普遍性」を疑われることは少ない。しかし一方で、これまで市民団体やNPO、また一部の学校・教員が連携して、教育における不平等を乗り越えるさまざまな取り組みがなされてきたこともまた事実である。

　たとえば、日本の公教育制度には多文化教育（[Banks & Banks 2019] など）や文化的に対応した指導（culturally responsive teaching）（[Ladson-Billing 2021] や [Gay 2018] など）は導入されていないため、現場で教育実践を行う教師に多文化教育実践を求めることは基本的には難しい。しかし、移民が多く住む地域の学校では児童生徒の実情にあわせて教員が彼らの家庭背景、文化的背景を理解しようとしながら、地域の団体などと連携して教育ニーズに応える実践を試みてきた事例がある。

　大阪や京都の公立小学校で行われてきた在日朝鮮人の子どもたちを対象とした民族学級（詳しくは、[梁 2013；髙橋 2019；山本 2020] などを参照）や神奈川県の中学校でインドシナ難民として来た生徒たちを対象として行われた選択科目「国際」（詳しくは、[清水・児島 2006；髙橋 2019] を参照）などの教育実践は、日常的にマジョリティ中心のカリキュラムをマジョリティ中心の学校文化のなかで学んでいる彼らが自らの民族的背景やアイデンティティを肯定的に捉えられるようにするエンパワメントの取り組みである。そして同時に、マジョリティにとっては当たり前の日常的な生活や教育実践がいかに彼らを「マイノリティ」たらしめているかに気付き、公教育の場で部分的にマジョリティ‐マイノリティの間に横たわる力関係を組み替えようとする試みとも

いえるだろう。

　また、移民背景のある若者が就労で直面する差別や不利益に関する知見を
もとに、企業の採用慣習や職務環境・組織文化の見直しが進められている。
都内のある NPO は企業と連携しながら、組織の文化的多様性に焦点を当て
た社会包摂の指針として Cultural Diversity Index というものを設定した。
国籍、言語、文化、宗教などに関係なく人びとが活躍できる取り組みを行う
企業を称賛し、広く社会に発信することで、差別や不利益を生む習慣や仕組
みの変革を目指すもので、採用、職務環境などの 7 つの分野に対してそれぞ
れチェック項目を設けている。採用に関する例としてはたとえば以下の項目
が挙げられている。

- カタカナやミドルネームの氏名に対する採用バイアスを明文化し、禁止
  する
- ヒジャブなど宗教上の装いに対する採用バイアスを明文化し、禁止する
- 必要な日本語力があることを前提に、方言やアクセント、流暢さを決定
  的な考慮要素にしないことを明文化する

（詳しくは Cultural Diversity Index のウェブサイトを参照）

　この取り組みもまた、問い直されることの少ない習慣や規範を見直すこと
を通じて、マジョリティの特権性に気づき、変容を試みる過程であるといえ
る。

　このような取り組みを通じて移民の子どもや若者が直面する困難に対する
理解が深まり、そこに表裏一体となって見出される「日本人であること」の
持つ特権性に気付くことは、既存の制度や文化の問い直しの契機となり、よ
り公正な社会を構想する草の根的な実践であるといえる。

おわりに

　教育における不平等の背景として、移民の経済的・文化的・社会的資本の
少なさが指摘されることがあるが、本講では視点を少しずらして「日本人
性」に着目した。不平等を生み出す社会の仕組みがいかに構築され維持され
ているかという観点でみると、この問題の「当事者」はいわゆる「日本人」、
マジョリティを含むすべての人であることがより明確に意識されるようにな

るのではないだろうか。移民やマイノリティを含めたすべての人間の安全保障の実現に向けて、マジョリティの特権性を問い直すまなざしはとても重要な視点であるといえるだろう。

[文　献]

太田晴雄（2000）『ニューカマーの子どもと日本の学校』国際書院。

小熊英二（1995）『単一民族神話の起源──「日本人」の自画像の系譜』新曜社。

小松聖（2022）「令和2年国勢調査──人口等基本集計結果からみる我が国の外国人人口の状況」〈https://www.stat.go.jp/info/today/pdf/180.pdf〉。

佐久間孝正（2006）『外国人の子どもの不就学──異文化に開かれた教育とは』勁草書房。

清水睦美・児島明（2006）『外国人生徒のためのカリキュラム──学校文化の変革の可能性を探る』嵯峨野書院。

髙橋史子（2016）「「文化」の適応と維持から見る日本型多文化共生社会──ニューカマー児童・生徒を教える教師へのインタビュー調査」『異文化間教育』44号、33-46頁。

髙橋史子（2019）「多文化共生と日本の学校教育（学校実践編）」額賀美紗子・芝野淳一・三浦綾希子編『移民から教育を考える──子どもたちをとりまくグローバル時代の課題』ナカニシヤ出版、193-202頁。

髙橋史子（2022）「外国につながる生徒の進路と進路指導」額賀美紗子・三浦綾希子・髙橋史子・徳永智子・金侖貞・布川あゆみ・角田仁『外国につながる生徒の学習と進路状況に関する調査報告書──都立高校アンケート調査の分析結果』61-74頁〈https://www.schoolexcellence.p.u-tokyo.ac.jp/wp/wp-content/uploads/2022/11/814b57be63b6900240169bbea35787f1.pdf〉。

髙橋史子・額賀美紗子・徳永智子（2023）「日系企業が自分に合わないと思う──南米系移民第二世代の日本での就職活動経験」『異文化間教育』58号、132-144頁。

恒吉僚子（1996）「多文化共存時代の日本の学校文化」堀尾輝久・久冨善之他編『講座学校6　文化という磁場』柏書房、216-240頁。

認定NPO法人Living in Peace難民プロジェクト・髙橋史子・額賀美紗子・徳永智子（2022）『移民・難民学生のキャリア形成と共創する社会へ──学生の就職活動経験と企業の採用に関する調査報告書』〈https://blog.living-in-peace.org/lip_all/refugees/migration_studies_report2022.pdf〉。

額賀美紗子（2019）「グローバル時代の国際移動と変容する日本社会──移民と出会う日常」額賀美紗子・芝野淳一・三浦綾希子編『移民から教育を考える──子どもたちをとりまくグローバル時代の課題』ナカニシヤ出版、1-12頁。

額賀美紗子（2021）「不可視化される移民の子どもたちの複合的困難──グローバル化する日本社会に求められること」恒吉僚子・額賀美紗子編『新グローバル時代に挑む日本の教育──多文化社会を考える比較教育学の視座』東京大学出版会、27-44頁。

樋口直人・稲葉奈々子（2018）「間隙を縫う──ニューカマー第二世代の大学進学」『社会学評論』68巻4号、567-583頁。

広田照幸（1999）『日本人のしつけは衰退したか──「教育する家族」のゆくえ』講談社。

松尾知明（2005）「「ホワイトネス研究」と「日本人性」──異文化間教育研究の新しい視座」『異文化間教育』22 号、15-26 頁。

松尾知明（2023）『日本型多文化教育とは何か──「日本人性」を問い直す学びのデザイン』明石書店。

文部科学省（2022a）「外国人の子供の就学状況等調査結果について　令和 4 年 3 月」〈https://www.mext.go.jp/content/20220324-mxt_kyokoku-000021407_02.pdf〉。

文部科学省（2022b）「日本語指導が必要な児童生徒の受入状況等に関する調査　令和 3 年度」〈https://www.e-stat.go.jp/stat-search/files?page=1&layout=datalist&toukei=00400305&tstat=000001016761&cycle=0&tclass1=000001171786&tclass2=000001171788&tclass3val=0〉。

文部科学省（2023）「学校基本調査　令和 5 年度」〈https://www.e-stat.go.jp/stat-search/files?page=1&toukei=00400001&tstat=000001011528〉。

山本晃輔（2020）「インクルーシブな教育と葛藤──大阪の民族学級の事例から」『未来共創』7 号、135-151 頁。

梁陽日（2013）「大阪市公立学校における在日韓国・朝鮮人教育の課題と展望──民族学級の教育運動を手がかりに」『Core Ethics』Vol. 9、245-256 頁。

Banks, J. A. & Banks, C. A. M., eds.（2019）*Multicultural Education: Issues and Perspectives*, John Wiley & Sons.

Cultural Diversity Index. https://culturaldiversityindex.org/

Commission on Human Security（CHS）（2003）*Human Security Now*〈https://digitallibrary.un.org/record/503749/files/Humansecuritynow.pdf〉.

Gay, G.（2018）*Culturally Responsive Teaching: Theory, Research, and Practice*, Teachers College Press.

International Organization for Migration（IOM）（2024）*World Migration Report 2024*〈https://publications.iom.int/system/files/pdf/pub2023-047-l-world-migration-report-2024_6.pdf〉.

Ladson-Billings, G.（2021）*Culturally Relevant Pedagogy: Asking A Different Question*, Teachers College Press.

United Nations Development Program（UNDP）（2022）*2022 Special Report New Threats to Human Security in the Anthropocene Demanding Greater Solidarity*〈https://hs.hdr.undp.org/pdf/srhs2022.pdf〉.

【読書案内】

額賀美紗子・芝野淳一・三浦綾希子編（2019）『移民から教育を考える──子どもたちをとりまくグローバル時代の課題』ナカニシヤ出版。
　＊ 移民の子どもの教育についてこれから学びたい人向けの教科書。

松尾知明（2023）『日本型多文化教育とは何か──「日本人性」を問い直す学びのデ

ザイン』明石書店。
 * ホワイトネス研究から示唆を得ながら、日本の教育における「日本人性」を問い直す論考。

清水睦美・児島明・角替弘規・額賀美紗子・三浦綾希子・坪田光平（2021）『日本社会の移民第二世代——エスニシティ間比較でとらえる「ニューカマー」の子どもたちの今』明石書店。
 * 膨大なデータをもとに移民第2世代の各エスニックグループの若者のエスニックアイデンティティと学校経験を描いている。

永吉希久子編（2021）『日本の移民統合——全国調査から見る現況と障壁』明石書店。
 * 移民の地位達成や帰属意識に関する現状を計量的に分析した社会学的研究。

園山大祐編（2016）『岐路に立つ移民教育——社会的包摂への挑戦』ナカニシヤ出版。
 * 移民の教育の権利や学力保障について国際比較の観点から考察している。

II

多彩な知との対話

第6講

平和論と人間の安全保障

小川浩之

人間の安全保障について学び、研究する際には、平和という用語・概念をどのように捉えるかということが重要な鍵の一つになると考えられる。本講では、消極的平和、積極的平和、構造的暴力といった概念を軸に、平和および平和論について多面的、批判的に検討する。

はじめに

平和とは何だろうか。平和について、簡潔に「戦争がない状態」を指すと定義することは可能であり、また、国家間で戦争がないことには大きな意義がある。しかし、平和という言葉や概念はより広い意味も持ちうる。例えばそれは、善なるものを漠然と示す言葉にもなりうる。フランスの小説家、劇作家、評論家のアルベール・カミュが1947年に発表した小説『ペスト』には、次のような一節がある。「もっと少数の、おそらくタルーのような人々は、自分でもはっきり定義できない、しかしそれこそ唯一の望ましい善と思われる、あるものとの合体を願っていた。そして、他に名づける言葉がないままに、彼らはそれを時には平和と呼んでいたのである」[カミュ 1969: 443]。

平和は、それぞれの立場や主張に応じて、恣意的に用いられたり、用いられなかったり、あるいは批判の対象として引き合いに出されたりもしてきた。例えば、ソ連は、自らの国家は「平和的」であり、「帝国主義」のみが攻撃的であるという「虚構にこだわり続けた」ため、第二次世界大戦後にいわゆる冷戦が始まって以来、1985年にミハイル・ゴルバチョフが書記長に就任するまで、「冷戦」という概念を公式に用いることはなかった。他方、アメリカ側では、1950年代には、ソ連に対する戦いのあり方を示す自らの概念、すなわち戦争状態に至らない攻撃的な封じ込めを表現する用語として、「冷

戦」が用いられるようになる。さらに、アメリカや西欧諸国の指導者らは、「冷戦」という概念によってソ連の脅威を暗示した［ウェスタッド 2010: 2］。こうした中で、平和は、冷戦下での東西両陣営間の闘争のために用いられる言葉となる。親ソ勢力が「平和のために戦い、平和の戦線を築いた」のに対して、反ソ勢力は、彼らを「平和屋」だとして批判し、ソ連が推進する「平和攻勢」に対抗した。イギリスでは、平和は「汚い言葉」や「禁句」にさえなった［Jenks 2003］。

　他方、平和という言葉の用いられ方は、西側諸国の中でも、アメリカではかなり異なるものとなった。1953～61 年のドワイト・D・アイゼンハワー共和党政権は、西側の同盟国や開発途上国（インドなどの非同盟諸国を含む）への援助を、「平和のための食糧」「平和のための原子力」などの名称を用いて幅広く実施した。61～63 年のジョン・F・ケネディ民主党政権は、開発途上国に派遣する若者たちのボランティアを「平和部隊」と呼び、外交政策の柱の一つに据えた。「平和部隊」の派遣は、ケネディ政権以降も続けられた。ソ連を中心とする東側陣営による「平和攻勢」に対して、アメリカは「平和」の名を冠した多くのプログラムを通して対抗したのである。

　本講では、このように様々な意味や意図、さらには利益などが込められうる平和という言葉・概念について、具体的な人物に注目しつつ、政治、外交、経済、社会、哲学、文学、科学、環境など複数の側面から検討する。例えば、カミュは、1957 年にノーベル文学賞を受賞した 20 世紀半ばを代表する小説家であったと同時に、ジャン＝ポール・サルトルとの論争などで知られる優れた哲学者・思想家でもあった（実存主義の代表的な哲学者の一人であるサルトルも『嘔吐』などの小説を残している）。伊藤直は、第二次世界大戦後のフランス思想について、まさに哲学と文学を架橋・往還しつつ展開された点に着目して論じている。知識人や芸術家の政治的社会参加が積極的に行われたことも重要であった［伊藤 2024］。さらにカミュは、第二次世界大戦中には、ナチ・ドイツに対するレジスタンスに参加しており、『ペスト』で描かれた、感染症によって極限状態に追い込まれた社会やその中で奮闘する人々の姿——タルーのようにその過程で斃れた者もいる——は、ナチスによる占領下のヨーロッパで起こった出来事の隠喩だといわれる。

　イギリスの小説家、評論家のジョージ・オーウェルは、1936 年にイング

ランド北部の炭鉱町ウィガンに入り、労働者と生活をともにした経験に基づき、ルポルタージュ『ウィガン波止場への道』を著した。大恐慌下で重い失業と貧困に苦しむウィガンをはじめとしたイングランド北部での経験は、オーウェルに社会主義への支持を表明させるのに十分であった。「彼が北部に行って見てきたことは、彼の脳裏に深く刻み込まれた。それは単に本の題材としてではなく、苦難と搾取との痛ましい出会いとしてだった。その出会いに促されて、彼は政治作家に変貌した」［ソルニット 2022: 89］。オーウェルは、その直後の 1936～37 年には、スペイン内戦でフランシスコ・フランコの反乱軍と戦うために、共和国派の組織の民兵部隊に加わった経験を基にして、『カタロニア讃歌』を執筆する。こうしたカミュやオーウェルの例を見るだけでも、具体的な人物に着目しつつ、平和について複数の側面から考えることの意義が明らかになるのではないだろうか。

1 消極的平和とその限界

(1) 消極的平和の定義

2024 年 2 月 17 日、平和研究（平和学）の第一人者で、「平和研究の父」として知られたヨハン・ガルトゥングが 93 歳で逝去した。1930 年にノルウェーのオスロで生まれたガルトゥングは、第二次世界大戦中にナチ・ドイツによってノルウェーが占領された際、父親が強制収容所に送られるという経験をしている。

戦後、ガルトゥングはオスロ大学で数学と社会学の博士号を取得した後、1959 年にオスロ国際平和研究所（Peace Research Institute Oslo: PRIO）を設立して初代所長に就任し、64 年には、同研究所を拠点として、現在に至るまで平和研究（さらにはより一般的に国際関係論）の代表的な学術雑誌の一つとなっている『ジャーナル・オブ・ピース・リサーチ』を創刊するなど、草創期の平和研究を牽引した。そして彼は、平和を「暴力の不在」と捉えたうえで、直接的暴力（個人・集団の実力や国家の武力などの行使）がない状態は「消極的平和」にすぎず、国際的、国内的な社会構造に起因する貧困、飢餓、抑圧、疎外、差別などの構造的暴力がない状態である「積極的平和」を目指すべきだと、1960 年代から著書・論文、講演、対談、市民との対話など幅広

い活動を通して提唱した［ガルトゥング1991］。

　なお、後にも検討するように、ガルトゥングが提示した「積極的平和」の概念は、国家よりも個々の人間に着目し、また、物理的暴力よりも貧困、飢餓、抑圧、疎外、差別などからの安全や安心を重視する点で、人間の安全保障の概念と親和性が高いものと考えることができる。

　日本でも、日本平和学会が1973年に設立され（その際に学会誌『平和研究』も創刊された）、2023年には創立50周年を迎えるなど、平和研究は一つの学問分野として確立され、発展してきた［日本平和学会編2023］。ガルトゥングの著書や論文の翻訳を数多く手がけた国際政治学者の高柳先男によれば、ガルトゥングは「〔1991年から振り返って〕過去20年来ほとんど毎年のように来日され、国際政治学者や平和研究者と学問上の交流を重ね、わが国の平和研究の発展に大きな影響をおよぼしてきた。……東京にある国連大学では、創立当初から「開発の目標、過程、指標プロジェクト」を主導してきた」（以下も含めて、〔　〕内は引用者による補足）［ガルトゥング1991: 229-230］。以下では、ガルトゥングが提示した消極的平和、積極的平和、直接的暴力、構造的暴力といった概念を軸に据えつつ、平和論と人間の安全保障の関係について考えていく。

　まず、消極的平和とは、直接的暴力がない状態を指す。もちろん、直接的暴力、なかでも国家間の武力行使がない状態を確保し、かつそれを長期間にわたって維持するのは容易ではなく、消極的平和が達成されればそれだけでも大きな意義がある。政治学者のカール・W・ドイチュは、1957年の著書で、国際統合について、諸国家（諸国民）間の交流の進展を通して価値観の共有が進み、安全保障認識が根本的に改善・安定化した結果、相互の関係において武力行使を想定も準備もしなくなる「安全保障共同体」――「不戦共同体」とも表現される――の達成に向けた過程と定義した［Deutsch, et al. 1957］。しかし、今日の世界でも、相互にそうした関係にある国家（フランスとドイツ、アメリカとカナダ、オーストラリアとニュージーランドなど）の数は依然として限られている。そのうえ、消極的平和は、それ自体を達成することが必ずしも容易でないことに加えて、その定義に関してもいくつか疑問が生じるものとなっている。

（2）消極的平和への三つの疑問

第一に、勢力均衡（balance of power）や恐怖の均衡（balance of terror）などの軍事力（後者の場合は核兵器による甚大な破壊力）に支えられた平和は十分なものだろうかという疑問が生じうる。冷戦期の米ソ両超大国間に見られた相互確証破壊（Mutual Assured Destruction: MAD）がその最たるものだが、その頭文字（「エム・エー・ディー」ではなく「マッド」と発音する）からは、それはまさに「狂った」平和なのではないかという批判的視点をうかがうことができる。

代表的な冷戦研究者の一人であるジョン・ルイス・ギャディスは、冷戦を「長い平和」と評価した［ギャディス 2002］。ギャディスによれば、「冷戦は1970 年代末までに、強固で持続可能であり、少なくとも超大国の次元では平和的な国際システムへと徐々に進化していた」［ギャディス 2004: 454（強調は原文）］。また、国際政治学者のジョセフ・S・ナイ・ジュニアとデイヴィッド・A・ウェルチは、「おそらく、核兵器は冷戦が熱戦へと変わるのを防ぐ上で、重要な役割を果たした」と評価する［ナイ、ウェルチ 2017: 228］。しかし、ギャディス自身が留保をつけるように、「長い平和」とは基本的に「超大国の次元」のものであり、また、冷戦が「長い平和」と呼ぶことができる「平和的な国際システム」に進化を遂げたのは 1970 年代末（つまり冷戦終結の約 10 年前）のことであった。すなわち、冷戦期にも、朝鮮戦争やベトナム戦争など多くの「熱戦」があり、40 年以上続いた冷戦時代の約 4 分の 3 の時期には、超大国間の関係もより不安定だったことになる。

実際、後に国際関係論の英国学派の代表的研究者として知られることになるヘドレー・ブルは、1961 年に 20 代後半の若さで刊行した著書の中で、「戦略核の均衡は、私たちのものと同様にアナーキーで分断されたままの世界においては安全保障の源であるが、他の種類の軍事的な均衡と同じく不安定なものである」と記した［Bull 1961: 46-47］。しばしば「パクス・アメリカーナ（アメリカの平和）」とも呼ばれた状況は、国際秩序の安定や一部の国々の経済的繁栄（そして何よりも、アメリカのジャーナリストで、『タイム』『フォーチュン』『ライフ』などを創刊した「雑誌王」であったヘンリー・ルースが 1942 年に「アメリカの世紀」と表現し、その後それが人口に膾炙したような、20 世紀におけるアメリカの国力の優越）には貢献したとしても、グローバルな規模で積極的平

和を守るものでなかったのはいうまでもなく、消極的平和を保障するもので
もなかったのである。

国際政治学者の高坂正堯は、冷戦終結から数年が経過した 1994 年 10～12
月に NHK で放送された講義とそのテキストをもとに書かれた著書の中で、
「アメリカの外交史家ギャディスが述べたように、冷戦は「長い平和」の時
代であったし、それは基本的に続いているが、人間が満足できるものではな
い」と論じた［高坂 1995: 4］。そして、「冷戦とは恐怖心をめぐるものであっ
た。ヨーロッパやアジアでの超大国の対決が、朝鮮半島やインドシナにおけ
る大規模な戦争だけでなく、核戦争の破滅をもたらすかもしれないという恐
怖である」と記したガルトゥングは、冷戦期を振り返って、彼自身が「およ
そ 40 年間を、そのもとで過ごした。それがむだな半生であったとはいわな
い。しかしよりましな半生でもありえたはずである」と述懐した［ガルトゥ
ング 1991: i-ii］。

1955 年の国連設立 10 周年の際の演説で「恐怖の均衡」をいう表現を用い
て問題を提起したのは、カナダのレスター・ピアソン外相である［後藤 2022:
161］。ピアソンはさらに、56 年のスエズ戦争（第二次中東戦争）の際に、英
仏両国（スエズ運河会社の国有化を宣言したエジプトに対してイスラエルとともに
武力を行使していた）の拒否権行使で国連安全保障理事会（安保理）が機能不
全に陥ったことを受けて招集された国連緊急総会を舞台に危機の平和的解決
に貢献した功績により、翌年ノーベル平和賞を受賞し、授賞式での講演で次
のように述べた。「平和の最善の防御は力ではなく、戦争原因の排除と、平
和を破壊の恐怖よりもっと強固な基盤に乗せる国際的な協定である」［日本
カナダ学会編 2008: 158］。

1957 年 10 月にソ連が史上初の人工衛星スプートニク 1 号の打ち上げに成
功した直後、日本を含む東アジア諸国・地域を歴訪していたインド首相ジャ
ワハルラール・ネルーは、香港で行った演説で次のように述べた。「恐怖よ
りも危険なものはなく、あなた、あるいはどの人にとっても、最も危険なの
は、恐怖を抱くことであると思い起こしてもらいたい。恐怖によって、人は
愚かになり、臆病に、卑劣になり、そしてあるまじき行いをする。個人も国
家も……もしそれがなければしなかっただろうことを、恐怖ゆえに行ったの
である」［Public Records Office of Hong Kong 1957］。熱心な核軍縮論者だった

ネルーは、ソ連のスプートニク１号打ち上げ——ソ連は同年８月に史上初の大陸間弾道ミサイル（ICBM）の発射実験にも成功していた——を受けて、「恐怖」に駆り立てられたアメリカなどの西側諸国との間で核・ミサイルの軍拡競争が激化することに強い懸念を表明したのである。

　第二に、直接的暴力を、個人・集団の実力行使と国家の武力行使に分けて考えた場合、他国の国内での消極的平和（個人・集団の実力行使がない状態）を実現ないし回復するために、国家間での消極的平和を犠牲にする（国家間で武力行使を行う）ことは正当化されるかという疑問も生じうる。それは、人道的介入の是非の問題と言い換えることができる。

　国際関係論や国際人道法の研究者であるアダム・ロバーツは、人道的介入を、その古典的意味において、「ある国家で、その当局の同意なしに、その住民の間の広範な苦痛や死を防止する目的をもって行われる軍事介入」と定義した［Roberts 1996: 19］。国際法学者の最上敏樹によれば、それは「狭義の人道的介入」と呼ぶべきものであるのに対して、①国連が行うか、②国々が国連安保理の承認を得て行うか、③主体が誰であれ——非政府組織（NGO）なども含む——武力行使なしに実行するか、のいずれの場合も、「広義の人道的介入」とでも呼ぶべきものになるとする［最上 2001: 10, 50］。いずれにせよ、最上のいう「広義の人道的介入」の③の場合以外は、国家または国連による特定の国家に対する武力行使がともなうことになり、国内での消極的平和の実現や回復と国家間での消極的平和の維持のどちらを優先すべきかというジレンマから逃れることはできない。

　第三に、直接的暴力はないが、人権抑圧や差別が克服されていない社会は、本当に平和といえるかという疑問も出てくるだろう。さらに、国家間の武力行使に焦点を絞って考えても、ある国の政府が他国との戦争がない状態（消極的平和）を維持することは、政府による国内での人権抑圧や国内のマジョリティによるマイノリティへの差別や迫害など（積極的平和の欠如）を正当化するかという疑問も生じうる。換言すれば、国家安全保障（ナショナル・セキュリティ）を確保することは、人間の安全保障（ヒューマン・セキュリティ）の欠如を正当化するのだろうか、ということである。

　そこで、以上のような疑問点を考慮に入れつつ、消極的平和の限界を（全てではないにせよ）乗り越えるために追求すべきとされる積極的平和ないし人

間の安全保障について、次節で具体的に検討したい。

2　積極的平和と人間の安全保障

(1)　積極的平和の定義と具体的な取り組み

　積極的平和とは、人間がそれぞれの能力や適性（潜在的実現可能性）に応じて自己実現することを妨げるような、社会構造に起因する障害が取り除かれた状態と定義することができる。具体的な障害——ガルトゥングの概念における構造的暴力——としては、貧困、飢餓、抑圧、疎外、差別などが挙げられる。大気・水質・土壌などの深刻な汚染や砂漠化などの環境悪化も、人々の自己実現の機会を損ない、貧困や飢餓も招きかねない点で、具体的な障害に加えうるだろう。そうした構造的暴力が取り除かれ、一人ひとりの人間がそれぞれの能力や適性に応じて自己実現できる積極的平和が達成されれば、もちろん大きな意義があるだろう。しかし、消極的平和を達成するのが必ずしも容易でないように、積極的平和を達成することもまた容易ならざる課題である。

　いくつか具体的な取り組みに目を向けてみよう。まず、貧困やジェンダーに関する問題への取り組みである。バングラデシュでは、経済学者で、パキスタンからの独立運動にも加わった経歴を持つムハンマド・ユヌスが、1983年に、貧困に苦しむ農村の女性を対象として、土地などの担保を求めずに少額の貸し付けをする「マイクロクレジット」（無担保少額融資）を行うグラミン銀行を創設した。ユヌスは、貧困層の経済的自立を促進したことが高く評価され、2006年にノーベル平和賞を受賞した。ユヌスは端的に、「貧困が平和への脅威となっている」と語った。ユヌスは、2024年8月に、強権的な統治を行っていたシェイク・ハシナ首相が学生を中心とする抗議デモによって辞任・国外逃亡に追い込まれた後、暫定政権を率いる首席顧問に就任した。

　世界には様々な形の差別が存在するが、南アフリカ共和国の人種隔離政策（アパルトヘイト）が最も深刻なものの一つであったことには異論が少ないだろう。アパルトヘイトに対しては、複数の国連安保理決議によって、「国際の平和及び安全に対する脅威」や「人道に対する罪」であるなどの認定や非難が行われた。例えば、1960年4月には、南アフリカの人種問題が初めて

国連安保理の議題として採用され、「南アフリカ連邦〔南アフリカが61年5月に共和制に移行するまでの国名〕における状況は国際的摩擦を引き起こしており、継続されれば国際の平和と安全を脅かしかねない」とする決議第134号が採択された。77年11月に国連安保理において全会一致で採択された決議第418号は、国連憲章第7章の下で、国連加盟国に対して南アフリカへの武器禁輸を強制するものとなった。

　こうして、国際的な批判にもかかわらずアパルトヘイトを継続する南アフリカに対して、繰り返し安保理による非難や制裁決議が行われた。そのことも一因となり、1991年にはアパルトヘイト法制が全廃され、長年獄中にあった反アパルトヘイト運動の指導者ネルソン・マンデラが釈放される。93年には、マンデラとアパルトヘイト体制の廃止に踏み切ったフレデリック・デクラーク大統領（1948～94年のアパルトヘイト体制期を通して与党だった国民党政権の最後の大統領）がノーベル平和賞を共同受賞し、94年にはマンデラが南アフリカでアフリカ人として初の大統領に就任した［小川2022］。

　1962年、アメリカの生物学者レイチェル・カーソンが、『沈黙の春』を出版し、化学薬品や農薬——特に農業におけるDDT（1938年にアメリカで開発された有機塩素系の殺虫剤、農薬）の過剰な使用——の自然や人体への危険性を説いた［カーソン1974］。『沈黙の春』は多くの人に読まれるとともに、強い衝撃を与え、その後、アメリカなど世界各国・地域で環境運動が広がる大きな端緒となる。1987年には、ノルウェー首相（在任1986～89年、90～96年）で、後に世界保健機関（WHO）事務局長も務めたグロ・ハーレム・ブルントラントを中心とする「環境と開発に関する世界委員会」（通称ブルントラント委員会）が、国連に対して、『地球の未来を守るために』と題する報告書を提出した。この報告書は、「持続可能な開発」という言葉と概念が世界に広まる大きなきっかけとなった［環境と開発に関する世界委員会編1987］。

　21世紀に入っても環境問題への懸念は続いた。そうした中で、2004年には、アフリカ各地で植林運動に取り組んだケニアの環境・民主化運動家のワンガリ・マータイがノーベル平和賞を受賞した。ノーベル平和賞が環境分野の活動に授与されたのは初めてのことである。マータイは、1977年に植林NGOの「グリーンベルト運動」を創設し、ケニアが民主化した後の2002年には国会議員に当選し、環境副大臣にも就任した。マータイは、東・中央ア

フリカで初めて博士号を取得した女性であり、ケニア赤十字代表なども務めた。当時のノルウェー・ノーベル委員会のオレ・ダンボルト・ミュール委員長は、「今年は「平和」の定義を新たに広げた。平和は、待つだけでなく、積極的に創造するものだという意味で環境問題は重要である」と述べた。マータイも、「我々のグリーンベルト運動は当初、民主化や平和を念頭に置いていなかった。しかし民主的な社会環境の下でしか、環境保護は果たせないと気付き、植林はケニアの民主化のシンボルとなった」と語り、環境保護と民主主義や平和が切り離せないものであるという考えを強調した。

(2) 人間の安全保障と人間開発指数

こうした積極的平和を目指す取り組みの活発化は、安全保障研究における非伝統的分野の安全保障問題や人間の安全保障への関心の高まりと軌を一にしたものと捉えることができる。つまり、直接的暴力（特に国家間の武力行使）がない状態を指す消極的平和に着目する考え方と国家安全保障を重視する立場が相互に親和性があるのに対して、貧困や差別などの構造的暴力がない状態である積極的平和を目指すべきとする考え方は、経済、食糧、健康、環境、気候、エネルギーなどの非伝統的分野の安全保障や人間の安全保障を重視する立場と相互に親和性があると考えられるのである。

人間の安全保障という概念の普及にとって重要だったのは、国連開発計画（UNDP）のイニシアティヴである。まず、人間の安全保障の概念は、UNDPの年次報告書である『人間開発報告書』の1994年版で最初に打ち出された。また、それに先立ち、1990年に『人間開発報告書』が初めて刊行された際には、開発援助の目的が、一人でも多くの人々が人間の尊厳にふさわしい生活ができるように手助けすることと位置づけられた。そして、それ以来、UNDPは、国民生活の豊かさを測定する尺度として、①1人あたり国民総所得（GNI）、②教育水準（成人識字率や就学率）、③平均寿命をもとに、人間開発指数（HDI）として指数化したものを公表してきた（具体的な尺度の測定基準については、1990年以来、現在までに若干の修正が施されている）。

2024年3月に発表された最新のHDIでは、新型コロナウイルス感染症（COVID-19）の流行の影響を受けて下がり続けていた世界全体の指数は3年ぶりに回復したものの、地域や国ごとの格差の拡大が目立つ結果となった。2023年のHDIの推定値では、「先進国クラブ」とも呼ばれる経済協力開発

機構（OECD）の全加盟国（38 カ国）が COVID-19 流行前の 2019 年の水準を上回った一方で、国連が「後発開発途上国」に分類する 46 カ国のうち 18 カ国はコロナ前の水準を下回ると分析された。UNDP のアヒム・シュタイナー総裁は、「過去 20 年間にわたって豊かな国と貧しい国の格差は縮小していたが、今回の報告書はこの傾向が逆転したことを示した」と指摘し、気候変動、デジタル化、格差解消に向けた取り組みの連携不足がそうした二極化を加速させる原因になるという見方を示した。HDI を通して示される各国の国民生活の豊かさの実現、さらに積極的平和と人間の安全保障の確保には、依然として多くの課題が山積している。

(3) 積極的平和への三つの疑問

なお、積極的平和に関しても、いくつかの疑問が生じうる。第一に、差別、貧困、不平等、人権抑圧などについて、広く受け入れられる定義や基準を設けたり、実際に測定したりするのは必ずしも容易でないのではないかという疑問が生じうる。例えば、平等（そしてその欠如としての不平等）について議論するとき、目標とすべきなのは「機会の平等」なのか、それとも「結果の平等」なのかということは、古典的でありつつも、依然として意見が分かれる問いであるだろう。

第二に、積極的平和の実現に向けて社会保障やセーフティ・ネットなどを整備・拡充しようとする際に、ルートヴィヒ・フォン・ミーゼス、フリードリヒ・ハイエクなど初期の新自由主義者に依拠しつつ、ウォルター・リップマンが「統制の錯覚（the illusion of control）」と批判したものに陥る危険はないかという疑問も出てくるだろう。つまり、人間の知性にとって、経済や社会の状況や動向を的確に把握するのは極めて困難であるので、何らかの「適切な」統制（計画、規制など）を通して積極的平和を追求しているつもりになっていても、それは「錯覚」にすぎないのではないかという疑問である［Lippmann 1937: 29-34; スロボディアン 2024: 110-111］。

もちろん、新自由主義の弊害を批判することは可能であり、また必要なことでもあろう。しかし、そもそもなぜ新自由主義が台頭したのか（つまり、なぜ政治による経済・社会への介入や社会保障の整備・拡充などにともなう問題——「統制の錯覚」に加えて、インフレや経済成長の鈍化など——がそれなりの広がりを持って認識されるに至ったのか）を理解することなく、現状の様々な弊害への

問題意識から新自由主義を批判しても、効果的な議論につながりにくい恐れがあると考えられるのである。

第三に、ある国家の内部での深刻な差別、貧困、飢餓、人権抑圧などに対して人々が直接的暴力を用いて抵抗すること、またはそれらの問題を解決ないし軽減するために他国が武力を用いて介入することは、正当化されるだろうかということも疑問となりうる。つまり、積極的平和の実現ないし回復のために、消極的平和を犠牲にすることは容認されるかという疑問である。それに対して、先に検討した人道的介入については、ある国家の内部でより物理的な暴力が振るわれている場合が多く、ある国家内での直接的暴力を防ぐためにその国家に対して他国が武力を行使することの是非が問われることになる。

おわりに

本講の冒頭で紹介したカミュ『ペスト』には次のような一節がある。「この世には、戦争と同じくらいの数のペストがあった。しかも、ペストや戦争がやってきたとき、人々はいつも同じくらい無用意な状態にあった」[カミュ 1969: 55]。これは、2019 年末以降の COVID-19 のパンデミック（世界的大流行）、2022 年 2 月以降のロシアのウクライナへの全面侵攻のどちらにも、多かれ少なかれ当てはまると考えられる。しかし、いったん始まった後は、それらは世界的に極めて重大な問題と捉えられ、前者に関しては世界各地でのロックダウン（都市封鎖）やワクチン接種の推進、後者に関してはアメリカやヨーロッパ諸国を中心とするロシアへの厳しい経済制裁やウクライナへの大規模な武器、資金、訓練、情報などの支援といった対応が行われた。

それに対して、感染症に関しては、途上国で大きな被害が出ているにもかかわらず、それに見合った国際的注目を集めていない土壌伝播性蠕 虫 感染症、オンコセルカ症（河川盲目症）、トラコーマ、リンパ系フィラリア症（象皮病）、ヒト・アフリカ・トリパノソーマ症（アフリカ睡眠病）など、「顧みられない熱帯病」の問題がある［詫摩 2020: 207-218］。戦争や紛争に関しても、2015 年 3 月以降激化したイエメン内戦が、サウジアラビアが主導するアラブ連合軍がハーディ暫定政権を支援し、イランが支援するイスラーム教シー

ア派系の反体制武装組織「フーシ」に対して空爆で介入するなど「国際化した内戦」となり、多くの犠牲者が出ているにもかかわらず、どの世界的大国からも見放され、「忘れられた戦争」と呼ばれてきた。

カミュと同じく本講の冒頭で触れたオーウェルは、10代後半から20代前半にかけて、100を超える少数民族が存在するビルマ（現在のミャンマー）でイギリス帝国の警察官として勤務した経験を持っている。彼は、イギリスの左派系の週刊新聞『トリビューン』に連載していた「気の向くままに（As I Please）」と題するコラムの一つ（1947年2月7日号に掲載）で、イギリスからの独立に向けた動きが進んでいたビルマについて次のように記した。

　　少数民族は〔ビルマの〕全人口の10ないし20パーセントに上り、いくつかの異なった種類の問題を投げかけている。……つねに問題となるのは、少数民族が自治権を持つに値するためには、その規模がどれほどの大きさでなければならないか、ということなのだ。……実際上は、この問題を考えるにあたって一貫した原則はだれにもないのだから、最大の共感をかち得る少数民族とは、世間の注目を得る最上の宣言手段を有する民族ということになる。ユダヤ人、バルト人、インドネシア人、国外追放されたドイツ人、スーダン人、インドの不可触賤民、〔南〕アフリカのカフィール人を、いずれも同等に擁護する者がどこにいるだろうか？　ひとつの集団に対する同情が別の集団に対する冷淡さを伴うことは、およそ必然の成行きなのである。[オーウェル 2009: 283, 285（強調は原文）]。

　少数民族の自治権が国際的に広く承認され、支援を得るためには、それがある程度以上の規模を有すること、そして「世間の注目を得る最上の宣言手段」を持つことが重要になるというオーウェルの指摘は、現在の世界における少数民族をめぐる状況にもおおむね当てはまるといえよう。さらにそのことは、少数民族の自治権の問題に限らず、より一般的にマイノリティや様々な困難を抱えた人々の境遇についても、多かれ少なかれ当てはまるところがあると考えられる。

　しかし、それがいかに的を射た指摘であったとしても、そのままでよいの

112——Ⅱ　多彩な知との対話

だろうかという問題は残る。消極的平和と積極的平和のいずれにも重要性が
あり、またどちらにもいくつかの疑問が呈されうる（それゆえに課題が生じう
る）ことは既に論じた通りである。それに加えて、「ひとつの集団に対する
同情が別の集団に対する冷淡さを伴うこと」が、もはや「およそ必然の成行
き」ではなくなるような状況をいかに築くかということも、消極的平和と積
極的平和（そして国家安全保障と人間の安全保障）の双方にまたがるもう一つの
重要な課題として位置づけることができるのではないだろうか。

[文　献]

伊藤直（2024）『戦後フランス思想――サルトル、カミュからバタイユまで』中央公論新社。

ウェスタッド、O・A（2010）『グローバル冷戦史――第三世界への介入と現代世界の形成』
　　佐々木雄太監訳、小川浩之・益田実・三須拓也・三宅康之・山本健訳、名古屋大学出
　　版会。

オーウェル，ジョージ（2009）『新装版　オーウェル評論集1　象を撃つ』川端康雄編、井
　　上摩耶子他訳、平凡社。

小川浩之（2022）「南アフリカへの制裁をめぐるグローバルな圧力――冷戦秩序の揺らぎと
　　アパルトヘイトの終焉へ」益田実・齋藤嘉臣・三宅康之著『デタントから新冷戦へ
　　――グローバル化する世界と揺らぐ国際秩序』法律文化社、316-336頁。

カーソン、レイチェル（1974）『沈黙の春［改版］』青樹簗一訳、新潮社。

カミュ、アルベール（1969）『ペスト』宮崎嶺雄訳、新潮社。

ガルトゥング、ヨハン（1991）『構造的暴力と平和』高柳先男・塩屋保・酒井由美子訳、中
　　央大学出版部。

環境と開発に関する世界委員会編、大来佐武郎監修（1987）『地球の未来を守るために』福
　　武書店。

ギャディス、ジョン・ルイス（2002）『ロング・ピース――冷戦史の証言「核・緊張・平
　　和」』五味俊樹他訳、芦書房。

ギャディス、ジョン・ルイス（2004）『歴史としての冷戦――力と平和の追求』赤木完爾・
　　齊藤祐介訳、慶應義塾大学出版会。

高坂正堯（1995）『平和と危機の構造――ポスト冷戦の国際政治』NHK出版。

後藤春美（2022）「20世紀における国際体制の展開と平和」岡本隆司・飯田洋介・後藤春美
　　編『国際平和を歴史的に考える』山川出版社、129-171頁。

スロボディアン、クィン（2024）『グローバリスト――帝国の終焉とネオリベラリズムの誕
　　生』原田太津男・尹春志訳、白水社。

ソルニット、レベッカ（2022）『オーウェルの薔薇』川端康雄・ハーン小路恭子訳、岩波書
　　店。

詫摩佳代（2020）『人類と病――国際政治から見る感染症と健康格差』中央公論新社。

ナイ　ジュニア、ジョセフ・S／ウェルチ、デイヴィッド・A（2017）『国際紛争――理論と

歴史［原書第 10 版］』田中明彦・村田晃嗣訳、有斐閣。

日本カナダ学会編（2008）『新版　史料が語るカナダ 1535-2007——16 世紀の探険時代から 21 世紀の多元国家まで』有斐閣。

日本平和学会編（2023）『平和学事典』丸善出版。

最上敏樹（2001）『人道的介入——正義の武力行使はあるか』岩波書店。

Bull, Hedley（1961）*The Control of the Arms Race: Disarmament and Arms Control in the Missile Age*, Weidenfeld & Nicolson.

Deutsch, Karl W., et al.（1957）*Political Community and the North Atlantic Area: International Organization in the Light of Historical Experience*, Princeton University Press.

Jenks, John（2003）Fight against Peace? Britain and the Partisans of Peace, 1948-1951, Michael F. Hopkins, Michael D. Kandiah and Gillian Staerck, eds., *Cold War Britain, 1945-1964: New Perspectives*, Palgrave Macmillan, pp. 55-66.

Lippmann, Walter（1937）*An Inquiry into the Principles of the Good Society*, Little, Brown.

Public Records Office of Hong Kong（1957）HKRS70-1-209, War Ridiculous, A Thing of the Past Declares Indian Prime Minister, Address to Hong Kong Indian Community, 14 October 1957.

Roberts, Adam（1996）*Humanitarian Action in War: Aid, Protection and Impartiality in a Policy Vacuum*, Adelphi Paper 305, Oxford University Press.

United Nations Development Programme（1990）*Human Development Report 1990*, Oxford University Press.

United Nations Development Programme（1994）*Human Development Report 1994*, Oxford University Press.

【読書案内】

ガルトゥング、ヨハン（1991）『構造的暴力と平和』高柳先男・塩屋保・酒井由美子訳、中央大学出版部。
  ＊ 理論に関するガルトゥングの主要論文が二つ、そうした理論を用いて冷戦とその終焉について分析した論文が二つ、それぞれ日本語に翻訳されて収録されている。

日本平和学会編（2023）『平和学事典』丸善出版。
  ＊ 日本平和学会設立 50 周年を記念して出版された事典。ガルトゥングによる平和の再定義を基盤に据え、直接的暴力論を事典の前半、構造的暴力論を後半に配置する構成をとっている。

高坂正堯（1995）『平和と危機の構造——ポスト冷戦の国際政治』NHK 出版。
  ＊ 日本を代表する国際政治学者の一人であった著者（1996 年に逝去）が「ポスト冷戦の国際政治」について、平易で読みやすい文体でありながら、洞察力に満ちた鋭い分析を展開している。

第7講

海賊とは誰か
「人類の敵」というレトリック

星野 太

> 2001年の米国同時多発テロをきっかけとして、「人類の敵」という言葉が、しばしば政治家たちの口にのぼるようになった。しかし遡ればこの表現は、古代ローマにおいて「海賊」を形容するために用いられたものだった。本講では、西洋社会において〈人類の敵＝海賊〉という等式が成り立つに至った経緯と、その政治的帰趨を論じる。

はじめに

　法は「人間」を護るものであると同時に、そこから排除される「非人間」を生み出すものでもある。というのも、法が保護されるべき「人間」を規定するとき、その規定をはみだす存在者は、必然的に「人間ならざるもの」へと振り分けられることになるからだ。むろんここで言う「人間」を、生物学的な「ヒト」と単純に同一視することはできない。いまわれわれが想像する「人間」の輪郭をかたちづくっているのは、法学から医学にまでおよぶ、膨大な学知のネットワークであるからだ。

　さて、いまあらためて「人間の安全保障」について考えるとき、こうした議論をたんなる思弁として切り捨てることは可能だろうか。わたしはそうは思わない。「国家の安全保障」をめぐる問題が「国家とは何か」という問いを必然的に惹起するように、「人間の安全保障」をめぐる問題は、「人間とは何か」という原理的な問いをどこかで必要とする。「人間」に含まれるものと、含まれないものを同時に生み出すそもそもの構造について考えることなくして、「人間の安全保障」について考えることはできない──それが、本講の基本的なスタンスである。

　具体的に考えてみよう。たとえば「人類（humanity）」というカテゴリー

が用いられるとき、その「人類」から排除される人間などいないと、われわれはどれほどの確信をもって言い切れるだろうか。その場合の「人類」には、この地上に存在するすべての人間が含まれると、そう素朴に信じることはできるだろうか。もしも「人類」にすべての人間が含まれるのだとしたら、なぜ「人類の敵」といった言い回しが、しばしば疑われることなく発せられるのだろうか。

　おそらくお気づきのように、この「人類の敵（the enemy of all humanity）」という言い回しは、2001年の米国同時多発テロの直後、当時の大統領ジョージ・W・ブッシュによって広く世に知れわたったものである。以後、テロリストを名指すさいの常套句と化したこの表現は、論理的には次のような事態を含意する。

　　（A）テロリストは人類の敵である。
　　（B）定義上、人類のうちに、人類の敵は含まれない。
　　（C）ゆえに、テロリストは人類のうちに含まれない。

　その言葉の発せられた意図にかかわらず、あるカテゴリーに含まれる人々を「人類の敵」と名指すことは、以上のような三段論法により、その人々を「人類」から排除することになる。とはいえ言うまでもなく、ここでの目的は、現実のテロリストたちを擁護したり、かれらが行った所業の是非を論じることではない。むしろ本講で考えたいのは、われわれを取り巻く現実のなかに、この「人類の敵」という言い回しに象徴される修辞的なはたらきがいかに機能しているかということである。さらにこうした問いを通じて、国家や社会を単位とする「伝統的な」安全保障と、いわゆる「人間の」安全保障のあいだにある緊張関係についても、ひとつの見方を示したいと思う。

　以上のような見通しのもと、本講では、古来「万人共通の敵（communis hostis omnium）」と形容されてきた、ある人間たちに照準を定めることにしたい。それこそが、古代ローマの文献に登場する「海賊」である。

1　キケロの海賊論

(1)　人類の広大なる絆

　この「万人共通の敵」という表現は、共和政ローマの文人にして政治家であったキケロの『義務について』（BC 44）に登場する。同書は、弁論術に長けたこの人物が残した哲学の書として、後世においてもっとも高い評価を受けてきた。本節では、のちの議論に関わる範囲で同書の内容を概観し、そこで「海賊（pirata）」がどのように扱われているかを確認しよう。

　まず、同書でキケロが論じる「義務（officium）」とは何か。それは、今日のわれわれが想像するものとそう大きくは変わらない。それは、われわれ一人ひとりが内心において、あるいは他人との交わりにおいて課せられている一連の事柄である。そこには、法によって定められた義務はもちろんのこと、社会のなかでわれわれが従うべき規範や、他人と交流するうえで守るべき道徳なども含まれる。

　キケロによれば、われわれ人間は、義務にもとづく大いなる絆で結ばれている。いわく、そのもっとも小さな絆は家族の絆であり、その周囲には親族の絆、故郷を同じくするものたちの絆、そして国を同じくするものたちの絆が広がっている。そして、こうした同胞たちを束ねるもっとも強い絆こそ、キケロによれば「国家」にほかならない。国家という共同体は、まさしくそこに属する一人ひとりが「義務」を共にすることによって成り立っているからである。

　　[……] あらゆる社会的連帯のなかで、もっとも重要かつ大切なのは、国家とわれわれ一人ひとりが結ぶ関係である。両親は大切である。子供、親族、友人もまた大切である。しかし、あらゆる人々が大切に思うそのすべての関係を、祖国はたったひとつで包括している。良識ある人々のうち、いったいだれが祖国のために死地に赴くことを躊躇するだろうか。いったい、それによって祖国の役に立とうとしないということなどあろうか。それだけにいっそう忌み嫌うべきはかの連中である。すなわち、罪のかぎりを尽くして祖国を傷つけ、祖国を根こそぎ破壊することにか

つて専心し、かつ今も専心している連中の極悪さである。［Cicero 1994:
I. 57］

　たとえばこうした一節のみを取り出すと、キケロにおける共同体とは、つ
まるところ国家をその理想的なモデルとし、それを異にするものたちを弾き
出すような、きわめて排外主義的なものにも見えかねない。
　だが、その実態はまったく異なる。というのも、ひとたび国の外へ出れば、
そこではさらなる交わりが生まれ、その必然として、また新たな人間どうし
の絆が生じるからである。キケロによると、われわれを結びつけるのはつま
るところ「理性（ratio）」と「言葉（oratio）」であり、それは国境によって隔
てられるようなものではない。これを言いかえれば、キケロが構想する人間
の共同体は、「理性」と「言葉」を共にするかぎりにおいて、無限にその外
へと広がっていくのである。
　わけても注目すべきは、この絆が、交戦状態にある「敵」どうしをも結び
つけるものであることだ。ここまでの言葉づかいを踏襲して言うなら、人は
おのれを殺そうとする目の前の敵とすら、あるひとつの絆で結ばれている。
これを担保するのも、やはり「理性」と「言葉」である。たとえ、ある国家
や集団どうしが何らかの理由で敵対することになったとしても、その戦争は
あくまで信義にもとづいてなされる。そのかぎりにおいて、敵もまたわれわ
れと同じ人間である。それゆえ、この敵とのあいだに交わした約束は、友と
の約束と同じように守らねばならない——キケロはそのように考える。

　　また、たとえある人が状況に引きずられて敵に約束してしまったことで
　　も、信義は守られねばならない。たとえば、第一次ポエニー戦役のとき、
　　カルタゴの捕虜となったレグルスは、捕虜交換交渉のためにローマに送
　　られるに際して、あとでその場に戻ってくることを誓約した。そこでレグ
　　ルスはローマに着くと、まず元老院で捕虜返還に反対の意見をのべた。
　　次いで、親族や友人たちに引きとめられると、むしろ処罰を受けに戻る
　　ことを望み、敵と交わしたものとはいえ、おのれの信義に背こうとはし
　　なかった。［Cicero 1994: I. 39］

こうした議論から、おそらく読者は次のような印象を抱くのではないだろうか。すなわち、キケロの構想する人間たちの共同体に、厳密な意味での「敵」は存在しない。たとえ一時的に交戦状態にあったとしても、目の前の敵はあくまでも相対的な敵にとどまる。現にこの文人政治家は、人間社会のさまざまな段階を分節するにあたり、その外延をしばしば「人類の広大なる絆（immensa societate humani generis）」という表現によって縁どっていた。キケロの義務論がわれわれに教えるのは、こうした「人類の絆」にもとづく、ひとつの理想的な共同体の姿である。

(2) 万人共通の敵

ところで、『義務について』で論じられるさまざまな事柄は、かならずしもキケロひとりの考えというわけではなかった。現にこの文人政治家は、わずかひと月のうちにこれを執筆するにあたって、ストア派の哲学者であるパナイティオスの義務論を下敷きにしたと繰り返し明言している。そのキケロが、パナイティオスが十分に論じていないことがあるとして、みずからの考えを開陳したのが第3巻である。

キケロによれば、具体的にパナイティオスが論じていないのは次のことであるという。すなわち、ある行為に際して「徳性」と「有益性」が衝突するとみえる場合、われわれはそれをどのように考えるべきか。つまり、ある行為において有徳であることと有益であることが相反するように見えた場合、われわれはそのどちらを優先すべきか――これこそ『義務について』を締めくくる第3巻において、キケロが是が非でも論じようとした事柄であった。

そしてここには、われわれにとって見過ごすことのできないある重要なくだりがある。それは、第1、2巻においては影をひそめていた絶対的な敵が、その姿をかいま見せる次のような一節である。

同書の終盤、キケロは「徳性」と「有益性」をめぐる一連の議論のなかで、あらためて「誓約」について論じている。第1巻においてこの政治家は、たとえ敵とのあいだに交わした約束であっても、それは断固として守られねばならないと言っていた。かたや第3巻において、ふたたび誓約の意義を力説するキケロは、いささか唐突に、そこにある例外がみとめられることを指摘する。その例外とは「海賊とのあいだに交わされた約束」である。

戦争にも法があり、敵とのあいだに誓約を結んだ場合の信義が守られねばならないことも多い。誓約にあたり、精神がそのようになされるべきだと了解したとおりに誓われたのなら、その誓約は守られねばならない。しかしそうでない場合には、これを履行せずとも偽誓ではない。たとえば海賊に対して、命と引き換えに合意した見返りを届けなくとも、それは欺瞞とはならない。たとえ宣誓したうえでそのようにしなかったとしても、である。というのも、海賊は法にかなった敵の数に入るのではなく、万人共通の敵だからである。このような者たちとは、いかなる信義の言葉も誓約も交わすべきではない。[Cicero 1994: III. 107]

　それまでいかなる人間も排除することのなかった「人類の広大なる絆」が、ここにいたってひとつの例外を設ける。それが「海賊」である。たったいま見たように、たとえ敵とのあいだに交わしたものであっても、その約束は守られねばならない。しかし、万が一その敵が海賊であるとしたら、その誓約はただちに無効となる。なぜなら、海賊はここで言われる「敵」の数に含まれることがないからだ。それは、同じ人間の共同体を構成する戦敵よりもさらに遠くにいる、極めつけの敵である。

　キケロはこうした「万人共通の敵」の存在について、とくに疑問を抱いている様子はない。だがこのような敵の存在は、キケロが想定する「人類の巨大な絆」に大きな影を投げかけることになるだろう。なぜなら、理論上はひとつの全体をなしている「人類」にひとつでも例外があるとすれば、それを本当の意味で「全人類（all humanity）」と呼ぶことはできなくなってしまうからだ［Heller-Roazen 2009］。

　しかしひるがえって、これを次のように考えることもできる。そもそも政治的なコンテクストで発せられる「人類」への呼びかけ自体が、この万人共通の敵、すなわち「人類の敵」という例外によって構成されているのではないか。つまり、そこではあらかじめ所与のものとしての「人類」があるわけではなく、むしろたえず「人類の敵」を召喚することによってこそ、その時々の「人類」の輪郭は形づくられてきたのではないだろうか［宮﨑・星野 2011: 129］。たとえば SF 映画や小説には、それまで熾烈な抗争を繰り返してきた人類が、外敵の襲来をきっかけに一致団結するというお決まりのプロッ

トがある［Szendy 2011: 19-20］。かくのごとく、共和政ローマにおける海賊もまた、キケロ言うところの「人類の巨大な絆」を仮構するための不可欠な例外であったとしたらどうだろうか。

2　陸と海と

さて、その前に考えるべきは、そもそもなぜ海賊が「万人共通の敵」とみなされねばならないのか、ということである。論理的に考えるなら、それは目下の主題である「義務」に関わっているとみなすのが、おそらくもっとも自然な推論だろう。海賊は、われわれ人間が分かちもつ義務の円環の外にいる。ゆえに、海賊は人間ではない——これこそが、キケロの『義務について』から導き出されるひとつの論理的な帰趨である。とはいえ、これだけでは疑問は解消しない。というのも、そのような説明だけでは、なぜ海賊がわれわれと同じ義務を分かちもつことがないのか、という肝心のことが明らかにならないからだ。

そもそも、ここで言うところの「万人共通の敵（communis hostis omnium）」という海賊の身分は、古代ローマの外交法においてはなんら特殊なものではなかった。キケロの言葉を俟つまでもなく、共和政ローマにおける海賊とは、交戦状態にある敵の数にすら含まれない「絶対的な敵」であったのだ。そして——詳しい経緯については詳らかではないものの——これがのちに「人類の敵（hostis humani generis）」という類似した表現へと転じ、いつしかそれが国際的なテロリストを形容する常套句へと転じていったことは周知の通りである。つまりかれら海賊こそ、「人類の敵」として国際法の世界に君臨してきた、そのもっとも古き形象にほかならない［Heller-Roazen 2009: 192］。

なるほど、海域で略奪をはたらく海賊行為には、むろん残虐非道なところもあるだろう。しかし、これまでにもたびたび指摘されてきたように、海賊が「万人共通の敵」とみなされるにいたったその理由は、たんにその非人道性にあるのではない。「海賊が人類の敵とされてきたのは、行為の罪質がとびぬけて凶悪重大だったから、というわけではけっしてない」のである［阿部 2011: 148］。

問題の核心はむしろ、陸地の「われら」と海上の「かれら」を隔てる、そ

の存在様態の違いにこそある。政治学者のカール・シュミットがいみじくも
述べたように、国家による領土の支配をまぬがれない陸地に対して、長らく
海洋は自由であり、いかなる国家的領土にも属さなかった。「長らく」と言
ったのは、シュミットがこれを書いたころには、すでにイギリスによる海洋
の「先取」が生じていたからだ。これもシュミットが言うように、近代にお
けるヨーロッパ的国際法は、この海洋の自由から発展したものである
[Schmitt 2008]。

　さきほどふれたローマの外交法にかぎらず、およそあらゆる国際法は、国
家の構成員が「陸」に定住していることを前提としている。これに対して、
もっぱら「海」に生きる海賊は、長らくこれらの法の適用外にあった。海賊
がわれわれと同じ義務を分かちもつことがないというのは、端的に言って、
かれらにわれわれと同じ法が適用できないということである。

　だとすると、そこから導き出されるのは、おおよそ次のようなことであろ
う。海賊が伝統的に「万人共通の敵」とされてきたゆえんは、その行為の非
人道性にあるのではない。その行為内容とはさしあたり無関係に、かれらが
文字通り「法-外 (out-law)」な人間であったことが、キケロの言葉をその背
後から支えている。すくなくとも『義務について』のなかで、ひとり海賊の
みが「人類」の環から弾かれるということに、それ以外の合理的な理由を見
つけ出すことはむずかしい。

　それにもかかわらず、海賊行為のもつ法-外な性格は、時代とともに、た
んに「人道にもとる行為」の別称へとなり果てていった。それは、ここで殊
更に言い立てるまでもなく、過去のさまざまな歴史的文書によって証明しう
ることである。また、いっぽうで海賊は——基本的には比喩表現にすぎない
としても——近現代において空域（ハイジャック）やサイバースペース（デジ
タル・パイラシー）へと、その行動範囲を拡大していくことになるだろう。

3　シュミットの海賊論

（1）海賊行為の概念

　ここまでの議論をさらに進めるにあたって、前出のカール・シュミットを
しばし参照してみよう。あまり知られていないが、シュミットには「海賊行

為の概念」(1937) という短い論文がある。すでに『政治神学』や『政治的なものの概念』をはじめとする仕事により広く知られていたこの政治学者は、1937年9月11日のニヨン会議——通称「(反) 海賊会議」——の協定書が公にされると、すぐさまこれに反応を示した。

　ニヨン会議の直接的なきっかけは、1936年7月に勃発したスペイン内戦である。この戦争が勃発してからというもの、イベリア半島周辺では、潜水艦がスペイン沿岸の商船を狙い撃ちするという出来事がたびたび起こった。その経緯はかならずしも詳らかではなかったが、状況を見れば、これがスペインへの物資の流れを断ち切ることを目的とした攻撃であることは明らかだった。この野蛮な行為を問題とみたイギリス・フランス両国は、地中海周辺の関係各国を招き、ニヨン (スイス) で国際会議を開いた。その開会から3日後、9月14日に締結された協定書の前文には、次のような文言が見られる。

　　スペイン紛争の勃発に起因して、地中海では紛争中のスペインのいずれの陣営にも属さない商船に対し、潜水艦による攻撃が繰り返し行われている。これらの攻撃は、1930年4月22日のロンドン条約第四部で言及されている国際法、すなわち商船の沈没にかんする国際法の規則に違反しており、人道のもっとも基本的な指令に反する行為である。ゆえにこれは、正当に海賊行為 [acts of piracy] として扱われるべきものである。

　シュミットが問題としたのは、まさしくこの前文の内容であった。そもそも、国際法上の「違法行為」に相当するくだんの事由が、「海賊行為」と同一視されることなどあってはならない。なぜなら——当たり前のことだが——「国際法における違法行為」をなしうるのは、国際法の主体であるところの国家に属するものだけだからである。かたや「完全なる非国家性のうちにある海賊は、たんに国際法的に拡張された国家の権力範囲のなかに迷い込んでくる」存在にすぎない。ゆえに、潜水艦による商船への攻撃を「海賊行為」とみなすのは、「海賊」という言葉のたんなる濫用にすぎない、というわけである [Schmitt 1994: 274-277]。

　この「海賊行為の概念」という短い論文が、ニヨン会議という時事的な出来事への反応として書かれたことは、むろん留意すべきだろう。それでもシ

ュミットにとって、海賊をめぐる一連の議論は、けっして些末なものではなかった。なぜならそれは、みずからの政治哲学を支える「敵」という概念の根幹に関わるものだったからである。

(2) 「人類」をめぐる問い

シュミットいわく、国際法において海賊が「人類の敵」とみなされてきた原因は、海賊の「一般的敵対性」にあると考えられるのが常であった。すなわち海賊の略奪は、その船舶がどの国家に帰属しているかにかかわらず、あらゆる人間にむかう。そして、ほかならぬその無差別性ゆえに、海賊は「人類共通の敵」とみなされてきた──これが、海賊行為をめぐる、シュミットの基本的な認識である。つまり、ここでも肝心なのは、問題が海賊行為のもつ「非人道性」にあるのではないということだ。

他方、シュミットは「人類（Menschheit）」なる概念に対して、生涯を通じて批判的な姿勢を崩さなかった。なぜなら、その言葉の定義からして、「人類」がこの地上に真なる敵をもつことはないからである。かつて『政治的なものの概念』（1932）で端的に述べられていたように、「人類という概念は、敵という概念とは相容れない」［Schmitt 1991: 54］。そのように述べるシュミットは、「人類の敵」をめぐる言説の欺瞞に気づいていたはずである。なぜなら本講のはじめに見たように、「人類」のなかに「人類の敵」がいるというのは、論理的には大いに問題含みの議論であるからだ。ただしシュミットの議論の独特なところは、そのさい「敵」のほうでなく、「人類」という概念の不適切さを指摘することにある。

その理由はむろん、シュミットの政治哲学においては、友・敵の対立こそが真に「政治」を構成するものであるからだ。『政治的なものの概念』からよく知られた一節を引用しよう。

　　　政治的な行動や動機がそこに帰着するところの、特殊政治的な区別とは友敵の区別である。この区別は、標識という意味での概念規定を与えるものであって、余すところのない定義や内容を示すものとしての概念規定を与えるものではない。この区別は、それがほかの標識から導き出されるものではないというかぎりにおいて、政治的なものにとって、道徳的なものにおける善悪、美的なものにおける美醜のような、ほかの諸対

立にみられる相対的に自律的な標識に対応するものである。[Schmitt 1991: 26-27（強調は原文）]

　政治の核心が友・敵の対立にあると論じるこの人物にとって、「人類」概念とともにこの地上から「敵」が消失するという事態は、理論的に許容しかねることであった。定義上、この地球に「人類の敵」はいない。かりにそのようなものがいるとすれば、それはもはや人間ならざる「絶対的な敵」であるほかない。だがしかし、そのことは逆説的にも、目の前の現実的な敵の消失を意味することになるだろう——「現実の敵は、絶対的な敵であると宣言されることはないし、さらに人類一般の究極の敵であると宣言されることもない」[Schmitt 1975: 94]。逆説的なことながら、人類と、その絶対的な敵との理念的な対立は、現実的な友・敵の対立を核心とするシュミットの政治理論とけっして折り合うことはないのである。

おわりに

　ここまでの議論を、次のように敷衍して締めくくろう。
　過去の歴史を振り返ってみれば明らかであるように、ある国から国への宣戦布告において、「人類の敵」や「人類のための戦争」といった言葉が発せられることはしばしばあったし、おそらくこれからもあるだろう。しかし、これもまたシュミットの指摘にあるように、その言葉がいかにもっともらしいものであろうと、それは特定国家による「人類」概念のレトリカルな簒奪以外の何ものでもない[Schmitt 1991: 54-55]。
　そして、それこそまさに、2001 年 9 月 11 日の同時多発テロ以来、われわれがたびたび目撃してきたことではないだろうか。そのもっとも象徴的なケースが、アメリカ合衆国によるウサマ・ビン・ラディンの公然たる殺害である。2011 年 5 月 2 日、米国海軍特殊部隊は、同時多発テロの首謀者と目されるアルカイダの指導者ビン・ラディンを、潜伏先のパキスタンで殺害したと公表した。しかし合衆国によるこの営為は、パキスタンという主権国家内における個人の殺害という、国際法を根本から逸脱した行為にほかならなかった。その大義がいかなるものであろうと、2001 年 9 月 11 日以来の国際情

勢において、ほかのどの国よりも国際法を無視してきた最大の「ならず者国家」が合衆国であることは、誰の目にも明らかである［Derrida 2003］。

ひるがえってこれらの出来事は、主権国家がいかに恣意的におのれの「敵」を見いだし、それによって個人の安全をおびやかしうるか、ということに人々の意識をむけさせるきっかけともなったはずである。日本では、2017年に改正組織的犯罪処罰法（いわゆる共謀罪法）が国会で強行採決された。この法案は、2003年に発効した国際組織犯罪防止条約（TOC条約、パレルモ条約）の批准のために必要であるというのが政権与党の説明だったが、同法案はその成立前から、日弁連をはじめ、廃案を求める意見が数多く見られた。その理由はほかでもなく、テロ・犯罪組織のみならず一般市民・団体をも対象に含めるこの法案が、警察や検察によって恣意的に運用されるリスクを憂慮してのことだった。むろん法務省刑事局はそうした懸念をしりぞけているが、テロ行為とは無縁の任意の個人が、本法によってさまざまな権利を侵害される可能性はゼロではない。

「万人の敵」ないし「人類の敵」という言葉が叫ばれるとき、その言葉を発するものは、それがいかなる存在であるかをしばしば明言しない。キケロもまた、みずからが「万人共通の敵」とよぶ海賊の特徴を、ひとつたりとも明示しなかった。われわれは、いついかなるときも、主権国家にとっての海賊になるリスクとともにある。逆説的なことながら、われわれ一人ひとりの安全保障（セキュリティ）は、人々の、ひいては人類の安全保障（セキュリティ）を唱える呼びかけに対する不断の警戒と、ある意味で表裏一体の関係にあると言えるだろう。

［文　献］

阿部浩己（2011）「〈人類の敵〉海賊——国際法の遠景」『現代思想』2011年7月号、146-157頁。

宮﨑裕助・星野太（2011）「海賊たちの永遠戦争——ダニエル・ヘラー＝ローゼン『万人の敵』に寄せて」『現代思想』2011年7月号、128-136頁。

Cicero（1994〔1999〕）*De officiis*, edited by M. Winterbottom, Oxford Classical Texts.〔「義務について」高橋宏幸訳、『キケロー選集9』岩波書店〕

Derrida, Jacques（2003〔2009〕）*Voyous. Deux essais sur la raison*, Galilée.〔『ならず者たち』鵜飼哲・高橋哲哉訳、みすず書房〕

Heller-Roazen, Daniel（2009）*The Enemy of All. Piracy and Law of Nations*, Zone Books.

Heller-Roazen, Daniel（2011）Introduction to 'The Concept of Piracy', *Humanity: An In-*

ternational Journal of Human Rights, Humanitarianism, and Development, University of Pennsylvania Press, Vol. 2, No 1, Spring 2011, pp. 23-25.

Ruschi, Filippo（2009）'Communis hostis omnium'. La pirateria in Carl Schmitt, *Quaderni fiorentini per la storia del pensiero giuridico moderno*, Vol. 38, No. 2, pp. 1215-1276.

Ruschi, Filippo（2014）«Les irréguliers: piraterie et *Kleinkrieg* chez Carl Schmitt», traduit par Guillaume Calafet, *Tracés. Revue de Sciences humaines*, Vol. 26, pp. 151-174.

Schmitt, Carl（1975〔1995〕）*Theorie des Partisanen. Zwischenbemerkung zum Begriff des Politischen*（1963）, 2 Auflage, Duncker & Humblot.〔『パルチザンの理論』新田邦夫訳、筑摩書房〕

Schmitt, Carl（1991〔2007〕）*Der Begriff des Politischen*（1932）, 3. Auflage, Duncker & Humblot.〔『政治的なものの概念［第二版］』菅野喜八郎訳、長尾龍一編『カール・シュミット著作集 I』慈学社出版〕

Schmitt, Carl（1994〔2011〕）„Der Begriff der Piraterie（1937）", Günter Maschke, Hrsg., *Frieden oder Pazifismus? Arbeiten zum Völkerrecht und zur internationalen Politik 1924-1978*, Duncker & Humblot, SS. 274-277.〔「海賊行為の概念［一九三七年］」清水一浩訳、『現代思想』2011 年 7 月号、137-145 頁〕

Schmitt, Carl（2008〔2006〕）*Land und Meer. Eine weltgeschichtliche Betrachtung*（1942）, Klett-Cotta.〔『陸と海と――世界史的一考察』生松敬三・前野光弘訳、慈学社出版〕

Szendy, Peter（2011）*Kant chez les extraterrestres. Philosofictions cosmopolitiques*, Minuit.

【読書案内】

アガンベン、ジョルジョ（2003）『ホモ・サケル――主権権力と剥き出しの生』高桑和巳訳、以文社。
 ＊ 本講で論じた海賊の問題系は、アガンベンの一連の仕事の延長線上にある。

『現代思想』2011 年 7 月号（特集＊海賊）
 ＊ 哲学、文化史、国際法といった多様な視点から書かれた「海賊」論を収める。

脇坂真弥（2021）『人間の生のありえなさ――〈私〉という偶然をめぐる哲学』青土社。
 ＊ どこまでも特異な人間の生を言葉で捕まえようとする、ほかに類のない哲学の書。

鳥居万由実（2022）『「人間ではないもの」とは誰か――戦争とモダニズムの詩学』青土社。
 ＊ 大正末期から昭和初期のモダニズム詩を通じて、人間／非人間の境界を問う試み。

星野太（2023）『食客論』講談社。
 ＊ 海賊と同様、法-外な人間としての「食客（parasite）」について論じたエセー集。

第8講

歴史の中の人間の安全保障
バルカンの事例から

黛 秋津

「人間の安全保障」概念は、多くの場合、主権国家および主権国家体制の存在を暗黙の前提としているが、長い歴史のなかでは、それらが成立したのは比較的近年のことである。言うまでもなく、それ以前から、世界の各地で、人々が自らの安全を守ろうとする営みは長らく続いていた。本講ではバルカンを事例として、人々の「安全」に関わる諸問題に焦点を当てつつ、前近代から近代移行期のバルカンの歴史を概観し、歴史学の立場から「人間の安全保障」を考える。

はじめに

　周知の通り、「人間の安全保障」概念は、冷戦後の国際的な安全保障の枠組みの変化、および国際社会を構成する主権国家の役割の変化に伴いクローズアップされたものである。この概念が用いられる際には、主権国家の存在が強く意識され、場合によっては暗黙の前提とされていることは事実であろう。

　その主権国家であるが、歴史的には近世西欧を出発点とし、近代以降に世界の各地に広がったものと一般に考えられてきた。もちろん、こうした理解は概ね妥当であると考えられるが、ここで一つ留意すべき点がある。それは、西欧において、絶対君主が一元的に領域内居住者を保護するような権力を確立している国家がすでに近世において各地に成立していた、という従来の見解は、複合国家、複合王政、礫岩国家、社団国家など、近世国家の様態に関する新たな学説が現われるなか、すでに修正を迫られて久しいという事実である［古谷・近藤 2016］。従来語られていたような、17 世紀のウェストファリア条約により、「主権国家を単位とする」国際秩序、すなわちウェストファリア体制が成立したという言説は、その前提となる主権国家像の修正によ

り、もはや「神話」とされることはよく知られている［テシュケ 2008：明石 2009］。つまり、人間の安全保障において意識される「主権国家」とは、世界七大陸のうちの一つユーラシア大陸の西の端にある「西欧」という一地域において、近代移行期から徐々に成立してゆき、そのような国家を前提とする秩序が、非欧米を含め世界を覆うようになったのは、20世紀に入ってからのことであった。

　このように、主権国家の存在は、欧米でもせいぜい 200 年程度、それ以外の地域では、わずか数十年にすぎず、主権国家によって領域内の人々の安全が実現されている、あるいは実現されるべきであると見なされる時期は、人類の歴史においては一瞬のごとく短いことになる。

　世界の歴史を眺めれば、有史以来、人類は様々な方法で安全の確保を試み、その仕組みを模索してきた。それらのなかには、時の政治権力が、主権国家とは異なる方法で支配領域内の人々の安全を保障するような仕組みを作り、また、そうした安全の保障が十分でない場合には、社会のなかでそれを補うような何らかの別の仕組みが作られることもあった。そして、多くの地域では、近代以降のいわゆる「世界の一体化」の過程で西欧的な制度や規範がもたらされ、それが人々の安全に関わる様々な問題を引き起こし、場合によってはその影響が現在まで及ぶケースも見られる。こうしたことを踏まえると、人間の安全保障を論じる際には、対象地域に関わる主権国家の役割やあり方だけでなく、その地域社会の歴史的経験にも目を向けることが極めて重要なのではないかと思われる。しかしながら、人間の安全保障論において、歴史の重要性は認識されつつも、歴史的視点からの研究は必ずしも十分には行われてこなかった。同様に、歴史学の研究において、「安全」の視点から過去の歴史像を構築する試みも、これまで十分に行われてきたとは言い難い。そこで本講では、筆者の主たる専門領域の一つであるバルカンを具体例として、近世から近代への移行期におけるバルカンの歴史の流れを、人々の「安全」を切り口として論じることを試みたい。

1 近世のバルカン──オスマン帝国のバルカン支配

(1) オスマン帝国支配の始まり

バルカンはヨーロッパ南東部に位置し、「南東欧」などの名称でも呼ばれる地域である。地理的には、黒海に流れ込むドナウ川河口からベオグラードまでと、ベオグラードで合流するドナウ支流のサヴァ川以南の地域が含まれるが、歴史的・文化的共通性から、ドナウ川の北に位置するルーマニアなども含めることが多い。この地域は平野が少なく山がちな地形であり、また、歴史の中で様々な国の支配を受け、様々な人々が流入した。そのため、多様な人々が居住しており、そのことがとりわけ近代以降、数々の問題を引き起こしていることは周知の通りである。

バルカンは大国の支配を受ける時期が比較的長かったが、そのなかでも、14・15 世紀頃から 19 世紀、場所によっては 20 世紀初頭まで、この地域を支配したオスマン帝国の歴史的影響は、今日においてもバルカンの社会に色濃く残っている。それは、建築物や街並などのハード面のみならず、言語・料理・習慣などの文化面に関しても指摘することができる。そして、後で述べるように、バルカンにおける紛争の最大の要因とされる民族の問題も、オスマン帝国支配期に出現することになる。

オスマン帝国は、13 世紀末、当時アナトリアに割拠していた、トルコ系遊牧集団を中心とする君侯国（ベイリク）の一つから起こった王朝である。イスラームを信仰し、イスラーム世界とキリスト教世界の境界域であるアナトリア北西部に勢力を築いた彼らは、14 世紀には隣接するビザンツ帝国領を徐々に侵食し、さらにダーダネルス海峡を越えてヨーロッパへと進出した。そして、当時バルカンに存在していたブルガリア、セルビア、ボスニア、ワラキアなどの諸国を次々に破り、14 世紀末までにバルカン支配を確固たるものとした [Schmitt 2016]。アナトリアでも、他のトルコ系君侯国を次々に併合し、さらに 1453 年にはビザンツ帝国を滅ぼして、以後、イスタンブル（コンスタンティノープル）を中心に、ヨーロッパ・アジア・アフリカの三大陸にまたがる広大な領域を支配する大帝国を打ち立てた。帝都イスタンブルに近いバルカンは、その食料供給地として、また、さらなる進出の対象であ

132——Ⅱ　多彩な知との対話

るヨーロッパ諸国への中継地として、帝国内で重要な位置を占めることとなった［Lowry 2008］。

(2) オスマン帝国の支配理念と非ムスリムの「安全」

　ムスリムを支配者とするオスマン帝国は、イスラーム帝国としてイスラームの理念に基づく統治を行った。キリスト教徒が多数を占めるバルカンに対する支配も、この理念に基づいていた。

　一般に、イスラーム的世界観では、世界は、ムスリムが支配しイスラームの法（シャリーア）が施行されている「イスラームの家（ダール・アル・イスラーム）」と、異教徒が支配しイスラームの法が施行されていない「戦争の家（ダール・アル・ハルブ）」に大きく二分され、前者においては、偶像崇拝者や多神教徒を除く、一神教徒の非ムスリムには、「剣かコーランか」、すなわち、改宗あるいは殺害・追放の他に、納税義務と引き換えに信仰維持という三つ目の選択肢が存在した。バルカンのキリスト教徒たちの間には、オスマン帝国支配の下でムスリムに改宗する動きも絶えず存在したが、権力による暴力を伴う改宗の強要は稀であり、また、自発的な改宗者の数も比較的限定されていた。多くのキリスト教徒たちは、一定の義務の遂行と権利の制限の下での信仰維持を選択し、オスマン当局もそれを容認したのである。

　イスラームにおいては、イスラーム以外のアブラハムの宗教、すなわちユダヤ教やキリスト教を信仰する者は、『啓典の民（アフル・アル・キターブ）』として扱われ、人頭税（ジズヤ）の支払いや布教活動の禁止など、いくつかの義務や制限の下で信仰を維持することが合法とされていた。イスラームを支配理念とするオスマン帝国も、こうした義務や制限に服するキリスト教徒を、庇護民（ズィンミー）として、その生命と財産、そして信仰を保障した。このように、バルカンのキリスト教徒たちをはじめとして、帝国内に居住する非ムスリム（啓典の民）には、オスマン帝国というイスラーム帝国の支配下においても法的に安全が保障されていた。

　こうした帝国内非ムスリムの安全保障において重要となったのは、宗教共同体の存在であった。イスラーム世界においては、国家が領域内の庇護民である非ムスリムたちを宗教・宗派別共同体の単位で支配する伝統があり、オスマン帝国においてもこうした統治方法が踏襲された［鈴木 2023: 51-62］。

　従来、オスマン帝国では、「ミッレト制度」という、オスマン帝国固有の

異教徒統治制度が存在したとされてきた。この制度は、帝国内の非ムスリム庇護民は、前近代においてはギリシア正教、アルメニア正教、ユダヤ教の3つの宗教（あるいは宗派）共同体（ミッレト）に属し、各ミッレトには長が政府より任命され、そこに属する構成員たちは、ミッレトの長を通じた政府への税の支払いと引き換えに、一定の自治を享受するものであった、と説明されていた。しかし、こうした制度に対しては、その存在に疑問を呈する研究者もおり、現在でも議論が続いている［Kenanoğlu 2004; 上野 2010］。しかしながら、固有の「制度」とは言えないまでも、イスラーム王朝の伝統に基づき、オスマン帝国が領域内の非ムスリム臣民に対して、イスラーム的な宗教・宗派共同体に基づく統治を行い、各共同体の非ムスリムたちが一定の自治を有していたことは事実であった。それ故、オスマン帝国の臣民、特に非ムスリム臣民にとっては、どのような信仰を持ち、どの宗教共同体に属しているかが極めて重要であり、それ故、人々のアイデンティティも宗教・宗派に基づくものとなった。

　このように、オスマン統治下のバルカンのキリスト教徒たちは、イスラーム帝国の支配の下、ムスリム臣民とは必ずしも平等な権利を与えられたわけではなかったが、生命と財産の安全と信仰の自由を保障され、自らの共同体のなかでの一定の自治的な権利も有していた。

　以上のような法的・制度的側面の一方で、バルカンの人々は、宗教・宗派に基づく共同体以外の共同体にも属し、それらが人々の生活の安全に大きな役割を果たしていた。例えば、農村に比べて多様な人々が往来し居住する都市においては、窃盗、傷害、殺人、売春などの犯罪が多く発生し、安全の確保は重要な問題であった。こうした犯罪に対し、前近代の他の帝国と同様、オスマン政府は国家的な警察機構を有しておらず、都市の治安維持は、常備歩兵軍であるイェニチェリや他の部隊により担われていたが、それだけでは不十分であり、都市住民の自警が不可欠であった。一般に、オスマン帝国内の都市は、複数の「マハッレ」と呼ばれる街区に分けられていた。これは都市の末端の行政単位であり、都市住民の共同体の単位でもあった。都市の犯罪は、しばしばよその土地から流れてきた人々により引き起こされたが、マハッレ住民たちのこうした外来者への監視が、犯罪防止に寄与していた。マハッレは宗教・宗派別であることが多かったが、複数の信徒が混住するマハ

134——Ⅱ　多彩な知との対話

ッレも少なからず存在し、こうしたマハッレでは宗教や宗派を超えた人々の協力があった［Behar 2003］。同様に、「エスナフ」と呼ばれる、西洋のギルドに当たる同職組合も、都市民の生活に関わる共同体であり、そこでも宗教・宗派を超えた協力が見られた［Faroqhi 2009］。

　地方においても、人々の安全は必ずしも確保されていたわけではなかった。例えば、帝国の各地に山賊が出没して略奪行為が行われ、主要街道には駅逓や治安維持の部隊が置かれたものの、人々の通行の安全は絶えず脅かされていた。また、小規模な町や集落の治安は、「スバシュ」と呼ばれる治安維持責任者の監督下にあり、さらに後述する各地域の有力者もその役割を担うことが多かった。しかし、そうした地方有力者自身が、過度な金品の取り立てや不当な労働の強制など、住民を圧迫する行動を取ることもあった。

　こうした脅威に対する自衛を目的とし、バルカンでは「ザドルガ（zadruga）」と呼ばれる家父長的な擬制的大家族共同体が形成された。これについては史料的制約から、その起源や性格について不明な点が多く、また、バルカン内でも地域差が見られるが、概ね複数の家族から構成され、血縁や養子によって結びつき、生産手段を共有し、財産や労働などの管理を共同で行う共同体とされる［越村 1994: 61］。こうした共同体が、少なくとも 19 世紀頃までは、外敵からの安全確保と人々の生活の安定に大きな役割を果たしていた。バルカンの農村部人口の多くをギリシア正教徒が占めていたため、こうした共同体のほとんどはギリシア正教徒のものであったが、ボスニアなどを中心にカトリック教徒やムスリムのザドルガも存在していた。また、ザドルガ以外にも、村の中での協力も見られた。バルカンでは、場所によっては複数の宗教・宗派の人々からなる村が存在し、そこでは宗教・宗派を超えた村民同士の協力が行われていた。

　このように、オスマン帝国支配下のバルカンでは、宗教・宗派共同体が大きな意味を持つ一方で、地縁などに基づく他の共同体も存在し、こうしたいくつもの共同体が人々の安全を支える役割を果たしていたのであった。

　オスマン帝国支配の下、17 世紀頃まで、バルカンの社会は比較的安定し成長した。後にオスマン帝国から独立したバルカン諸国においては、オスマン帝国支配期は自民族抑圧の暗黒時代として描かれ、抑圧的な支配と社会経済の停滞が強調されていたが、こうした見解は、第二次世界大戦後の実証研

究の進展とともに否定されている。しかしながら、このようなオスマン帝国支配の下での社会の安定は、帝国支配期を通じて見られたわけではなかった。バルカンに限らず、オスマン帝国の各地域では17世紀頃から社会の変容が見られ、18世紀になると、人々の安全を保障していた上述の仕組みも変容を余儀なくされることになる。

(3) 18世紀のオスマン帝国の変容

　オスマン帝国は600年を超えて存続し、地域にもよるが、おおよそ400年以上もバルカンを支配した。このような長い歴史のなかで、帝国支配のあり方が時代に応じて変容したことは当然の成り行きであった。

　オスマン帝国は、その成立から16世紀半ばまで急速に領土を拡大し、特に16世紀のスレイマン1世の時代（在位1520-66年）にハンガリーを領土に加え、さらにウィーンをも脅かした。このスレイマンの時代は、同時に、統治の根幹を成す軍事・土地・徴税制度であるティマール制の定着や官僚組織の充実など、帝国の諸制度が一応の完成を見た時期と見なされる。しかし、16世紀末以降、帝国の領土拡大のペースは格段に落ち、また、ヨーロッパで生じていたインフレの影響を受けたこともあり、既存の制度が徐々に機能不全に陥っていった。特に徴税の担い手の不足は深刻であり、こうした事態に対応して政府が導入したのが徴税請負人を通じた税の徴収制度であった。このような制度は、ティマール制が施行されていない地域ではすでに見られたが、バルカンを含む帝国の中核地域においては、概ね上述のティマール制が施行されていたこともあり、こうした徴税方法は見られなかった。しかし、17世紀以降、この制度は徐々に拡大し、バルカンでも徴税請負人を介した徴税が行われるようになっていった。徴税権は政府によって競売にかけられ、その権利を落札したのは多くの場合イスタンブルの有力者であったが、彼らが直接自ら地方で徴税を行うことは困難であり、実際に徴税業務を担ったのは各地方の有力者であった。徴税権落札者からの委託を受けた彼らは、毎年の徴税を重ねるうちに、次第に徴税対象の土地を自らの保有地のように扱い、そうした土地を集めて大規模な農場を経営するなどして、地方において政治的にも経済的にも実力をつけて台頭した。このような地方有力者は、オスマン帝国においては「アーヤーン」と呼ばれる［永田1986］。

　帝国の中核地域において、16世紀までにある程度の中央集権的な体制を

実現したオスマン帝国では、アーヤーンの台頭により次第に地方分権化が進展し、特に18世紀になるとこの傾向が顕著になった。とりわけバルカンは、度々生じるロシア帝国との戦争の最前線となり、政府は、前線のオスマン軍への食糧・必需品の調達と供給を、こうしたバルカン各地のアーヤーンたちに依存することになり、それと引き換えに彼らの既得権益を認めざるを得なくなった。こうして、18世紀後半から19世紀初頭にかけて、バルカンのアーヤーンたちの力は強まり、しばしば政府の命令に従わず、各地で半ば自立した勢力を築いた。

　このような状況は、バルカンに治安の悪化をもたらした。何故なら、そもそもアーヤーンは、地方の治安維持について一定の役割を果たすべき存在であったのだが、18世紀末になるとそのアーヤーン同士が抗争を繰り広げるようになったからである。とりわけ現在のブルガリアを中心とする領域では、県レベルの広い領域を事実上支配するアーヤーンが割拠し、それぞれが私兵を抱え、自らの支配領域拡大を目指して激しい勢力争いを展開した。政府はこうした混乱を鎮圧できず［Yaycioglu 2016: 89-106］、いわば無政府状態に置かれた人々は、身の安全を確保するため山中に避難することさえあった。このような18世紀末から19世紀初頭におけるバルカンの混乱の時期を、一部の歴史家は「匪賊の時代」と定義している［Мутафчиева 1977］。ちなみにバルカンのキリスト教徒の匪賊や山賊は、バルカン民族運動において、同胞を守り、抑圧的なオスマン帝国の支配に対し抵抗する民族の英雄として描かれるようになってゆくが、現実には、彼らは宗教の区別なく人々を襲撃し略奪を行っていた。

　こうした無政府状態のなかで、匪賊・山賊などのアウトローたち、アーヤーンとその私兵、鎮圧と平定のために政府が派遣する軍の兵士などが入り乱れ、18世紀末には、バルカンの人々の安全はかなりの程度脅かされるようになっていた。この状況が、19世紀に展開されるバルカン民族運動の大きな要因となった。

2 「民族国家の時代」としての近代

(1) 民族運動の始まり──セルビアの例

バルカンのキリスト教徒の民族運動が本格化するのは19世紀のことである。その先駆けとなったのは1804年のセルビア蜂起（セルビア革命）であり、この蜂起も、人々の安全が脅かされたことから生じたものであった。

ドナウ川本流とその支流であるサヴァ川の合流地点に築かれたベオグラードは交通・軍事の要衝であり、そこにはイェニチェリを主体とするオスマン軍が駐屯していたが、中央政府の統制が十分に及んでいなかったため、駐屯軍は実質的に町を支配し、住民に対して抑圧的な態度をとっていた。1804年、キリスト教徒住民の自治組織のリーダーたちがイェニチェリに殺害される事件が起こると住民たちは立ち上がり、駐屯軍の司令官らを殺害して、政府に秩序の回復を訴えた。当初は「スルタンの良き統治」を求めた蜂起であったが、オスマン政府が彼らの運動の拡大を警戒してその鎮圧を決めたため、オスマン政府から「反徒」とされた彼らの蜂起は、オスマン支配からの自立を目指す運動へと変化した。この現地の住民たちとはすなわちギリシア正教徒であり、そのほとんどが、今日で言うところのセルビア語を話し、文化を共有する人々でもあった。セルビアに関しては例外的に、18世紀半ばまでギリシア正教会とは別の独自の宗派組織を有しており、ギリシア正教徒のなかでは比較的「民族的」なアイデンティティを持っていたとされる。とはいえ、18世紀末まで、そのような意識は政治的・社会的組織の形成には結びつかなかったが、蜂起が進展するなかで、彼らの間で結束と一体感が醸成され、内部の意見調整の仕組みと組織が形成されていった [Dragnich 1982]。

前述のように、19世紀初頭において、バルカンに対するオスマン政府の支配が十分及ばない状況であったとはいえ、中央政府は依然として巨大な権力であった。この時期、何故彼らは政府に対する抵抗を決断したのだろうか。その背景として、オスマン政府がバルカン各地のアーヤーン鎮圧に苦戦する最中であったという当時の状況に加え、諸外国の援助を期待し得る状況にあったことを指摘することができる。18世紀末は、諸外国の影響力が本格的にバルカンに浸透してゆく時期でもあった。

138──Ⅱ　多彩な知との対話

　前節で言及したように、16世紀半ばまでの上昇期のオスマン帝国は、領土を急速に拡大してヨーロッパ諸国を脅かし、その後領土拡大のペースは非常に緩やかになったものの、依然としてヨーロッパの脅威であり続けた。しかし17世紀末に勃発した、ハプスブルク帝国・ポーランド・ヴェネツィア・ロシアからなる神聖同盟との15年あまりにわたる戦争において、初めてヨーロッパ諸国に敗北して大規模に領土を喪失したオスマン帝国は、ヨーロッパに対する優位を失い、逆に18世紀後半には、ロシアをはじめとするヨーロッパ諸国の進出を受けるようになる。こうした力関係の変化に伴い、バルカンに対する周辺諸国の関与が見られるようになった。もちろん、17世紀以前にも、ポーランドやハプスブルク帝国などによるバルカン問題への干渉がなかったわけではないが、オスマン帝国優位の時代、このような試みはことごとく失敗に終わっていた。17世紀末以降は、ロシアやハプスブルク帝国は、オスマン帝国との戦争時に、バルカンのキリスト教徒たちへの働きかけを行い、これに対するバルカンのキリスト教徒からの協力の動きも見られたが、このような動きは戦時に限定され、戦争終結とともにそうした連携は解消された。

　しかしながら、1768年のロシア・オスマン戦争でロシアが勝利し、オスマン帝国から領土や様々な権利を獲得すると、以後ロシアは、新たに設置した領事館などを通じてバルカンへと影響力を浸透させ、これに対抗する形でハプスブルク帝国やフランス、イギリスなどの国々もバルカンへの影響力拡大を図るようになる［黛 2009］。このようにバルカンへの影響を強めるヨーロッパ諸国、とりわけ正教国家であるロシア帝国を、現地のキリスト教徒たちは、援助を期待し得る存在と見なし、このことが彼らを反オスマン蜂起へと駆り立てる一つの要因となったと考えられる［Vucinich 1982］。

　以上のように、バルカン民族運動の先駆けとされる1804年のセルビア蜂起（革命）は、民族意識の高まりにより引き起こされたものではなく、セルビアの正教徒たちの安全が脅かされたことにより生じ、オスマン政府の対応やバルカンを取り巻く国際的な状況などにより、政府からの自立を目指す運動へと発展したものであった。そして、セルビアの正教徒たちが結束を強めるなかで、自立を正当化する論理として用いられたのが、すでにセルビアの知識人によりもたらされていた、西欧のネイション・ステイト（民族国家／

国民国家）の概念であった。生まれと文化を共有する集団としてのネイション＝民族を構成員とする国家は、多様な人々を緩やかに統合する帝国とは根本的に異なるものであるが、帝国政府からの安全が保障されず、むしろ攻撃対象とされたセルビアの正教徒たちにとっては、異質な人々を排除しネイション＝民族による自らの国家を有することを正当化するこの概念は魅力的に映ったに違いない。もちろん、19世紀初頭の蜂起の時期に、この概念を理解する人々は、聖職者や商人など一部の知識人のみであったが、オスマン支配からの自立の運動が継続するなか、セルビアに居住する、帝国のギリシア正教徒共同体の臣民たちの間で、次第にセルビアの民族アイデンティティが醸成されてゆく。

　1804年のセルビア蜂起（革命）は、ロシアからの十分な支援を受けられず1813年にオスマン軍に鎮圧されるが、また1815年に別のリーダーにより再び蜂起が発生し、1817年、オスマン帝国内で一定の自治を認められるセルビア公国が成立することとなった。公国はその後より広範な自治を獲得し、1878年のベルリン条約によってオスマン帝国から完全に独立するに至る。

　セルビアの動きは、バルカンの他のギリシア正教徒たちにも大きな影響を与え、その後ネイション＝民族に基づくオスマン帝国からの自立の運動が広がっていった。1821年には、ギリシア語を話すギリシア正教徒、すなわちギリシア人が蜂起を起こした。この運動にはやがてロシアやイギリスなどのヨーロッパの大国も関与し、1830年に列強によりギリシアの完全独立が決まり、オスマン帝国もそれを承諾して1832年にギリシア王国が成立した。さらにクリミア戦争後の1862年には、ワラキアとモルドヴァが統一されてルーマニア公国が成立し、1878年のベルリン条約では、セルビアやモンテネグロとともにオスマン帝国からの完全独立を果たした。なお、ベルリン条約では、ブルガリアが自治公国としてオスマン帝国から自立し、1908年に独立する。

　このように、バルカンでは19世紀以降、キリスト教徒たちが次々とオスマン帝国支配から離れ、ネイション＝民族に基づく国家を形成していった。ネイションは新生国家の基礎となり、政府は統合のため民族＝国民意識の強化を推し進めた。こうして人々の第一義的なアイデンティティは、オスマン支配期の宗教・宗派からネイション＝民族へと移行することとなったのであ

る。

(2) 民族国家の時代における人々の安全

　このような民族国家の成立により、果たしてバルカンの人々の生命と財産の安全は確保されるようになったのだろうか。必ずしもそうではなかったことは、その後の歴史が示す通りである。もちろん、新たに成立した民族国家はいずれも西欧諸国をモデルとした制度や機構を導入し、近代国家の体裁が整えられていた。治安について言えば、各国とも、警察および内務省所属の憲兵隊を創設して治安と秩序の維持に当たり、また司法制度も整備され、こうした新たな枠組みのなかで人々の安全は一応確保された。その一方で、都市では、従来機能していたマハッレを単位とする治安維持の仕組みは変容し、また農村部においては、バルカンの伝統的な疑似的大家族制度であるザドルガも、19 世紀後半から次第に解体されていった［サンダース 1990: 94-96］。

　市民社会の成熟していないバルカンでは、西欧モデルの制度を導入するも、運用する人々の慣習や行動、そして何より、歴史的・文化的前提が西欧とは異なっており、様々な問題が出現することになった。バルカンにおいて最も深刻な問題となったのがマイノリティの問題であった。

　オスマン帝国からの自立を果たしたバルカン諸国は、他民族を排除した純粋な民族国家とはなり得なかった。というのも、多様な人々がゆるやかに統合されていたオスマン帝国時代のバルカンでは、都市部を中心に多様な「民族」が混住していたため、ある民族国家が独立しても、そこには必ず他の民族も含まれることになり、同時に、国境外に取り残される「同胞」も存在することになった。そもそも、民族国家の成立過程にはヨーロッパの列強が関与することが多く、オスマン帝国を含めた大国同士の交渉と妥協により新たな国家の境界が合意されたため、必ずしもその民族の望むような領域を設けることはできなかったのである。それ故、国境の外に同胞を取り残した新生国家は、その後、より多くの同胞を国境内に取り込もうとして領土の拡張を互いに目指し、バルカン諸国同士で対立と紛争が生じることもあった。1912年に生じたバルカン戦争はその典型である。

　20 世紀初頭までに、バルカンの多くの領域が各民族国家により分割され、さらに第一次世界大戦後、それまでクロアチア、スロヴェニア、ボスニアを統治していたオーストリア・ハンガリー帝国、そしてオスマン帝国が崩壊す

ると、バルカンは本格的に「民族国家の時代」を迎えることになる。

　とはいえ、帝国解体後のバルカンが全て、民族国家によって分割されたわけではなく、第一次世界大戦後にバルカンに新たに成立したのは、南スラヴの諸民族による統一国家であった。この国家は、成立当初は「セルビア人・クロアチア人・スロヴェニア人王国」という国名であったが、後に「ユーゴスラヴィア王国」と改称された。ちなみに「ユーゴ」とはスラヴ語で「南」を意味する。バルカンの南スラヴ諸民族の連帯の動きは19世紀から存在しており、それが第一次世界大戦後に統一国家の形で実現することになった。元々、南スラヴ人の連帯には、規模の小さい諸民族の団結により国際的な発言力を高める狙いがあり、ユーゴスラヴィア王国の成立により、その目的はある程度達成された。さらに、バルカンに比較的広い領土を有する国家が成立することで、同胞が民族国家の国境の外に取り残される問題も、概ね解決されることになった。しかし、見方によっては、バルカン民族国家間の争いが、ユーゴスラヴィア王国国内に持ち込まれるようになったにすぎないと言うこともできる。実際、王国内の民族間関係の調整は容易なことではなく、しばしば深刻な対立が顕在化した。それでも統一国家を維持すべく、議会内や国王と議会との間で調整が絶えず試みられ、この王国は曲がりなりにも第二次世界大戦中まで存続し、さらにユーゴスラヴィア王国が崩壊した後も、南スラヴ民族の連帯は、ティトーを指導者とするユーゴスラヴィア社会主義連邦共和国として継続した。

　社会主義体制のユーゴスラヴィアでは、ユーゴスラヴィア人としてのアイデンティティが醸成されることはなかったが、ティトーの強力な指導の下、統一国家のなかで民族間の交流や通婚も進み、社会は安定し、人々は一定の安全を享受することができた。そして、ユーゴスラヴィア以外のバルカン諸国についても、第一次世界大戦後から冷戦崩壊まで、各国間の協調が見られ、第二次世界大戦期を除き、バルカンでの大規模な戦争や紛争は抑止されていた。

　しかしながら、多民族の微妙なバランスの上に成り立っていたユーゴスラヴィアの体制は、1980年のティトーの死後に揺らぎはじめ、連邦解体に伴う紛争により、人々の安全は大きく脅かされることになったのである。

おわりに

　本講では、人々の「安全」の視点から、近世から近代にかけてのバルカンの歴史を概観した。

　諸民族が複雑に入り交じり、しばしば民族紛争が生じる危険な土地というイメージがつきまとうバルカンは、前近代より常に民族問題を抱えていたわけではなかった。オスマン帝国時代には、伝統的にイスラーム国家で見られる宗教・宗派別共同体を軸に、いくつかの共同体による保護の仕組みの下、人々の安全の確保が図られていた。しかし、18世紀以降の帝国の地方分権化と政府の弱体化、特に18世紀末の混乱のなかで、政府が人々の安全を十分に保障できなくなった結果、バルカンの人々は自らの安全を確保するため、オスマン帝国からの自立を目指した。その際の論理として、西欧起源のネイション＝民族概念が大きな影響を与え、19世紀に「民族運動」という形で自らの国家を形成することになったのである。その結果バルカンは、従来の宗教・宗派でゆるやかに統合されていた社会から、民族国家により秩序付けられる社会へと変容し、これらの主権国家の下で、人々の安全はある程度確保されることになった。しかしその一方で、各民族国家は互いに自民族を国境内に取り込むべく拡張主義的な政策をとり、そこにヨーロッパ列強が絡んで、近代以降のバルカンでは、時に激しい民族紛争が生じることとなったのである。

　現代バルカンの諸事象は、しばしば人間の安全保障概念を用いて論じられ、その際には多くの場合、「民族」が議論の中心となるが、本講で概観したように、バルカンにおける民族と国家の形成は近代のことであり、その民族と国家のあり方は、オスマン帝国時代の社会的諸条件の強い影響を受けている。従って、現在の問題を論じる際にも、こうした歴史的視点を踏まえた考察が必要と考えられる。

　なお、本講では、前近代の帝国支配から近代の西欧的なネイションステートへという、近代移行期における変化の側面を中心に論じたが、その一方で、オスマン帝国の数百年に及ぶ支配の影響はバルカン社会の隅々にまで及び、現在においても、都市の構造や建築物、言語、料理、そして人々のメンタリ

ティなど、いわば「帝国の遺産」［Brown 1997］として今日にまで引き継がれている点も同時に指摘しておきたい。

[文　献]

明石欽司（2009）『ウェストファリア条約——その実像と神話』慶應義塾大学出版会。

上野雅由樹（2010）「ミッレト制研究とオスマン帝国下の非ムスリム共同体」『史学雑誌』119巻1号、1870-1887頁。

越村勲編訳（1994）『バルカンの大家族ザドルガ』彩流社。

サンダース、アーウィン・T（1990）『バルカンの村びとたち』寺島憲治訳、平凡社。

鈴木董（2023）『オスマン帝国の世界秩序と外交』名古屋大学出版会。

テシュケ、ベンノ（2008）『近代国家体系の形成——ウェストファリアの神話』君塚直隆訳、桜井書店。

永田雄三（1986）「歴史の中のアーヤーン——十九世紀初頭トルコ地方社会の繁栄」『社会史研究』7、82-162頁。

古谷大輔・近藤和彦編（2016）『礫岩のようなヨーロッパ』山川出版社。

黛秋津（2009）「ロシアのバルカン進出とキュチュク・カイナルジャ条約（1774年）——その意義についての再検討」『ロシア・東欧研究』2008巻37号、98-109頁。

Behar, Cem（2003）*A Neighborhood in Ottoman Istanbul: Fruit Vendors and Civil Servants in the Kasap İlyas Mahalle*, SUNY Press.

Brown, L. Carl（1997）*Imperial Legacy: The Ottoman Imprint on the Balkans and the Middle East*, Columbia University Press.

Dragnich, Alex N.（1982）Political Organization of Karadjordje's Serbia, Waynes S. Vucinich, ed., *The First Serbian Uprising 1804-1813*, Brooklyn College Press, pp. 341-359.

Faroqhi, Suraiya（2009）*Artisans of Empire: Crafts and Craftspeople Under the Ottomans*, I. B. Tauris.

Kenanoğlu, Macit（2004）*Osmanli Millet Sistemi: Mit ve Gercek*, Klasik.

Lowry, Heath W.（2008）*The Shaping of the Ottoman Balkans 1350-1550*, Bahçeşehir University Publications.

Schmitt, Oliver Jens, ed.（2016）*The Ottoman Conquest of the Balkans*, Austrian Academy of Sciences Press.

Vucinich, W., ed.（1982）*The First Serbian Uprising 1804-1813*, Brooklyn College Press.

Yaycioglu, Ali（2016）*Partners of the Empire: The Crisis of the Ottoman Order in the Age of Revolutions*, Stanford University Press.

Мутафчиева, Вера（1977）*Кърджалийско време*, София.

144——Ⅱ 多彩な知との対話

【読書案内】

鈴木董（2000）『オスマン帝国の解体——文化世界と国民国家』ちくま書房。
　＊ イスラーム帝国としてのオスマン帝国の支配の実態、および、近代西欧の進出に伴う
　　民族問題の出現と帝国の解体過程を、詳細に描き出している。

柴宜弘（2021）『ユーゴスラヴィア現代史　新版』岩波書店。
　＊ 20 世紀に存在した多民族国家ユーゴスラヴィアを、民族や社会主義などを軸に歴史的
　　に分析する。概説書であるが、バルカンの現代的な課題を考察する上で必読の書と言
　　える。

第9講

中・東欧諸国における多様な歴史記憶
現在から過去に向けられるまなざし

重松 尚

> 本講では、体制転換後の中・東欧諸国におけるナショナルな歴史記憶とその問題
> を取りあげる。歴史記憶をめぐっては、国家（あるいはネイション）ごとの差異
> に焦点があてられることが多いが、ここでは、国家（ネイション）内部に存在す
> る（した）はずの多様な記憶にも目を配りたい。

はじめに

　2022年8月、ポーランド・クラクフでの用事を済ませた筆者は、空路で
リトアニアの首都ヴィルニュスへと向かった。リトアニアを訪れるのは3年
ぶりだった。学生時代に留学し、その後も調査のために何度も足を踏み入れ
た馴染みの国である。しかし、久しぶりに再訪するこの国は、やはり大きく
変わっていた——戦時中だったからである。

　といっても、実際に戦争が起きていた（そして本講執筆現在も続いている）
のは、リトアニアではない。ウクライナである。しかし、2022年当時のリ
トアニアは、まるで戦争当事国であるかのような空気に満ちていた。多くの
人々が、「自分たち」がこの戦争に勝利するためにどのように貢献すべきか
を模索していた。街の広場に救援物資が集められた。戦争難民のために住居
の一部が提供された。レストランやバーでは、売り上げの一部が機関銃の購
入資金にまわされた。一人のジャーナリストが戦闘航空機を購入するための
キャンペーンを呼びかけたところ、わずか3日間で500万ユーロ（当時のレ
ートで約7億円）の寄付金が寄せられた。そして多くの人々が、自家用車な
どで兵器や救援物資をポーランド経由でウクライナまで運び、そのまま現地
でボランティア活動に従事した。一部には、ウクライナ入国後に義勇兵とな
り前線に向かった者もいた。

リトアニアの人々がこれほどウクライナへの支援に熱心な理由は、想像に難くないだろう。かつてソ連の一部であったバルト諸国がロシアを警戒していることについては、日本でもメディアなどでよく取りあげられている。しかし、リトアニアの人々は、単に「敵の敵は味方」という理由からウクライナを支援しているわけではない。これは「自分たち」の戦争であり、「自分たち」がロシアに攻撃されている、と考える人が少なくないのである。

開戦後の街の様子がそれを示している。戦争が始まると、街じゅうでウクライナ国旗が掲げられるようになった。政府機関がリトアニア国旗、欧州旗、NATO（北大西洋条約機構）の旗と並んでウクライナ国旗を掲揚するのがデフォルトとなった。さらに、学校の窓や壁、アパートのベランダなど、至るところでウクライナ国旗が掲げられるようになった。鞄に黄色と青色のリボンを付けたり、ウクライナ国章のあしらわれたシャツを着たりする人も少なくない。それは、単にウクライナとの連帯を示す以上に、「リトアニア人としての」アイデンティティを示す行為でもあると指摘される。そしてそれは、政府機関から市民に対してそのように行動するよう促されていると同時に、市民の側からも自発的に行われている [Herring and Brown 2023]。では、なぜウクライナのシンボルを掲げることがリトアニア人としてのアイデンティティを示すことにつながるのだろうか。

リトアニアをはじめとするバルト諸国では、犠牲者意識の強いナラティヴを特徴とするアイデンティティが構築され、制度化されている [Pettai 2011: 10]。これに関して、ここでは、韓国の歴史学者林志弦が提唱した「犠牲者意識ナショナリズム」という概念を踏まえておきたい [林 2022]。犠牲者意識ナショナリズムとは、前世代の被った犠牲から継承される犠牲者意識から集合的に形成される特有のナショナリズムのことを指す。つまり、犠牲の記憶を、それを直接経験していない次の世代が継承するという世襲性に特徴がある。後述するように、バルト諸国やウクライナをはじめとする中・東欧諸国においては、社会主義時代の過去が犠牲の歴史として記憶され、現在に引き継がれている。

また、林は、犠牲者意識が国を超えた連帯につながるという特徴も挙げている。それぞれの犠牲の記憶が互いに共鳴し合い、それぞれの犠牲者意識がさらに強化されるという側面もあるという。リトアニアでは、「バルト諸国

もウクライナも、ともにソヴェト体制による犠牲を被った」という記憶がナショナル・アイデンティティの基盤にあり、そのうえで現在のウクライナの犠牲もまた「自分ごと」として捉えられている。それがウクライナ支援の原動力となっているのである。

1　犠牲者意識ナショナリズムの出現と「歴史に対する自決権」

　犠牲者意識ナショナリズムは中・東欧だけでなく、私たちが住む東アジアを含め世界各地で広く確認できるものである。しかし、歴史を遡ってみると、第二次世界大戦直後までは犠牲者意識ナショナリズムはそれほど見られなかった。むしろ、犠牲の記憶は後景に追いやられたり、抑圧されたりすることも少なくなかった。たとえば、建国直後のイスラエルでは、国家としての強さを示すために「強い」ユダヤ人というアイデンティティが強調された。このとき、ホロコーストという過去に関して想起されたのは、ユダヤ人の犠牲ではなく、ワルシャワ・ゲットー蜂起で見られたような抵抗するユダヤ人であった。勇敢に武装蜂起した人々の姿が、「強いイスラエル国家」建設という理念に合致していたからである。他方で、アウシュヴィッツのような絶滅収容所のガス室で「羊のように」殺害されたユダヤ人の記憶は、「無力さ」や「弱さ」を連想させるために抑圧された。そのため、ホロコーストの生存者（サヴァイバー）で戦後イスラエルに移り住んだ者のなかには、自らが経験してきた苦難を長らく口にできなかった人も多かった。

　このような、闘いの末に建国という勝利を勝ち取ったという歴史叙述においては、必然的に男性性が強調される。自らの運命は自らの手で切り開くといった「男らしい」主体性に重きが置かれる一方で、大戦中に殺害された多くの犠牲者の記憶はその「弱々しい」客体性ゆえに抑圧された。現在では日本と韓国という国家（あるいはネイション）間の歴史認識問題となっている「慰安婦」の記憶も、韓国の建国当初は男性中心的な韓国社会のなかで抑圧されていた。日本統治下において抵抗運動を展開し、主権を回復（光復）したのちに建国を達成した、と雄々しく語られる歴史叙述のなかに、元慰安婦の女性たちの苦難の記憶が入り込む余地はなかったのである。彼女たちの記憶がナショナルな記憶の一部に組み込まれるようになったのは、建国から数

十年を経てからのことであった。

　1960年代になると潮目が変わり、犠牲者意識ナショナリズムが出現するようになった。林（イム）は、その背景として、人権意識の発展を挙げている。第二次世界大戦後に国連が世界人権宣言（1948年）などを採択して以降、人権は徐々に普遍的な権利として広く認知されるようになっていった。米国では1950年代以降公民権運動が広がり、1960年代になるとそれがヴェトナム戦争に反対する運動に発展していった。そして、世界各地の平和運動が結びつき、人権に対する意識が高まっていくなかで、世界中のさまざまな犠牲の記憶も想起されるようになっていったという［林2022］。

　しかし、人権概念の浸透と並んで、あるいはそれ以上に重要であったのは、1960年代に自決権が広く認められるようになったことだろう。自決は、第一次世界大戦中の1918年にウッドロウ・ウィルソン米大統領が「十四か条の平和原則」のなかで打ち出したことで知られているが、このときはヨーロッパ以外の諸人民（ピープル）には権利として認められなかった。第二次世界大戦が終結してしばらくすると、第三世界で脱植民地化が進み、各地の人々は最終的に植民地帝国によって奪われていた政治権力を自分たちの手に取り戻すことに成功した。その過程においてはさまざまな国家体制が構想されたものの、ほとんどの場合には最終的に国民国家（ネイション＝ステイト）として成立することとなった。そして、国際秩序においても国民国家が主権国家の標準形態として捉えられるようになった。

　こうして、かつて植民地支配下にあった人々は、自分たちの国家を手に入れた。すなわち、新たな国民国家を構成するネイションとして、自決権を享受することとなったのである。個人の権利である人権とは対照的に、自決権は人民という集団に対して認められるべきものである。そして、国民国家が標準形態とされる時代においては、自決権はナショナルな権利と化した。

　加えて、過去に対する記憶もまた「取り戻され」ようとした。植民地帝国から独立を勝ち取るための闘争が称揚されるとともに、植民地時代には語られなかった歴史も脚光を浴びるようになった。「自分たちの」歴史は「自分たちの」ものであるという、いわば「歴史に対する自決権」を行使する動きが強まったのである。その背景には、国民国家の樹立にあたり、国民形成（ネイション・ビルディング）のために国民史（ナショナル・ヒストリー）の創造が必要だったという事情もあった。そ

のなかで、植民地当局による人権侵害といった過去の犠牲についても語られるようになっていった。

なお、植民地帝国によって一方的に線引きされた境界の内部には、地域や職業、言語、民族などの異なるさまざまなコミュニティが存在していたことから、脱植民地化の過程において互いに異なる国民国家のあり方が追求され、集団間の紛争が起こることも稀ではなかった。そのなかで、国家権力を掌握した特定の集団や政治エリートによって公定の歴史が定められる一方で、異なる集団や個人の記憶が無視されたり貶められたりすることもあったことには留意しておきたい［ケネディ 2023］。

2　体制転換後の中・東欧地域と歴史記憶の政治化

アジア・アフリカ諸国の多くは 1970 年代までに主権を回復したが、中・東欧地域の大部分は 1980 年代まで社会主義体制下に置かれ、主権が制限された状態が続いていた。多くは名目上は主権国家であったが、実際はソ連の衛星国として従属的な地位に置かれていた。また、バルト諸国の場合は、第二次世界大戦中にソ連に編入されて以来、主権国家としての地位を奪われたままであった。これらの地域がソ連の従属下に置かれていたのは、地域の大半が第二次世界大戦中にナチ・ドイツによる占領を経験し、その後ソ連によって「解放」された、という経緯による。

中・東欧地域でいわゆる「脱植民地化」が進むのは 1980 年代後半になってからのことである。各地で民主化が進展すると、それまで語られてこなかった歴史が注目されるようになった。第二次世界大戦に関して、この地域の諸民族がファシズム陣営から「解放」されたことを称えるのが、それまでの社会主義体制の公式の歴史見解であった。そして、ソ連はその「解放闘争」において先鋒を担ったとされた。このような歴史観によりソ連と東欧諸国の連帯が示され、両者の同盟関係に正統性が与えられていた。しかし、1980年代後半になると、そのような「解放」は新たな従属の始まりであったとの認識が広まっていったのである。

1989 年から 91 年にかけて中・東欧地域で体制転換が起こり、バルト諸国やウクライナなどがソ連から独立すると、動きはさらに加速した。社会主義

体制下で否定的な評価を受けてきた歴史上のできごとが見直されるようになり、体制によって批判されてきた個人や集団の名誉回復などが図られた。このような体制転換後の取り組みは、移行期正義の一環として行われたとも理解される［Pettai and Pettai 2015］。

　移行期正義とは、過去に行われた重大な人権侵害などに関して、紛争後や体制転換後の社会において正義を追求するプロセスやメカニズムを指す。1970年代以降ラテン・アメリカ諸国などで民主化が起きると、軍事政権下や権威主義体制下で行われた人権侵害への対応が求められるようになり、真実の解明、犠牲者の名誉回復や補償、あるいは人権侵害に加担した者に対する処罰や公職追放などが行われた。1990年代になると、アパルトヘイト後の南アフリカで真実和解委員会が設置され、白人政権下での人権侵害に関する真相究明などが行われた。移行期正義の例はほかにもさまざまなものがあるが、いずれも、紛争後や体制転換後の社会において国民統合を進めるとともに、新体制が正統なものであることを示す役割を果たした。また、この取り組みは、「人間の安全保障」の観点からも重要なものであった。

　中・東欧諸国においても同様に、歴史の見直しをとおして旧体制による人権侵害の実態を明らかにすることで、新体制の正統性が示されようとした。過去の人権侵害に対応することは民主化の指標とも捉えられ、体制転換後の国家がヨーロッパに「回帰」するために必要なことと考えられた。多くの国では、第二次世界大戦中のナチによる占領とともに、「解放」後の社会主義時代もソ連による「占領」だったと捉えられるようになった。そして、各国は、歴史と記憶に関する国家機関を設置し、第二次世界大戦中から社会主義時代にかけて「二つの全体主義体制」によって行われた戦争犯罪や人権侵害に関する調査を行った。なかには、これらに関与した個人を訴追・処罰することで過去の清算を図ろうとした国もあった［橋本 2016; 橋本 2017］。

　国家機関の設置に加えて、記憶法（memory law）、すなわち歴史記憶に関わる法も制定された。記憶法に関しては、ドイツで刑法改正（1985年）によりホロコースト否定が禁止されたことを皮切りに、ホロコーストや人道に対する罪にあたる歴史的事象を否定したり、ナチズムを礼賛したりすることを禁止する法が、ヨーロッパ各地で制定されていた［Koposov 2017］。ヨーロッパへの「回帰」を目指していた体制転換後の中・東欧諸国においても、これ

に追随する形で同様の法が制定されたが、中・東欧諸国の記憶法では、ナチズムやホロコーストと並んで社会主義時代の歴史も焦点となった。国によって違いはあるものの、たとえば、ナチのシンボルである鉤十字に加えて共産主義のシンボルである鎌と槌を公共の場で掲げることが禁じられたり、社会主義時代の国歌の演奏や斉唱が禁止されたりした。秘密警察に関与していた者の処罰や公職追放を可能にするための法が制定された国もある。ウクライナにおいては、1932年から33年にかけてソヴェト当局によって引き起こされたとされる、数百万人が犠牲となった大飢饉「ホロドモール」を否定すれば、刑事罰の対象となる。このような記憶法の制定により、国民史の特定の叙述に法的根拠が与えられるとともに、社会主義時代はナチ占領期と同様の「不法に占領された時代」であったと公的に位置づけられることとなった。

　これら歴史記憶に関する取り組みは、あたかも目下の国家安全保障にも資するかのように捉えられている。中・東欧諸国のなかでも特にポーランドやバルト諸国では、国境を接するロシアが安全保障上の脅威とみなされ続けている。そのようななかで、自国の「犠牲」の歴史を強調することは、「加害者」たるロシアを自分たちとはまったく異なる存在として他者化することにつながり、両者のあいだにある「国境線」はより明確な形で引き直される。過去のソ連による占領の違法性を強調することは、今後繰り返されるかもしれないロシアによる侵略が違法な行為であることを国内外にあらかじめ知らしめる効果をもつ。国境画定や抑止といった安全保障上の概念を連想させるからこそ、中・東欧諸国は自国にとって都合の良い歴史記憶を正統化しようと試みてきたし、歴史記憶を安全保障という目的のために政治利用してきた。

　しかし実際は、安全保障を確保しようと特定の歴史記憶を正統化したり逆に非合法化したりすることで、かえってその国の安全保障が損なわれるおそれもある。各国で「正統」なものとみなされている歴史記憶は、それぞれが必ずしも一致するわけではない。場合によっては、たとえば第二次世界大戦中のソ連による「解放」が現在の中・東欧諸国では「占領」であったとみなされているように、ある歴史的事象に対して正反対の評価が下されることも少なくない。そのため、ある国が特定の歴史記憶を正統化するのに対して、別の国がそれを自国にとっての脅威とみなして対抗的な歴史記憶を正統化しようとすることで、対立が激化し脅威が増幅される——といった具合に、歴

史記憶の安全保障化は「安全保障のディレンマ」に陥りかねない［Mälksoo 2015］。実際、ロシアは、中・東欧諸国が歴史記憶に関する国家機関を設置したことに対抗して、「ロシアの国益を損なう歴史歪曲に対抗するロシア連邦大統領委員会」なる国家機関を設置した［橋本 2017］。

　このような問題を避けるためにも、国家が安全保障に関連して歴史記憶を参照することを控え、国家が特定の記憶を正統化することもやめ、異なる記憶を突き合わせて議論できるような闘技的な言説空間を構築する必要性も指摘されている［Mälksoo 2015; Berger and Kansteiner 2021; ベルガー 2022］。「人間の安全保障」の観点からも、多様な言説に開かれた空間は必要と言えよう。

3　犠牲者ナショナリズムが抱えるさまざまな問題

　体制転換後の中・東欧諸国が過去の戦争犯罪や人権侵害に取り組んだ背景には、国民としてのアイデンティティの再形成という目的もあった。ナチ・ドイツとソ連という「二つの全体主義体制」の「犠牲者」としてのアイデンティティである。バルト諸国やウクライナでは実際、ソヴェト当局によるシベリアへの強制移送やホロドモールといった苦難を経験した家族や親族のいる国民が多く、個人や家族の記憶が「犠牲者」としてのナショナルな記憶に直結しやすかった。個人や家族のもつ記憶が集合的にナショナルな記憶を作りだすと、今度はナショナルな集合的記憶が個人や家族の記憶を再構築するようになる。そのような相互作用のなかで、犠牲者意識ナショナリズムはより強固なものとなっていく。

　しかし、そのような犠牲者意識ナショナリズムが孕む問題も指摘される。まず、犠牲者意識ナショナリズムは、自分たちが外集団よりも多くの苦しみを受けたという信念を前提としている［Young and Sullivan 2016］。そのため、「どちらの犠牲がより大きかったのか」を互いに争う醜い競争を引き起こしかねない［林 2022］。そのような犠牲の度合いを競い合う関係においては、他者の犠牲者としてのアイデンティティを認知することは自己の犠牲者としてのアイデンティティの否定とみなされうる。特に、一方が他方に対して過去の犠牲に対する謝罪や補償を要求する場合に、その傾向は強く現れる。そ

のため、競争的犠牲者意識は相互理解や和解の阻害要因にもなる［Demirel and Eriksson 2019; Noor et al. 2012］。これは、先述の「安全保障のディレンマ」の問題とも関係する点である。

　次に、自集団の犠牲を強調しすぎるあまり、自分たちの加害の歴史を拒否したり、あるいは正当化したりするという問題もある。中・東欧諸国においては、特にホロコーストをめぐる記憶の問題が浮き彫りとなった。ホロコーストにおいて、ポーランド人やリトアニア人、ウクライナ人といった現地の人々のほとんどは、ナチ当局の推し進める犯罪行為に対して、関心を示さなかったり、あるいは傍観したりといった態度をとっていた。そして、なかには、なんらかの事情によりホロコーストに関与せざるをえなかった者もいたし、さらには積極的に加担した者までいた。このような自民族の加害の歴史は、「二つの全体主義体制」の犠牲者というアイデンティティを構築するうえで、非常に決まりの悪いものであった。たとえば、1990年代のリトアニアにおいては、かつて一部のリトアニア人がホロコーストに関与した理由として、「ユダヤ人が先にリトアニア人に対して行ったジェノサイド行為に対する報復だった」などといった事実を歪曲するような歴史認識が示されるなど、リトアニア人自らの「犠牲」を理由に加害行為を正当化しようと試みる議論も見られた［Budryte 2005: 185; Sužiedėlis 2006: 141; Budrytė 2018: 170］。

　さらに、犠牲の歴史を強調することは、その後の加害行為の正当化にもつながる。たとえば、現在のイスラエルでは、建国当初とは異なり、ホロコーストの犠牲者としての記憶がユダヤ人としてのアイデンティティの中核を占め、ユダヤ人が被った犠牲は歴史上唯一無二のものであったとみなされている。他方で、そのようなナラティヴは、イスラエル国家の掲げる「自衛の論理」を正当化し、イスラエルが現在もパレスチナで推し進めている加害の実態を矮小化することにもつながっている［レヴィーン 2023: 71; 板垣 2024: 88］。

　最後に、国民史にそぐわない記憶の周縁化や抑圧という問題である。体制転換後の中・東欧諸国の場合、まず、ホロコーストで犠牲となった中・東欧のユダヤ人の記憶をそれぞれの国民史のなかにどう統合していくのかが課題となった。加えて、先に述べたように、自国民の加害者としての記憶が、犠牲者意識ナショナリズムにもとづく国民史のなかで軋轢を生んだ。たとえば、ホロコーストにおいてポーランド人が主体的な役割を果たしたイェドヴァブ

ネ事件を主題とする『隣人たち』を執筆した歴史学者のヤン・グロス、自民族の対ホロコースト協力の過去に向き合おうとしたリトアニアの文筆家ルータ・ヴァナガイテ、ナチ・ドイツと協力したウクライナ人民族主義者のステパン・バンデラに関する研究を行う歴史学者のグジェゴシュ・ロッソリンスキ＝リーベといった人たちは、それぞれ著書を出版するとすぐに、各国で強烈な非難の声を浴びせられることとなった［Gross 2001; ヴァナガイテ、ズロフ 2022; Rossolinski-Liebe 2014］。それは、犠牲者意識にもとづくナラティヴに沿わない不都合な記憶が呼び起こされたときの、社会の拒否反応にほかならなかった。

おわりに

　体制転換後の中・東欧諸国で犠牲の歴史に焦点があてられるようになったことは、抑圧的な旧体制によって虐げられていた個人や集団の権利や尊厳などの回復につながったことから、「人間の安全保障」の観点においても望ましいことであった。しかし、先に述べたように、特定の犠牲の記憶が「正統」な国民史の一部としてナショナルな記憶のなかに納められた反面、それにそぐわない記憶が周縁化されたり抑圧されたりしたことも忘れてはならない。ナショナルな記憶と個々の人間や集団の記憶は、一方では相互作用しつつも、他方ではつねに緊張関係のなかにある。やや繰り返しになるが、国民国家は実際にはさまざまな個人や集団によって構成されていることから、そこには多様な記憶が存在しているはずである。

　ナショナルな記憶の外部に置かれる記憶として、最後に社会主義時代に対するノスタルジーについて考えたい。すでに述べたように、体制転換後の中・東欧諸国では、社会主義時代の過去が否定的に扱われるようになった。しかし他方で、市民のあいだでは社会主義時代を懐古する声も聞かれる。多くの中・東欧諸国においては、このような社会主義時代に対するノスタルジーがソ連による「占領」を肯定するものとみなされたり、また、そのような「親ロシア的」な態度が市民のあいだに広まることでロシアによる介入を誘発するおそれもあるとして、危険視されたりすることが少なくない。犠牲の記憶が国家安全保障のために利用される一方で、社会主義時代に対するノス

タルジーは「安全保障上の脅威」と捉えられているのである。

　しかし、社会主義時代に対するノスタルジーは、必ずしも社会主義体制そのものに対する賛同を意味するわけではない。過去を懐かしむ気持ちを抱きつつも、同時に民主化や体制転換については概ね満足している者も少なくない［Bakaitė 2022］。ましてや親ロシア的であるどころか、現在のプーチン政権には批判的な人は多い。問題は、体制転換後の市場経済への移行プロセスがあまりにも急速であり、特に都市部のホワイトカラーとそれ以外の地域に暮らす人々とのあいだの格差が広まるなかで、「割りを食わされた」と感じている市民が少なくないことにある。経済は発展しているのに自分たちは豊かになれていない、自分たちは取り残されている、と感じる人々のあいだに、「あの時代は良かった」「少なくとも皆が平等に扱われた」などという感情が芽生えていったとしても不思議ではないだろう。つまり、その人たちが現在置かれている状況がその人たちの過去に対する評価を形づくっているのであり、その意味で、記憶は、過去に形成されたのではなく現在において構築されるものと言えよう。そもそも記憶とは本来移ろいゆくものであり、過去を想起するたびに個人のなかで再構築されるはずのものである。

　19世紀のフランスの思想家エルネスト・ルナンがかつて、国民（ネイション）としての意識は合意と忘却によってつくられると説いたことはよく知られている［ルナン 2022］。国民国家において、ナショナルな記憶が「合意」によって構築され、国家安全保障のために政治利用されるとき、「人間の安全保障」という見地に立つ私たちは、その陰で忘却されようとしている別の記憶にも目を向ける必要があるだろう。

［文　献］

板垣雄三（2024）「植民国家の「出発点」を問いなおす――暴力に抗い続ける歴史意識のために」『現代思想』52巻2号、86-94頁。

林志弦（イムジヒョン）（2022）『犠牲者意識ナショナリズム――国境を超える「記憶」の戦争』澤田克己訳、東洋経済新報社。

ヴァナガイテ、ルータ、エフライム・ズロフ（2022）『同胞――リトアニアのホロコースト　伏せられた歴史』重松尚訳、東洋書店新社。

ケネディ、デイン（2023）『脱植民地化――帝国・暴力・国民国家の世界史』長田紀之訳、白水社。

橋本伸也（2016）『記憶の政治――ヨーロッパの歴史認識紛争』岩波書店。

橋本伸也編（2017）『せめぎあう中東欧・ロシアの歴史認識問題——ナチズムと社会主義の過去をめぐる葛藤』ミネルヴァ書房。

ベルガー、ステファン（2022）「右翼ポピュリズムと格闘する——どんな種類の民主主義のためのいかなる歴史記憶か？」橋本伸也訳、『思想』1174号、80-100頁。

ルナン、エルネスト（2022）『国民とは何か』長谷川一年訳、講談社学術文庫。

レヴィーン、マーク（2023）「ユダヤ人とパレスチナ人を襲った最悪の前触れ——ヨーロッパの国民国家建設とその有害な遺産　一九一二——一九四八年」バシール・バシール、アモス・ゴールドバーグ編『ホロコーストとナクバ——歴史とトラウマについての新たな話法』小森謙一郎訳、水声社、71-92頁。

Bakaitė, Jurga（2022）Why Are People in Lithuania Affected by Soviet Nostalgia?, *LRT. lt.*〈https://www.lrt.lt/en/news-in-english/19/1819448/why-are-people-in-lithuania-affected-by-soviet-nostalgia〉

Berger, Stefan and Wulf Kansteiner, eds.（2021）*Agonistic Memory and the Legacy of 20th Century Wars in Europe.* Palgrave Macmillan.

Budryte, Dovile（2005）*Taming Nationalism? Political Community Building in the Post-Soviet Baltic States,* Ashgate.

Budrytė, Dovilė（2018）Memory, War, and Mnemonical In/Security: A Comparison of Lithuania and Ukraine, Erica Resende, Dovilė Budrytė, Didem Buhari-Gulmez, eds. *Crisis and Change in Post-Cold War Global Politics: Ukraine in a Comparative Perspective,* Palgrave Macmillan.

Demirel, Cagla and Johan Eriksson（2019）Competitive Victimhood and Reconciliation: The Case of Turkish-Armenian Relations, *Identities: Global Studies in Culture and Power* 27（5）, pp. 537-556.

Gross, Jan Tomasz（2001）*Neighbors: The Destruction of the Jewish Community in Jedwabne, Poland.* Princeton University Press.

Herring, Aimee and Kara D. Brown（2023）The Public Pedagogy of Ukrainian Flag Displays: A View from Lithuania & Estonia, *Baltic Worlds* 16（4）, pp. 23-30.

Koposov Nikolay（2017）*Memory Laws, Memory Wars: The Politics of the Past in Europe and Russia,* Cambridge University Press.

Mälksoo, Maria（2015）'Memory Must Be Defended': Beyond the Politics of Mnemonical Security, *Security Dialogue* 46（3）, pp. 221-237.

Noor, Masi, Nurit Shnabel, Samer Halabi and Arie Nadler（2012）When Suffering Begets Suffering: The Psychology of Competitive Victimhood Between Adversarial Groups in Violent Conflicts, *Personality and Social Psychology Review* 16（4）, pp. 351-374.

Pettai, Eva-Clarita（2011）Memory and Democratic Pluralism in the Baltic States-Rethinking the Relationship, Eva-Clarita Pettai, ed., *Memory and Pluralism in the Baltic States.* Routledge, pp. 1-18.

Pettai, Eva-Clarita and Vello Pettai（2015）*Transitional and Retrospective Justice in the Baltic States.* Cambridge University Press.

Rossolinski-Liebe, Grzegorz（2014）*Stepan Bandera: The Life and Afterlife of a Ukrainian Nationalist: Fascism, Genocide, and Cult.* Ibidem Press.

Sužiedėlis, Saulius（2006）Lithuanian Collaboration during the Second World War: Past Realities, Present Perceptions, Joachim Tauber, ed. *»Kollaboration« in Nordosteuropa: Erscheinungsformen Und Deutungen Im 20. Jahrhundert,* Harrassowitz, pp. 140-163.

Young, Isaac F. and Daniel Sullivan（2016）Competitive Victimhood: A Review of the Theoretical and Empirical Literature, *Current Opinion in Psychology* 11, pp. 30-34.

【読書案内】

林志弦（2022）『犠牲者意識ナショナリズム──国境を超える「記憶」の戦争』澤田克己訳、東洋経済新報社。
 ＊ 歴史記憶の問題について考えるうえで避けては通ることのできない必読書。

橋本伸也（2016）『記憶の政治──ヨーロッパの歴史認識紛争』岩波書店。
 ＊ ヨーロッパで歴史記憶が政治利用されている問題について、バルト諸国の事例を踏まえながら論じる。

橋本伸也編（2017）『せめぎあう中東欧・ロシアの歴史認識問題──ナチズムと社会主義の過去をめぐる葛藤』ミネルヴァ書房。
 ＊ 中・東欧諸国とロシアで歴史と記憶が政治化され、紛争化させられる構図とその特質を扱う。

Koposov Nikolay（2017）*Memory Laws, Memory Wars: The Politics of the Past in Europe and Russia,* Cambridge University Press.
 ＊ 西欧、中・東欧、そしてロシアにおける記憶法について考察する。

第 10 講

語り手のいない物語
東日本大震災における「心霊体験」と人間を連帯させるもの

吉国浩哉

環境破壊や気候変動などの「人新世の時代における人間の安全保障への新たな脅威」への対応として、国連開発計画は「われわれ共通の人間性においてわれわれを結びつける連帯」を挙げている［UNDP 2022: 29］。言葉や理性とならんで物語は、たとえば「人生という物語」のように、しばしば人間なるものの本質と見なされる。そして、人間がその物語を互いに語りあうという意味では、物語も人間の「連帯」の現れなのかもしれない。本講では、人間と物語とのそのような関係について考えつつ、東日本大震災のあとで語られた物語に耳を傾ける。

はじめに

ヒップホップからバラエティ番組、そしてガーデニングまで、多彩な活動で知られるいとうせいこうであるが、小説に関しては 1997 年の『去勢訓練』の後、久しく作品を発表することはなかった。本人曰く、「僕は完全に沈黙していました、10 年くらい」［いとう 2021a］。しかし、2013 年、突如として『想像ラジオ』を発表する。津波で命を落とした男の遺体が、杉の木に引っかかったままラジオ放送を行うという物語である。この沈黙のあいだに起こったのは、もちろん東日本大震災である。2011 年 3 月 11 日、東北地方を襲ったマグニチュード 9.0 の地震とその後の津波、さらには福島第一原子力発電所のメルトダウンによって 1 万 5,900 もの人々が命を失い、2,523 人が行方不明となり、さらには「震災関連死」として 3,792 人が亡くなっている (2023 年 3 月 11 日時点)。いとうの 16 年にもわたる沈黙を打破するきっかけとなったのはこの災害であったが、本人はその経緯について次のように語っている。

〔ボランティアとして〕津波の被災地に行ったときに、あの杉の樹に引っかかって亡くなっていた人がいたという話を二人の人から聞いて、取り憑かれちゃったんです。その人のことを書かなければと。自分はもう十六年間小説を書いてないけれど、ここで書かなかったらもう一生書くことはない。このことをなかったことにして他に書くべきこともないと。

[いとう・柄谷 2014: 202]

『想像ラジオ』という物語は、いわばこの杉の木の男に取り憑かれることによって生まれたということになる。

そのいとうせいこうの『福島モノローグ』は、東日本大震災によってさまざまな形で影響を被った人々のインタビュー集である。いとうによれば、『想像ラジオ』では「勝手にしゃべってしまった。今度は聞く番だ」からだ[いとう 2021b: 185]。このインタビュー集のなかに須藤文音という、津波で父親を失った介護福祉士の女性が登場する。その際に実際に経験した不思議な出来事を彼女自身が綴ったのが次の物語である

「白い花弁」

　　大きく揺れたとき、私は仙台のアパートにいた。気仙沼の実家にすぐに電話をする。

　　「こっちは平気。お父さんが仕事場にいるけど、たぶん大丈夫よ」

　　それきり連絡は途絶え、一週間後にようやく繋がった電話で、父がまだ帰っていないことを知る。

　　私に出来ることは何もなかった。ただひたすら、限られた日常をすすめるだけだった。

　　知人に連れられ、近くの銭湯に出かけた。涙はお湯に溶けて誤魔化された。

　　帰ろうと下駄箱の鍵を外して中からブーツを取り出し、足を入れた瞬間。ふわっ、と足の裏で何かを踏んだ。

　　白い花弁が一房、靴の中にあった。真っ白な、今切り採られたばかりのような瑞々しさを保って、入り込んでいた。

　　靴箱に入れた時は確かになかった。しかし、説明はつかず、私が気が

つかなかっただけだろうと話して、笑った。

　二週間後、木棺に入れられて、父が帰ってきた。

　顔の部分だけガラスで縁取られており、肩から下を見ることは出来なかった。水に濡れた顔は青白く、細かい傷がついていたが、大きな怪我はなかったためにすぐに父だと分かる。遺体に触ることは出来なかったけれど、触りたかった。触りたい。ほんの少しでいいから。

　棺の中に隠れている、身体があるはずの方向に視線をやり、目を瞠った。

　胸の上に、白い花が添えられていた。靴の中に入っていた、あの白い花と同じものだった。

　父を思い出すときあの白い花を思い出す。足の裏で感じた、冷たさと柔らかさを。そのたびに最後まで触れられなかった父の濡れた皮膚を思い、三月のひんやりとした白さと重なり、ああ、崩れたとしても触れておきたかった、と、思う。［いとう 2021b: 121-122］

須藤の家では、震災後に亡き父について語ることが「タブー」のようになってしまっていたという。父の話題を出すと「誰かが泣く」からである。そのように父について語ることができない状況がその後三、四年は続く。しかしまた「そうやってなるべく父の話をしないようにして、明るい話題だけを」選ぶことも「不自然に」思えたという。「話さないということは、父が生きてたことすら否定してしまう感じになってしまう」。そこで須藤は父について語る代わりに書くことになる。

　話をすると泣いてしまうのでずっとしゃべれなかったんです、父のことは。ただ書く分には泣いていても書けるので、泣きながら書き、泣きながら書きして、……。［いとう 2021b: 116-117］

いとうと同じく、須藤も父について最初は沈黙していた。しかし、その沈黙に留まることもできず、その後しばらくしてからこの物語が生まれる。

　『福島モノローグ』で見られるように、震災の後しばらくすると、被災者の人々はその悲惨な出来事に関するさまざまな経験を語るようになる。そし

てそのなかには何らかの形での死者との遭遇、いわゆる「心霊体験」や「怪奇現象」に関する報告も数多くあった。赤坂憲雄によれば、震災後の被災地ではこのような種類の「怪異な話」が「ありふれたものとして転がって」いたのだという［赤坂 2013］。たとえば、よく知られたものとして、次の「タクシードライバーの特異な幽霊体験」がある。

> 震災から3ヵ月くらいたったある日の深夜、石巻駅周辺で乗客の乗車を待っていると、初夏にもかかわらずファーのついたコートを着た30代くらいの女性が乗車してきたという。目的地を尋ねると、「南浜まで」と返答。不審に思い、「あそこはもうほとんど更地ですけど構いませんか？　どうして南浜まで？　コートは暑くないですか？」と尋ねたところ、「私は死んだのですか？」震えた声で応えてきたため、驚いたドライバーが、「え？」とミラーから後部座席に目をやると、そこには誰も座っていなかった。［工藤 2016］

　本講では、これらの証言や噂などさまざまな形式で現れている死者との遭遇を、物語という観点から見ていきたいと思う。それは、幽霊目撃や憑依現象のようないわゆる「心霊現象」の証言や報告、そして「白い花弁」のような（広い意味での）文学作品まで、さまざまな言語的表象に物語という概念からアプローチする試みである。さらにこれらの震災にまつわる物語を、ヴァルター・ベンヤミンのエッセイ、「物語作者」と重ね合わせながら検討したい。その際に、ベンヤミンによる物語の理論を吟味するだけではなく、このエッセイのなかで引用されている物語にも、あわせて耳を傾ける。そのことによって、人間と物語というものとの関係のあり方、そして物語というものそれ自体の現れ方や働き方について、普段われわれが抱いている物語のイメージとは違う仕方で考えてみたいと思う。そのことはまた、人新世時代の「人間の安全保障」に必要とされる人間の「連帯」とはいかにして構想されうるかという問題について取り組むことでもある。
　このような考察を始めるにあたり、まず「物語」という言葉について言及しておく。それは、「物語」と書けば、物語られる内容、つまりお話としての物語を意味するし、「物語り」と書けば、物語ること、物語る行為を意味

する。このように、英語であれば、story と storytelling に対応する二つの意味が、音読では同じ「ものがたり」になる。ドイツ語にも同様の特徴がある。ベンヤミンの「物語作者」の原題は Der Erzähler であり、「物語」は、Die Erzählung だが、これも日本語と同様に、物語られる内容と物語る行為の両方を意味する。いずれにせよ、「物語」という言葉には、物語られる内容と物語る行為の両方の意味が重なり合っていることが指摘できるだろう。そして実は、この意味の重なりが本講全体の議論に関わってもいる。すなわち、物語の行為を行うのが実は物語であり、物語が物語るということである。この少し奇矯な表現によって示したいのは、物語とは人間の役に立つ道具や手段なのではなく、それ自体で自律的に働くということである。

1 プサンメニトスの沈黙と慟哭

まず、ベンヤミンが考える「物語」について見ていこう。彼はまず、「ギリシアの最初の物語作者」、ヘロドトスによる、エジプト王プサンメニトスの物語を挙げている。そこでペルシア王カンビュセスに敗れたこのファラオはさまざまな屈辱を受ける。ペルシア軍の凱旋行進、召使いに身を窶した娘、処刑場へ向かう息子の姿をまざまざと見せつけられる。だが、エジプト王は「言葉なく、身じろぎもせず、じっと視線を地面に落としたまま立っていた」だけだった。

> しかしその後、彼の召使いのひとり、年老いたみすぼらしい男が捕虜たちの列のなかにいるのを認めたとき、彼は両の拳で自分の頭を打ち、最も深い悲しみのあらゆる仕草を示したのだった。

なぜ、プサンメニトスが自分の子どもを見ても沈黙していたのか、あるいは召使いを見たときだけ、ここまで悲しんだのか、ヘロドトスは何も説明しない。そっけない報告のみである。しかしベンヤミンによれば、「異常なこと、不可思議なことが、これ以上ないというくらいの正確さで物語られている」ものこそが物語である。そこでは「起こっていることの心理的連関が読者に押しつけられる」ことはなく、その解釈は読者に任されている。だからこそ、

この物語は「自らの力を集めて蓄えており、長い時間を経た後にもなお展開していく能力」がある。物語そのものに力がそなわっているので、「何千年を経た後にもなお、驚きと思索を呼び起こすことができる」。物語の意味は一つに固定されることなく、読む人ごとに、読むたびごとに新しい読解が展開されるのである。ベンヤミン曰く、「それは、何千年ものあいだピラミッドのなかの小部屋に密封されていて、今日に至るまでその発芽力を保持していた穀物の種に似ている」。つまり、物語は種のように一見死んでしまったように見えても、水と土を与えれば、再び発芽する。物語はそのように時空を移動することができる。そのため、太古の物語が新しい物語として現れることも起こるだろう。物語は自らをリサイクル可能なのである。それが個人の人生のサイクルを超えて起こるという意味で、物語とは個人の意図や意識を超えて働いていることにもなる［ベンヤミン 1996a: 296-298］。

2 物語——ミュトスとアイノス

　ここでベンヤミンの言う物語は、アリストテレス的な意味での物語、つまり、「出来事の組みたて」としての物語——ミュトス mythos——とは大きく異なっている。ポール・リクールの説明によれば、アリストテレスの言う物語とは、複数のばらばらの出来事を一つの完全な物語へと統合することであるという。物語と呼ばれるからには、何らかの繋がりや関連、とくに因果関係が出来事のあいだに想定されるということである。逆に言えば、繋がりのないばらばらの出来事、とくに互いの連続性がありえないような出来事は物語をなすことはない。リクールが言うように、この連続性によって物語は「偶発的なものから理解可能なものを、個別的なものから普遍的なものを、挿話的なものから蓋然的なものを生じさせる」のである［Ricoeur 1984: 41］。このような物語の概念は、哲学概念としてだけではなく、その日常的な使われ方にも沿っているようにみえる。すなわち、因果関係による——あるいは、始め、真ん中、終わりの順序での——出来事の関連づけとしての、理解や知性の形式である。

　しかし、ギリシア語にはミュトス以外にも物語を意味する言葉がある。それがアイノス ainos である。そしてそれは——たとえば「わたしは、ある人

が火で青銅を別の人につけて、その青銅と血が一緒になるのを見た」のような——謎（英語 enigma、フランス語 énigme）の語源でもある。そして、ベンヤミンにとって物語とは、さまざまな出来事を心理的説明や因果関係によってまとめ上げることではなく、もろもろの出来事をただ語る、列挙するという意味で、ミュトスよりもアイノスに近いのではないだろうか。われわれはなぜエジプト王が年老いた召使いを見て突然泣き出したのかを不思議に思うが、そこには何の説明もなく、われわれが自ら考えねばならない。これは基本的に謎と同じ構造である。つまり、人間の身体と青銅に繋がりを見つけるのは困難なのであるが、そこに説明がないことと同様である。もちろん、謎には答えがあるのが一般的ではあるが（先の場合では、治療のために熱した青銅のカップを患部に吸着させ瀉血すること）、そのような答えとはベンヤミンの言う物語という視点から見れば、数ある解釈の一つでしかないということになる。

　東日本大震災後には、その凄惨な経験から多くの被災者たちが精神的不調を訴えることになったが、医療関係者のみならず宗教者もそのような人々のケアにあたった。その際に彼らはまさしく物語という観点からアプローチした。たとえば、被災者たちの心の問題に向き合った曹洞宗の僧侶、金田諦應は自らが実践した「傾聴活動」について次のように述べている。

　　傾聴姿勢は坐禅そのものである。入る者を拒まず、去る者を追わない、鏡のような心。苦悩を抱えたものは、その鏡に自己を投影し、苦悩の意味を知る。意味は自己展開し、そしてそれぞれの物語が紡がれていく。
　　［金田 2021: 289］

つまり、傾聴活動は相談者の語りに耳を傾けることによって、徐々に本人が物語を作り上げることを手助けするのであり、そのことで物語ることが癒しにもなる。そのようにして語られた物語のなかには、死者との遭遇をめぐる物語——いわゆる「心霊体験」——も少なからずあった。高橋原はこれを「物語の力」と呼び、「このような死者との再会の物語は、残された生者に前を向く力を与えるメッセージを持つものとして再生産され続けている」と指摘している［高橋・堀江 2021: 20］。このように、自己自身ならびにその苦悩

の意味を理解する手段として機能している「物語」とは、先に挙げた二種類の物語で言えば、ミュトスに近いものであることは容易に看て取れるであろう。それは、震災の場合では、自然災害という文字通り偶発的なものを理解可能なものに変換するための手段であり、それによって被災者たちは日常生活に復帰することが可能になったのであり、その意義は決して看過されるべきものではない。

　しかし、本講ではあえてもう一つの種類の物語、アイノスという視点から震災後の「霊的体験」にアプローチしてみたいと思う。アリストテレス的なミュトスとしての物語が説明ないしは理解の形式だとすれば、ベンヤミンの言うアイノス的な物語は、謎としてむしろそのような説明や理解を宙吊りにしたままにする。そして、震災後に語られたさまざまな死者との遭遇の物語とは、まさしく「異常なこと、不可思議なこと」が語られているという意味で、謎としての物語なのではないだろうか。人間がタクシーから突然消え去る。突如としてブーツの中に白い花が入り込む。人がひとたび荼毘に付されれば生者はその者を見ることもその声を聞くこともできないはずである。死者と生者の交流は端的に不可能なはずなのだが、そこに何の説明もない。これら物語の語り手自身も一体何が起こったのか見当がつかない。常識では説明できないような一連の出来事が簡潔に描写されているだけである。聞き手が自分で自分自身の解釈に取り組まなければならない。そして実のところ、これら謎の物語を、幽霊の物語と呼ぶこともすでに一つの解釈になっている。つまり、幽霊という概念は死者と生者の遭遇というありえない出来事を説明するための手段でもあるのだ。しかし、もちろんこれも可能な解釈の一つに過ぎないのであり、それは聞き手に無理やり押しつけられるわけではない。幽霊という説明に必ずしも納得する必要はないのである。

3　物語の発芽力

　しかし、これまでのところ物語の発芽力とはたんに解釈の複数性を意味しているだけにみえるかもしれない。そこでこの発芽力についてさらに検討することによって、この力が思いがけない仕方で、予想外の不意打ちのように作用することを確認したい。それは物語の発芽や発展は人間が意図的に、主

体的に引き起こすというよりは、物語そのもののなかにそのような発芽力が込められているからである。まずベンヤミンが引く、ある老人についての寓話（イソップ物語所収）を見てみよう。

> この老人は死の床で息子たちに、うちの葡萄山には宝物が埋めてある、と言い遺す。是非とも掘って探すがいい、と。息子たちはあちこち掘り返してみたが、しかし宝らしきものなど何ひとつ出てはこない。けれども秋になってみると、国中のどこよりも、この山は葡萄の出来がよかった。そこではじめて息子たちは、父親の遺してくれたものが、幸福は黄金のなかにはなく勤勉のなかに潜んでいる、というひとつの経験だったことに気づくのである。[ベンヤミン 1996b: 372]

さしあたり「勤勉」をこの物語の教訓として見ることができるが、他の解釈も排除されているわけではない。実際、ベンヤミンがここでこの物語を引いているのは、読者の道徳的教育としてではなく、物語がどのようにして伝達、交換されるのかを示すためである。そのため、複数の位相でこの物語の「発芽力」を見ることができる。まずはこの物語が複数の解釈に開かれているということのみならず、そもそもこの物語自体が葡萄という植物の「発芽力」を文字通り描いているということが指摘できるだろう。よく耕された果樹園からはより多くの果実が収穫されたのである。さらに言えば、息子たちは物語の発芽力を自ら経験したとも言えるだろう。彼らは父親が葡萄山の宝についての物語を語るのを聞いた。そしてそれを理解したと思い、葡萄山を掘り起こしたが、何も見つけることはできなかった。このとき、彼らにとって、父親が語った物語はまさしく謎のようにみえただろう。そして秋になってはじめて、彼らは父親の物語を理解した。葡萄の収穫をもってして、父親の物語が発芽したのである。その意味でこのイソップ童話は物語についての物語でもあり、物語がどのように働くかを描いている物語でもある。アイノスとしての物語とは、はじめは意味が分からなくても、しばらくしてあとから分かるもの、自分なりの理解の仕方があとから生じてくるものである。時間の経過がこのような物語の到来をもたらしてくれたのであって、必ずしも意図的な努力によって、物語を理解できるようになったわけではないのである。

そしてそのように繰り返される発芽のなかで、物語は最終的な意味や理解を産み出すことなく、自己展開と発展を続けていく。

4　沈黙の終わり、物語の始まり

　それは個人の人生のスパンで言えば、忘れた頃にふと思い出す物語であり、それよりも長いスパンでは、長い年月を経た後にも断続的に語られ続ける物語である。このような物語の発芽力はまた、物語を新たに始める、ないしは再開する力でもある。そして、そのことによって物語は沈黙を打ち破ることもできる。ベンヤミンの「物語作者」は、第一次世界大戦の帰還兵が物語を語ることができないという指摘から始まっているが、そこで引用されている物語にも物語を語ることのできない沈黙の人物たちが多く登場する。たとえば、ヘーベルの「思いがけぬ再会」では、緑礬によって石化した若者の遺体が廃坑で発見されるし、プサンメニトスもカンビュセスによって石のように沈黙する不動の身体へと変貌させられる。これらの物語では、登場人物は物語を語る力を失い、沈黙の身体へと身を窶すことになる。しかし、物語はこの沈黙で終わることなく、さらに続く。そして唐突に声や言葉、あるいは物語がこの沈黙の身体から湧き上がる。プサンメニトスは年老いたかつての召使いを目撃したときに、突如として声を上げたし、石化した永遠の若者のかつての婚約者は、50年の後にこの人物について語り始めることになる。

　「物語作者」でベンヤミンが物語る技術の終焉を指摘したことはよく知られているが、実のところこのエッセイで語られている多くの物語では、沈黙の終わりと物語の始まりが描かれており、それにより物語ることが沈黙の身体にも起こりうることが示されている。

　同様に、震災の物語の語り手たちも、語ることや書くことの困難——沈黙——を経験している。いとうせいこうは『想像ラジオ』まで16年間小説を書けなかったし、震災直後には「失語症のようになってしまった」と自ら述べている［いとう 2021a］。須藤文音も父親について語ることはできなかった。しかし、しばらくしてから彼らは物語を語り始めている。死者との再会の物語を語る人々の多くも当初はそれを語ることができなかった（彼らはそのような発言によって自らが精神障害の患者とみなされるのを恐れた）。しかし、彼ら

も（医療関係者ではなく宗教者に向けて話すことによって）物語を語り始めることになる。

　宗教学者の堀江宗正は自らの次のような経験を語っている。震災後の「霊的体験」の調査として出会った男性との会話である。この男性は50年以上にわたって親しくしていた隣人を喪っていた。ベンチに腰掛ける二人の会話は次のように進む。

> 「何かをすると、その人と同じことをしたなと思う」「思い出したら涙が出てくるよ」と笑いながら涙を拭き、「こんなことを聞くから」と堀江の膝を叩いて、「ほら、ここにいるよ」と目の前を指した。……最後の方で「こういう話ができる人が他にいないから」と言われた。[高橋・堀江 2021: 110]

堀江は実際には何も見ていないし、男性の方も相手に何かが見えることは期待していない。しかし、「ほら、ここにいるよ」という言葉がたんなる比喩であると断定するのも難しい。堀江が見えない何かを男性が見ている可能性も否定できないからだ。このセリフ、ひいてはこの会話がなす物語自体がまさしく謎である。さまざまな解釈が可能であり、物語についてほぼ無際限に聴き手は語りあうことができるだろう。そして、この男性は宗教学者が彼の話に耳を傾けるまで、この物語を語ることができなかった。この物語を語ることで懐かしい隣人に（比喩的にせよ、文字通りにせよ）再会することができたのである。その意味では、震災にまつわる不思議な物語は、ベンヤミンが引く物語と同じく、物語の始まりの物語でもある。それは沈黙のなかから出てくる物語であり、懐かしい死者との再会の物語でもあると同時にまた、物語ること自体が死者との再会でもありうる、そのような物語である。

　もちろん、沈黙を破るのは当事者としての語り手自身であり、彼らが自分の意志から物語を語り始めているという指摘は正しい。そして、いまだに物語を語ることなく沈黙している被災者が数多くいるであろうことも想像に難くない。しかしそれでもあえて、物語の発芽力はその語り手にではなく、物語そのものに宿っていることを主張したい。物語の始まりが語り手の存在を伴うのは事実ではあるが、それでも沈黙が破られるためには物語自体が持つ

力が必要であると考えられないだろうか。すなわち、物語自体が物語るということである。物語の発芽力は原則的には自律的な力であり、人間的な操作からは独立して動作するのであり、だからこそ個人の沈黙を打破することができる。だとすると、語り手が物語を語り始めることができたのは、その語り手が物語の力を借りた、あるいは物語自体を語らせることができたということになるだろう。

5 憑依現象——物語が語る

　ここで、震災後によく知られることとなった憑依現象について検討したい。物語が奮う力に対して個人の意識が無力になり、物語が自らの力を自由に発揮している事例である。奥野修司は、震災後にある女性に30を超えるさまざまな霊が「憑依」し、それを僧侶が「除霊」した事件を報告している。この女性自身の証言によれば、これらの霊が彼女の身体を乗っ取り、彼女に代わって語り、彼女自身はそれを一定の距離から傍観するしかないという。そして、個々の霊にはそれぞれ物語があり、ほとんどは津波ないしは原発事故による無念の死の物語である。しかし、奥野や憑依の現場を目撃した人々も気付いているように、これらの死者の物語は、多くの場合その情報源を特定できる。それが多数の犠牲者を出した石巻市の大川小学校の場合もあるし、原発事故後に無人となった地域で宇宙服のような白い防護服を着た作業員によって処分されてしまった動物の場合もある。もっとも顕著なのは「水島」と叫ぶ元日本兵の霊であろう。ある程度日本文化に親しみにある者にとって、「水島」と叫ぶ日本兵から市川崑監督の映画『ビルマの竪琴』を想起しないでいるのは難しい。ようするに霊たちが語る物語とは、どこか別のところですでに語られた——メディアを通じてよく知られた——物語の繰り返し、語り直しなのである。

　とはいえ、すでに語られた物語だからといって、件の女性が嘘をついている、妄想を抱いているということにはならない。霊が実在するにせよ、しないにせよ、彼女の苦しみは事実である。これは妄想を抱いているというよりは、無意識のうちに視点の交代が起こっていると理解するほうが適切に思える。つまり、この女性は自らの視点を、テレビや新聞、映画などから知った

他者の視点に同一化させているのである。自分の意識を忘れる程にその他者になりきる。霊たちが身体を乗っ取ると彼女は訴えているが、むしろ彼女が誰かの物語を自らに取り込み、その誰かになり代わって物語を語っているのである。しかしながら、このような物語の交換は意識的に行われているのではないし、物語を一度取り込むとそれを自ら制御することはできない。他者の物語自体が物語るからである。つまり、憑依現象では物語の本質的な性質がより顕著なかたちで現れる。物語は自らで発芽する力を備えており、それが人間の語り手の操作からは根本的には独立しているということである。その意味では、物語は人間の意図的な介入がなくても自己展開できるとも言える。

6 繰り返すこと、物語ること

物語の発芽力のこの点をさらに考えるにあたり、物語は実際には古い物語の反復であるということを強調しておきたい。ベンヤミンの言うように「話を物語るとは、つねに、話をさらに語り伝える技術なのである」。プサンメニトスの物語はヘロドトス以来、モンテーニュからブロッホ、ベンヤミンへと語り直されてきたし、イソップ物語についても同様である。さらに言えば、ベンヤミンの「物語作者」自体がさまざまな物語の引用、反復から成り立っている。そして、物語をさらに語り直す力は、物語それ自体に、とくにその謎としての構造に内在している。ベンヤミンによれば、因果関係や「心理的ニュアンス」の説明のない不思議な物語に聞き手がじっと聞き入るとき、そこで「織ることと紡ぐこと」が起こっているという。そして、聞いたことはその「心深くに刻みこまれ」、聞き手はそれを「物語る能力を自ずと授かってしまう」［ベンヤミン 1996a: 299-300］。物語の聞き手はその語り手になり、物語の物語りは続く。まさしくこれが先述した憑依現象で起こったことであると言えるだろう。そこで物語は個人の意志によって行われるのではなく、物語そのものの物語る力によって起こっている。

言うなれば、物語は語り手によって語られるのではなく、語り手において語られるということである。実のところベンヤミン自身も初期の論文で、人間のうちから「純粋言語が語り出している」と述べていた。ベンヤミンに

って、言語は語り手を持たない。言語とはむしろ、人間を含む万物が自己を
「言語によって」伝達するのではなく、「言語において」伝達する、そのような
なものである［ベンヤミン 1995: 15-16］。つまり、言語とは、人間がさまざま
なものを伝達するという目的のために使用される手段や道具ではなく、そこ
においてすべての伝達が起こるような媒介である。そして、媒介であるとは
いえ、言語の外部にあるものを一方から他方へと伝達するような媒介ではな
く、そのなかですべての伝達が起こるような純粋な媒介である。

　このようなベンヤミンの言語論が「物語作者」のなかにも響き渡っている
ことは容易に看て取れるであろう。もちろん、言語と物語は同じではないが、
両者ともにしばしば人間性を規定する重要要素とみなされているにもかかわ
らず、そこには何か非人間的なものが潜んでいるという逆説においては共通
している。どちらも、人間に役立つことだけを目的としているのではないの
である。その意味で、物語も人間のコミュニケーションのために使用される
道具なのではなく、それ自身でそれ自身を伝達する純粋な媒介なのである。
けれども、もしも人間同士を結びつける「連帯」が可能であるとすれば、そ
れが起こりうるのはこのように非人間的にさえみえる純粋な媒介においてな
のである。

　この点に関して、震災後に多く語られた死者との遭遇の物語が、構造的に
は物語ることそのもの以外には何も伝達しないという点を指摘しておきたい。
聞き手がこれらの物語に語り手の深い悲しみや強い感情を聞き取ることは大
いにありうることであり、それを物語の意味ないしは伝達内容と理解するこ
ともできるだろう。しかし、そのような物語が無数の語り手による語り直し
を経て、もはや誰かの証言ではなくなりむしろ噂になり、そしてついには怪
談になるとき、そこに物語の意味を見いだすことは困難であり、むしろ物語
ることそのものが伝達の内容となる。物語を通して何かを伝えるのではなく、
物語ることそれ自体が伝えられる内容──物語──なのである。その意味で、
死者との遭遇の物語とは伝達可能性そのものの伝達であり、メッセージなき
純粋な伝達である。怪談に関して、それを理解することは通常想定されてい
ない。にもかかわらず、われわれはそれを聞くとなぜか他人にも語りたくな
ってしまう。それは、メッセージのない伝言ゲーム、あるいはなかに何も入
っていない空き瓶による投壜通信のようなものかもしれない。何もないと分

かっているにもかかわらず、受け取ると別の人に渡したくなるのである。もしかすると壺の中に入っているのは自分自身なのかもしれないが。

おわりに——そして物語は続く

　結論にかえて、タクシーの物語をもう一つ引用——語り直し——したい。先にふれた石巻のタクシー運転手の物語は大きな反響を呼び各所で言及されたが、実は以前から語り継がれているタクシー怪談のパターンを踏襲している（たとえば、1990 年発表の怪談集『新耳袋　第一夜』に収録されている「千日前のタクシー」は、ほぼ同じ物語である）。これから引用する物語もほぼ同様のパターン——人間の消滅——に沿って語られる物語である。それは「怪談」として紹介されている。

　とある東北の街、「震災後しばらくたったある日」の深夜、その運転手は居酒屋帰りの若者 4 人組のグループを乗せ、海岸線を走っていた。するとリーダーらしき若者が車を止めて欲しいという。すこし不審には思ったが、運転手は言われたとおりに車を止めた。震災後には海に向けて祈りを捧げる遺族も少なくなかったからだ。若者たちは車を降りて海の方を眺めていた。

　　しばらく待っていると、リーダーの若者が振り返っていいました。
　　「運転手さんに聞きたいことがあるんですが」
　　「なんでしょう」
　　「実は、自分たちは死んでしまったのかどうか、わからないんです。さっきも居酒屋でいろんな人たちと飲んだり、話を聞いていたりしましたが、どうも様子が変なんです」
　　「何を言い出すんですか、お客さん」
　　「そんな私たちでも、家に送ってもらえるんでしょうか」
　　エッ、と思ってもう一度よく見ようと、一瞬目をしばたいた次の瞬間、彼らは跡形もなく消えてしまっていたのです。[宇田川 2016]

この物語の内容は、最初に引用した石巻のタクシーの物語と基本的に同じである。にもかかわらず、その印象は大きく異なる。若者の言葉「そんな私た

ちでも、家に送ってもらえるんでしょうか」には、彼の混乱、不安、不信、悲しみ、絶望、そしてほんの少しの帰郷への希望が、たった一文の中に込められている。とくに「そんな私たち」と自分たちのことを呼んでいるのは、彼の謙遜と恥の感覚を示唆しており、あたかも「もしかして死んでいたらすみません」と恐縮しているかのようである。さらに言えば、「こんな」ではなく「そんな」と一定の距離感を持つ言葉で「私たち」を指示しているのは、この言葉がこの若者が直接発した言葉ではなく、語り手＝運転手の視点が交じった――あるいは憑依した――ある種の自由間接話法になっていること、ならびに語り手が抱く恐怖混じりの共感を示唆している。

　ここでは物語の自己展開が起こっているのが看て取れる。タクシーの物語が、無数の、無名の語り手を経て何度も繰り返され、語り直されるうちに――人間の「連帯」を巡るうちに――まさにこの表現としてここに現れ出ているということである。これも物語の発芽力の発揮の一つのありかたである。このようにして物語は語るし、これからも自らを語り続けるだろう。原理的にはそれは人間がいなくなっても続く――人新世を超えて続く。ベンヤミンの言う「忘れえぬもの」とはそのようなものである。

［文　献］

赤坂憲雄（2013）『3.11 から考える「この国のかたち」――東北学を再建する』新潮社。
いとうせいこう・柄谷行人（2014）「先祖・遊動性・ラジオの話」『文学界』2014 年 1 月号、186-203 頁。
いとうせいこう（2021a）「『想像ラジオ』を講義する」木村朗子、アンヌ・バヤール＝坂井編著『世界文学としての〈震災後文学〉』明石書店。
いとうせいこう（2021b）『福島モノローグ』河出書房新社。
宇田川敬介（2016）『震災後の不思議な話――三陸の〈怪談〉』飛鳥新社。
奥野修司（2021）『死者の告白――30 人に憑依された女性の記録』講談社。
金田諦應（2021）『東日本大震災――3.11 生と死のはざまで』春秋社。
工藤優花（2016）「死者たちが通う街」金菱清（ゼミナール）編『呼び覚まされる 霊性の震災学――3.11 生と死のはざまで』新曜社。
高橋原・堀江宗正（2021）『死者の力――津波被災地「霊的体験」の死生学』岩波書店。
ベンヤミン、ヴァルター（1995）「言語一般および人間の言語について」浅井健二郎編訳『ベンヤミンコレクション 1　近代の意味』筑摩書房、7-38 頁。
ベンヤミン、ヴァルター（1996a）「物語作者――ニコライ・レスコフの作品についての考察」浅井健二郎編訳『ベンヤミンコレクション 2　エッセイの思想』筑摩書房、283-

334 頁。

ベンヤミン、ヴァルター（1996b）「経験と貧困」浅井健二郎編訳『ベンヤミンコレクショ
　　ン 2　エッセイの思想』筑摩書房、371-386 頁。

Ricoeur, Paul（1984）*Time and Narrative, Volume I*, University of Chicago Press.

UNDP（2022）*New Threats to Human Security in the Anthropocene（2022 Special Report）*,
　　United Nations Development Programme（UNDP）.

【読書案内】

柳田国男（2016）『遠野物語』新潮社。
　＊ 河童や座敷童子が出てくるいわゆる「昔話」だけではなく、津波にまつわる幽霊譚な
　　ど東北地方の生活と歴史にまつわる物語を多く伝えている。

グリム兄弟（2003）『完訳　グリム童話集』（全 5 冊）金田鬼一訳、岩波書店。
　＊ われわれが「お話し」として親しんできたもののパターンの多くがこの中で網羅され
　　ている。それによって、人間がどのようにして知恵や経験を伝達してきたのかも分か
　　る。

ベンヤミン、ヴァルター（1996）「物語作者——ニコライ・レスコフの作品について
　　の考察」浅井健二郎編訳『ベンヤミンコレクション 2　エッセイの思想』筑摩書
　　房。
　＊ 物語とは何かを考えるときにさまざまなヒントを与えてくれるエッセイ。

III

豊かな人間像への接合

第 11 講

自然災害と被災者の尊厳

内尾太一

> 人間の安全保障に関する文書では、しばしば尊厳（dignity）という言葉が登場する。その響きから、人間の生における重要な何かだと察することができるが、それが意味するところはやや曖昧である。ゆえに本講では、日本にとっても身近な脅威である自然災害を例に、人間の安全保障の枠組みにおける尊厳について理解を深めていきたい。

はじめに――災害発生直後の被災者の尊厳

　2024 年 1 月 1 日 16 時 10 分ごろ、石川県能登半島を震源とする地震が発生した。この「令和 6 年能登半島地震」のマグニチュードは 7.6 で最大震度 7 を観測し、大津波警報が発せられたのは、2011 年 3 月の東日本大震災以来のことだった。中心的な被災地となった石川県では死者 241 名となっている（2024 年 2 月 9 日現在）。内閣府の被害状況のまとめでは、石川、富山、新潟各県の広範な地域で、揺れによる家屋の倒壊や火災といった住家被害が生じ、避難者数は 13,535 人で（2024 年 2 月 8 日現在）、これから復興への長い道のりが予想される。

　地震発生の日からしばらくは被災地の報道が毎日続いていた。その中には、本講で議論を深めようとする「被災者の尊厳」に言及するものも散見された。それらからは大きく二つの特徴を指摘できる。

　ひとつは人間の排泄や女性の生理（月経）に関するものである。自分の身体からの排泄物を適切に処理できない状況は、成人であれば自らの品位を保つことができないという意味で耐え難いものがある。とりわけ女性の生理は、男性に理解されづらく、またニーズの声をあげづらいため、結果的に後回しになりがちである。しかし、それを放置したままでいることは、公衆衛生的

に問題があるだけでなく、その人の欲する人間らしい扱いからも逸脱することになる。そこからさらに、自らの身体から拡大していく円のごとく、避難所における私的空間の確保やプライバシーの保護が尊厳の文脈で議論されていく。

　もうひとつは、遺体の処理に関するものである。生存者と同様に犠牲者の尊厳を守ることも、発災直後の重要な課題となる。それは行方不明者の捜索に始まり、発見後の遺体の保存、そして火葬や納骨までの一連の流れを意味する。しかし、災害による大量死の発生と同時に、地域の葬儀業者や施設も被災することがしばしばで、それを円滑に進めることは困難を極める。それでもなお、死者の存在を蔑ろにしないことは、故人はもちろん生き残った遺族の心を支えるためにも重要である。

　まず紹介したこれら二つの尊厳の側面は、現代日本の被災地に限らず国連組織の災害対応の中に組み込まれている。例えば、生理衛生の問題について、国連人口基金（UNFPA）は災害が発生した際、女性と女児のリプロダクティブ・ヘルス（性と生殖に関する健康）のニーズと保護のため、尊厳キット（Dignity Kit）を提供している。尊厳キットはUNFPAのロゴをあしらった運びやすいバケツで、その中には生理用ナプキンや浴用石鹸、下着数組、粉末洗剤、歯ブラシ、歯磨き粉、くしなどが基本セットとして入っている［UNFPA 2018］。

　また、遺体の扱いについては世界保健機関（WHO）の下部組織である汎米保健機関（PAHO）が、災害発生後の遺体の管理についてのフィールドマニュアルを発行している。これは、災害の現場に居合わせた初動対応者向けに書かれたもので、法医学の専門家との連携を強化することがねらいとなっている。その第一目的に据えられているのが、遺体の適切かつ尊厳ある管理を促進することで、続いて、遺体の身元確認を容易にすることである。尊厳ある管理について、遺体回収後はできるだけ涼しい場所に保管し、直射日光、屍肉食動物、そして人目から保護することが明記されている。また、このマニュアルでは、遺体の身元を特定すること自体もその尊厳を守ることの一部だと考えられており、回収後に固有のコードを割り当て、遺体の写真記録を速やかに撮り、データとして記録することが推奨されている［PAHO 2016: 1, 22］。

1　人間の安全保障における尊厳

(1) 普遍性と多様性

　人間の基本的な衛生ニーズと遺体の処理が尊厳に関わる大事であることは間違いない。しかし、大規模自然災害下における尊厳が、人間の羞恥心を砕くような危機的状況や人権が適用されない亡骸に対しての道徳的責任のみの話であれば、既に示したようにその対策もはっきりしている。多様なニーズに適う備蓄を十分確保し、犠牲者が出ることも想定したマニュアルに基づく行動が取れるよう訓練しておくことで、ある程度の対応は可能と言える。

　ではこれで、災害時の尊厳の問題は片付いたことになるのだろうか。災害発生直後の深刻な恐怖と欠乏の事態には、もちろん人間の安全保障研究も焦点を当てているが、被災者の尊厳についてそれ以上何か付け足すことはあるのだろうか。こうした問いを、本講の出発点としたい。

　本講の目的は二つある。一つは人間の安全保障における尊厳概念についてその特徴を摑むこと、もう一つは現実問題としての尊厳の侵害に人間の安全保障はどうアプローチし得るのかを示すことである。筆者の研究背景の都合上、大規模自然災害の被災地という状況設定で議論を進めることになるが、そこから導き出される視点は別の種類の脅威に晒される人々に対しても一部適用可能だと考えている。共通して重要なポイントはおそらく、人間の安全保障の現場で尊厳をどのように見定め、応答していくか、ということだ。

　人間の安全保障において尊厳は、生存（survival）、生活（livelihood）と並ぶ三つの柱の一つである。2003 年の人間の安全保障委員会の最終報告書（緒方・セン報告書）において、人間の安全保障は「人間の尊厳を確固たるものとする」と明言されている。そして、「人々が人生のあらゆる局面で情報に基づいた選択を行い、自らのために行動できるようにすること」が目標に据えられている。また尊厳は、愛（love）や信念（faith）、文化（culture）を構成要素に含むものだとされる［人間の安全保障委員会 2003: 12］。この報告書の記述には、伝統的な尊厳理解と人間の安全保障に特徴的な尊厳理解の両方が現れている。

　一つは、尊厳と自律（autonomy）とを結ぶ、カントが万人に向けて拓いた

普遍的な尊厳の考え方である［カント 2012: 157］。これは世界人権宣言に代表される国際人権思想に継承されている。国際政治学者の栗栖薫子は人間の安全保障の考え方の先駆的な思想家としてカントを挙げ、『入門 人間の安全保障』を著した長有紀枝がそれに言及しているが［栗栖 1998: 86; 長 2021: 84］、尊厳の領域においてもその流れを辿ることができる。

　もう一つが、筆者の考えでは人間の安全保障における尊厳理解の特徴的な部分で、文化をその領域に加えた点である。ここでの文化は、価値観や生活習慣の異なる人間の多様性を言い表している。そして、相対主義的な観点からはそれらの文化に優劣をつけることはできない。また、自己決定権を行使する個々人のアイデンティティや行動様式も文化の影響は免れない。このことから、万人に認められた尊厳はその内実が文化によって異なる、という実情が導きだされる。

　つまり、人間の安全保障は、人間が普遍的に尊厳を持つことを前提にしつつ、同時にその尊厳が文化的に多様であることを想定している。ここへきて、尊厳概念の捉えどころのなさが際立ってきたように思える。実際、尊厳が自律か何か別の言葉の言い換えに過ぎず、過度に主観的な概念であることが批判されてきた［Macklin 2003; Pinker 2008］。尊厳それ自体が本当に一貫した意味を持たず、文脈次第で中身が変わる入れ物として機能するならば、その概念に懐疑的になるのも無理はない。

　しかし、そうした議論と時代を同じくして、人間の安全保障における尊厳概念は、文化的な要素を積極的に取り入れている。このことを評価するか否かは意見が分かれるだろう。本講はそれを擁護する立場で議論を深めていく。災害の被災地で支援と調査の両方に携わった経験から、尊厳が文化的に多様で主観的な概念であることは認めつつも、人間の安全保障の現場における発見的な枠組みとして得られるものの方が大きい、というのが筆者の考えである。そして、冒頭で示した UNFPA や WHO の災害緊急対応の場面における尊厳と異なり、人間の安全保障を構成する尊厳概念は、より長期的な視点で複雑かつ繊細なコンテクストを掬い取ろうとするものであることを強調していきたい。

（2）被災者の尊厳、その射程

　まず前提として災害は、人々を危険に晒す凄まじい自然エネルギーが発生

した瞬間だけを指すものではなく、後々まで恐怖や欠乏に絡む影響を残す一連のプロセスである。そこには年単位の時間の流れがある。人間の安全保障の専門家は、その期間を実践的にコミットしたり、その現場を研究したりすることで被災地に貢献しようとする。

　ここで基本的な発想として、人間開発と人間の安全保障の相互補完の関係を押さえておきたい。人間の安全保障委員会の最終報告書で、共同議長を務めたアマルティア・センは、それぞれ「人間」をその名に冠する二つの枠組みを対比させる。人間開発は進歩と増進を主眼とし、活力に満ちた楽天的な性質を有しているのに対し、人間の安全保障は「状況が悪化する危険性（ダウンサイドリスク）」に直接関心を向けることで人間開発を補うものである［セン 2003: 32］。事実、現実の開発プロジェクトは必ずしも常に前向きで右肩上がりに進行するとは限らない。

　開発を復興に置き換えても同じことがいえる。1923 年の関東大震災の後に福田徳三が謳った人間復興は、3.11 後に改めて注目を集めた［福田 2012］。現代において人間中心の開発と同様に、被災者中心の復興という考えに異論を挟むものは少ないであろう。それにもかかわらず、どの災害の被災地でも復興のあり方に対して批判が出ないことはない。今や「被災者のため、人間のため」と差し伸べられる支援や政策に、欠落する視点がどこかにあるのではないか、それ自体が何らかのリスクを内包しているのではないか、を問うことが標準となりつつある。そこで顕在化してくる領域が被災者の尊厳であり、それはまた人間の安全保障が特徴とする文化的な尊厳である。

　人間の安全保障による被災者の尊厳へのアプローチは、被災地に追い打ちをかけるような脅威への対処だけでなく、一見予定通りに進行中のプロジェクトに潜む抑圧も射程に捉える。人権が尊重される社会における尊厳の侵害は、しばしば痛みなき抑圧（painless oppression）の形態をとる。人々は遠回しに、静かにときには気づかぬまま操作され、支配され、貶められ得る［Kateb 2011: 19-20］。災害復興過程の人間の安全保障において、生存が確保され、生活が維持されるようになってなお、被災者にとって満たされない何か、あるいは損なわれていく何かがあるとすれば、それは尊厳の問題である。

2 復興と尊厳

　ここまで本講の目的のひとつとして、人間の安全保障における尊厳概念の特徴を摑んできた。ここからは、現実の尊厳の侵害に対する人間の安全保障のアプローチのあり方の検討、というもうひとつの目的に焦点をあてていきたい。そのために、筆者の東日本大震災の被災地における事例研究を紹介する（詳細は［内尾 2018］を参照）。

　震災が発生する前年、大学院博士課程に進学した筆者は、指導教員らとともに NPO 法人「人間の安全保障」フォーラムの設立準備を進めていた。元々、人間の安全保障の実践を掲げる団体であったが、設立の直前に東日本大震災が発生したことで方向性は大きく変わった。その初代事務局長となった筆者は仲間とともに、宮城県の被災地でボランティア活動を行い、その後、仮設住宅団地での子どもの教育支援プロジェクトを立ち上げた。こうした支援活動を含むフィールドワークは 2016 年 3 月まで続いたが、その間、人間の安全保障の理論と実践をめぐる思考の中心にあったのが、被災者の尊厳であった。

（1）草の根の支援による負債

　東日本大震災の発生以降、被災者の状況に心を痛めた多くの市民は、遠近様々なところから支援活動を行った。震災直後の被災地において、送られてくる救援物資や現地で提供される無償のケアはまさに救いであったといえる。そうした支援は、被災者が身を寄せ合っていた避難所から分散して仮設住宅に移ってからも継続していた。それは、震災直後ほどの量や頻度ではなかったが、送られるものは中古品から新品へ、郵送から手渡しへ、被災者参加型のイベントも企画して、などといった具合に、より質の高い支援を志向する動きへと発展していった。筆者らの NPO もその流れに乗っていたといえる。

　現地滞在中、支援者として胸を張れた経験は少なかったが、被災地に入る前から人間の安全保障を学んできた身として、対象のエンパワーメント（能力強化）を意識した活動を心がけていた。直接、学習支援等でかかわる子どもたちの健全な成長を目指すことはもちろん、その保護者や仮設住宅の自治会役員とも意見を交わし、より良いコミュニティづくりの一助になろうとし

第 11 講　自然災害と被災者の尊厳——185

敷地内には 350 戸の仮設住宅が建ち並び、津波で家を流された多くの被災者が暮らしていた。(2012 年 11 月／筆者撮影)
写真 1　宮城県内陸の仮設住宅団地

ていた (写真1)。

　しかし、仮設住宅の人々と 1 年、2 年と時間を共にする間に、その現場において支援の行き詰まりを感じるようになっていた。被災者による自己批判、例えば「支援慣れ」や「もらいっぱなし」といった言葉を耳にするようになったからである。また、支援の長期化によって仮設住宅の周辺に暮らす地域住民からは、「支援をもらって昼はパチンコ、夜は居酒屋」ということがまことしやかに語られるようになった。そうした風聞は、被災者の耳にも届くようになり、結果として仮設住宅の人々は支援を受けることに敏感になっていった。以下は、震災発生から 2 年半が過ぎたころの複数のインタビューからの抜粋である。

　　本当にありがたいね。全国からこんなにご支援いただいて。だけど、与えられたものを食べて、与えられたものを着て生きていくだけなら私らは家畜と変わらない。私らはそろそろ被災者から復興者にならないといけない。[内尾 2018: 110]

　　今、被災者って呼ばれてもあまりピンとこないですけど、世間のイメージだと通常の人よりもランクが下って感じがしてましたね。価値が下が

ったというか。なんか被災者って言葉はもう支援とセットになってるから。［内尾 2018: 111］

　これらの語りは、本講の議論に沿って丁寧に読み解く必要がある。尊厳の侵害はしばしば、対象を人間以下の存在とみなすような憎悪表現を伴う（例：ナチス政権によるユダヤ人迫害、ルワンダのフツ族によるツチ族の虐殺）が、自らを「家畜」同然と卑下することもまた本人の尊厳の感覚と深くかかわっている。また、「通常の人よりもランクが下」で「価値が下がった」という表現からは、前近代社会における尊厳が階層秩序に基づき一部の人々にしか適用されていなかったことや、尊厳の語源にあたるラテン語の名詞 "dignitās" が「価値」を意味していたことが想起される。

　そして、これらの語りが、敵意ではなく善意の支援によってもたらされていたという事実は改めて深く考えなければならない。今でこそ、こうして尊厳概念と照らし合わせて振り返っているが、当時は複雑な想いでインタビューを聴いていた。この状況をつくり出していたのは、他ならぬ筆者を含めた支援者たちだったからである。

　最初は間違いなく、被災者がいるから支援者がいた。しかし、支援の長期化により、支援者がいるから被災者がいる、という転倒した図式が出来上がっていった。「多くを失った人々」であったはずの被災者は、いつの間にか「多くを貰っている人々」とみなされるようになっていった。この段階に至ると、支援の副作用は、個々人が内面に抱く「申し訳なさ」といった負債感を引き起こすものから、被災者としての立場やコミュニティ全体の評価にかかわるものとなっていた。

　人間の安全保障においてエンパワーメントは、ボトムアップのアプローチと言われるが、ときにそれは対象の無力化（ディスエンパワーメント）にも転じ得る。ゆえに、支援側と被支援側のパワーバランスには常に注意を払う必要がある。エンパワーメントが尊厳の回復や尊重にかかわる以上［国際開発学会 2014: 35; 人間の安全保障委員会 2003: 20］、支援者には、被支援者が自立に向かうとともに、自らの存在感や影響力を抑制しなければならない局面が訪れるのである。

海側と陸側にむかってなだらかに傾斜し、台形のような構造になっている。その上底部分から、筆者撮影（2021年3月）。

写真2　宮城県沿岸部の防潮堤

(2) 防潮堤と国家権力

　個々の被災者の生活再建が進むと、災害復興は本格的なまちづくりのステージに至る。その主体は外部からの支援者ではなく、その地域出身の人々、つまり被災者である。自らの「まち」であるからこそ、当事者として真剣に考える。こうした復興過程の中で、これからの暮らしや観光、そして防災について盛んに意見が出されるようになる。その中で、より強固な防潮堤の建造は極めて重要なテーマとなっていた。

　今日の筆者の調査地には、沿岸部で人の身長より遥かに高いコンクリート壁が建てられている地区や、写真2のような構造物で固められている地区もある。地域住民の中にはこうした景観を好ましく思わない人もいる。

　こうした防潮堤は計画段階から、生態系や関連産業への影響、地域への愛着の薄れ、災害の教訓の風化など様々な反対意見があった。しかし、これだけ懸念の声があがってもその計画は実行されることになった。その理由について、フィールドワークを進めていくと、説明会の場面で、法律や科学を根拠に、反対意見を押さえ込むような国家の権力が浮かび上がってきた。以下は、震災から3年以上が過ぎた頃のインタビューの抜粋である。

新しい防潮堤の高さ8.7mという数字を知ったのは、2012年の夏頃の住民説明会でした。最初、平地にはもう人は住まないのになんでそんな高さを、と内心思っていた人は多かったと思います。でも、「これには科学的根拠があるんです」、と言われると、「ああそうですか」、とそれを覆すほどの反対の声は上げにくいですよね。[内尾 2018: 151]

南三陸に帰ってきてはじめの頃、行政の防潮堤に関する説明会にいったんですよ。決められた高さについて「シミュレーション」って言葉を連発してましたね。それで疑問を煙に巻くような。(中略) だから、この際、直接聞いたんですよ、「この場で『反対』っていったら計画が変わる可能性あるんですか」って。そしたら「いや、ないです」ってはっきり。[内尾 2018: 154]

多くの被災地において、津波の浸水域は法律で災害危険区域に指定され、人々の居住区は高台へと移された。防潮堤の建造による安全確保とその背後地の整備はセットで進められていたため、一日も早い復興を望む被災者にとってはその計画を受け入れることが必須条件となった。防潮堤の機能やデザインについての住民説明会では、自然科学の知見が出席者に安心を与えるというよりは、反論を封じる決定的な論拠として用いられていた。

この防潮堤計画の受容過程は、被災者と国家の間での復興における主導権をめぐるせめぎ合いを反映している。被災者からすれば、荒廃した故郷を自分たちの力でより魅力的に蘇らせることが大きな動機付けとなっていた。自らの津波体験を踏まえながら創造性豊かに生きる場所を取り戻していこうとする営みは、被災者の尊厳と結びついていたと考える。一方、近代以降の国家には一義的に災害から国民の安全を保障する責務がある。実際、日本は防災関連の法律において、共通して国民の「生命、身体、財産」の3つを守ることを掲げている。両者の方向性が食い違ったときの、国家の権力行使の一端はここで紹介した語りにも現れている。

この状況を人間の安全保障の問題としてさらに議論を深めたい。国家としての日本が「生命、身体、財産」を掲げるように、人間の安全保障は「生存、生活、尊厳」を柱としている。前者の「生命、身体」は後者の「生存」と、

同様に「財産」は「生活」と対応関係にあるといえる。そして、残されているのは後者の「尊厳」であり、それをどのように守るかは文脈に依存するゆえに難題となる。

　ここで検討の必要が生じるのは、人間の安全保障における保護（protection）という考え方である。それは、前項で論じたエンパワーメントとの補完関係において、トップダウンのアプローチだとされる。それは、よりシステマティックで包括的かつ予防的な性格をもち、国家が主たるアクターに挙げられる。そうであるなら、将来の津波に備えて震災以前よりも強固な防潮堤を築くという政策はあながち間違っていないのかもしれない。

　しかし、人間の安全保障の包括的な観点から手放しでこのハード面の強化を称賛できない理由は、おそらく尊厳の領域からの警鐘にある。その具体的な発生源は、震災復興過程で高まりをみせていた人々の主体性と地域文化の固有性であろう。それは、国家による国民の保護と人間の安全保障による人々の保護とを重ね合わせたとき、はみ出す部分としてはっきり浮き上がる、守るべき人間の生の側面である。

3　尊厳の回復にどう関わるか

　前節の二つの事例で示してきたのは、エンパワーメントと保護という人間の安全保障のアプローチにおける尊厳の視座の重要性である。それは、対象となる人々の主観を招き入れる役割を果たしている。過度に主観的な概念として批判されることもある尊厳だが、それを置き去りにした開発や復興がどのようなものになるかを想像してみてほしい。その概念を元より内包している人間の安全保障では、専門知とローカルノレッジのバランスをとることや、現場での当事者との対話を通じた軌道修正の可能性を保持しておくことが期待される。

　そして、人間の安全保障の現場に赴く際、研究と実践に共通して重要なことは、対象となる人々が何を守ろうとしているのか、何によって深く傷つくのか、を見定めることである。これらの問いが彼らの尊厳を特定するための鍵となる。もちろん、大切なものは個人によって厳密には異なるだろうが、1,000 人いれば 1,000 通り、というほど開発や復興のプロジェクトを収拾つ

かなくさせるものではない。なぜなら、個人はコミュニティを形成し、コミュニティは文化を共有しているからである。

　ここで本講前半の人間の安全保障における尊厳概念の特徴を思い出したい。一見、尊厳の問題を複雑化するかに見えた文化が、むしろ個々人の価値観をある程度束ねる効果を発揮している。すなわち、人間の安全保障の文脈においては、困難に直面した人々の文化を理解することが、その尊厳回復の糸口となる。

　実際、前節の二つの事例には、地域における贈答の習慣や自然への愛着といった文化的価値観が深くかかわっている。補論として、それぞれ事例のその後について簡単に記しておきたい。

　支援による負債感についての語りを耳にするようになってから、筆者らNPO のメンバーは自身らの活動に対する被災者からの返礼により意識的になった。支援物資のおすそ分けを感謝して受け取るようになってからというもの、地域の野菜や海産物が提供されるようになり、個々に親しくなった仮設住民の自宅に食事に招かれることも珍しくなくなった。そうした中、「もらって豊かというよりもあげて豊か」という地域の考え方も教わった。支援現場において震災前から当たり前に行われていた互酬性が蘇ると、誰が支援者で誰が被災者であるかがそれほど重要ではない、人間同士の関係ができあがっていった。

　巨大防潮堤が整備されて以降も、海とともにあるまちの魅力を見出そうとする住民の努力は続いている。かつては複雑に入り組んだリアス海岸が風光明媚な景観として地域観光の文脈で強調されていた。今日ではその焦点が海の中の生物多様性へと移り、そこから地域の自然の豊かさを発信しようとする動きが活発化している。また、湾内での養殖漁業においても環境保護と収益性の両立をはかる新たな方法が考案され、持続可能な開発目標（SDGs）の観点からも注目が集まっている。国家の築いた防災インフラのすぐ外側で展開するこうした取り組みは、人間がただ保護されるだけの存在でないことを力強く示している。

おわりに

　本講では、災害復興の事例を通じて、人間の安全保障における尊厳概念の特徴や役割について考えてきた。災害直後の被災者の尊厳は、緊急性が高いがゆえにその問題の所在ははっきりしていた。衛生環境の極端な悪化や犠牲者の遺体の放置は、災害の発生地域を問わず人間らしさの危機と捉えることができる。他方、文化と結びつく尊厳はその地域の文脈に沿って現れる。

　そして、大規模自然災害の被災地にとってその復興過程とは、国家や市場、市民社会の参入による荒廃からの再生を通じて、短期間のうちに文化変容を経験するプロセスでもある。これまで見てきた通り、被災者の尊厳は、自然災害による物理的な破壊とは異なり、より複雑な回復の道筋を辿っていた。それは、発災によって危機に陥るとともに、復興過程の中でも傷つけられ、その都度、ローカルな解決策が自らの手で時間をかけて導き出されていくものであった。その源泉には文化の潜在力があり、それがある種の災害レジリエンスとなって現れているともいえるだろう。

［文　献］

内尾太一（2018）『復興と尊厳——震災後を生きる南三陸町の軌跡』東京大学出版会。

長有紀枝（2021）『入門　人間の安全保障——恐怖と欠乏からの自由を求めて［増補版］』中央公論新社。

カント（2012）『道徳形而上学の基礎づけ』中山元訳、光文社。

栗栖薫子（1998）「人間の安全保障」『国際政治』117 号、87-102 頁。

国際開発学会（2014）『国際協力用語集［第 4 版］』佐藤寛監修、国際開発ジャーナル社。

セン、アマルティア（2003）「開発、権利と『人間の安全保障』」人間の安全保障委員会『安全保障の今日的課題——人間の安全保障委員会報告書』朝日新聞社、31-35 頁。

人間の安全保障委員会（2003）『安全保障の今日的課題——人間の安全保障委員会報告書』朝日新聞社。

福田徳三（2012）『復刻版　復興経済の原理及若干問題』山中茂樹・井上琢智編、関西学院大学出版会。

Kateb, George（2011）*Human Dignity*, Harvard University Press.

Macklin, Ruth（2003）Dignity is a useless concept, *British Medical Journal*, 327（7429）, pp. 1419-1420.

PAHO（2016）*Management of Dead Bodies after Disasters: A Field Manual for First Re-*

192──Ⅲ　豊かな人間像への接合

sponders. Second Edition, PAHO.

Pinker, Steven（2008）The Stupidity of Dignity, *New Republic*, 28 May.〈https://newrepublic.com/article/64674/the-stupidity-dignity（accessed 2024-02-21）〉

UNFPA（2018）What is in a UNFPA Dignity Kit?〈https://www.usaforunfpa.org/whats-in-a-unfpa-dignity-kit/（accessed 2024-02-21）〉

【読書案内】

クライン、ナオミ（2011）『ショック・ドクトリン──惨事便乗型資本主義の正体を暴く（上・下）』幾島幸子・村上由見子訳、岩波書店。
　＊ 大規模自然災害の混乱に紛れて過激な市場原理主義改革が実行されることがある。そこから取り残される人々の尊厳は厳しく問われなければならない。

ローゼン、マイケル（2021）『尊厳──その歴史と意味』内尾太一・峯陽一訳、岩波書店。
　＊ 西洋思想における尊厳概念について、主にカント哲学とカトリック思想の観点から紐解いている。新書として翻訳出版されているので、尊厳とは何かを学問的に考えるときに手に取りやすい一冊である。

林春男・重川希志依・田中聡他（2009）『防災の決め手「災害エスノグラフィー」──阪神・淡路大震災秘められた証言』日本放送出版協会。
　＊ 災害の質的側面をどのように明らかにしていくのかを学び知ることができる。エスノグラフィーの手法の社会的活用を示す好例でもある。

日本災害復興学会編（2023）『災害復興学事典』朝倉書店。
　＊ 災害復興に関する幅広いトピックと過去の様々な災害事例の解説を収録している。筆者（内尾）は「1-2　復興の倫理／被災者の尊厳」（4-5頁）を担当している。

第12講

牧畜民から見る人間の安全保障
自然と社会の変化のなかで

阪本拓人

> 「人間の安全保障」を現場レベルで実践していく際、そこにいる「人間」に対し、働きかける側がいかなる描像を持っているかが問題になる。本講では、アフリカの乾燥地環境で家畜とともに生きてきた牧畜民を取り上げ、こうした描像を描くことの意味や困難について考えてもらう。

はじめに

　主要な政策文書や学術文献において、「人間の安全保障」の「人間」は、ほぼ例外なく「国家安全保障」の「国家」と対置する形で了解されてきたものの、それ以上の意味づけが必ずしも明確に与えられてきたわけではない。むしろ、概念の包摂性を考慮して、「人間」は——それがいかなる人間かを問わずに——あえて抽象的なまま扱われてきたと言っていい（たとえば [CHS 2003]）。だが、概念規定を超えて、現場で「人間の安全保障」を実践・実現するという観点に立つ場合、「人間」とは誰でいかなる存在なのかという問いに否応なく向き合わなければならなくなる。保護にせよエンパワメントにせよ、そこにいる「人間」に対する何らかの具体的な描像なしに、働きかけを行うことは不可能だからである。

　ところが、このような描像を描くことは決して簡単ではない。『人間の安全保障』（2008年）で森山工は、近代のマダガスカルの歴史を題材に「人間の安全保障」の「人間」の非自明性や論争性を丁寧に論じている [森山 2008]。本講では、アフリカの乾燥地に生きる牧畜民を事例に、より現代的で実践的な文脈に引き付けて、「人間の安全保障」をめぐるこの重要な問題の含意を探っていきたい。

　牧畜民（pastoralists）とは、家畜の飼育を生業の柱とする人々であるが、

ここで特に念頭にあるのは、さまざまな時間的・空間的スケールで家畜ととも
に動く、比較的移動性の高い生活をしてきた人たちである［阪本 2016］。
アフリカに限らず、牧畜民は乾燥地や寒冷地を中心に世界各地で生活してい
るが、今日こうした人たちの多くは、社会経済的にも政治的にも周縁化され、
生業の持続が困難な状況に置かれている。本講で取り上げる西アフリカ内陸
部のサヘル地域においても例外ではない。砂漠化・人口増加・貧困・武力紛
争・テロリズムなど「人間の安全保障」を脅かすさまざまな脅威が集積する
この地域で、家畜とともに自由に動く生き方を続けることは今日極めて困難
になっている。それどころか、近隣コミュニティに対する襲撃や大規模な武
装組織への動員など、牧畜民は地域安全保障上の脅威を構成する主体とすら
見なされることもある［UNOWAS 2018］。

　だが、ここで牧畜民を取り上げるのは、そうした理由からだけではない。
次節で述べるように、牧畜民にとっては元来「動き続けること」が生業の維
持にとって重要であり、さらに社会組織やアイデンティティのあり方をも規
定してきた。ところが、平和構築や開発といった「人間の安全保障」に関わ
る文脈で彼らと関わる「他者」——地元の政府・ドナー・国際機関・非政府
組織、日本に住む我々自身も含め——にとって、ほとんどの場合こうした生
き方は「あたりまえ」ではない。少し想像すれば分かることだが、この世界
は「定住民」中心でできている［佐川 2007］。たとえば、農村開発は多くの
場合、一定の土地区画に対する所有権の設定が前提になる。教育開発は学校
という場所を想定することが普通であるし、決まった居所を持たなければ社
会的保護を受けるのも難しい。そもそも現代の国際社会を構成する主権国家
のあり方そのものが、「動き続ける」生き方と親和的とは言えない。国際法
などで想定される理念上の国家においては、固定的な領域とそこに安定的に
居住する住民に対する実効的な統治が前提になっているからである。

　このような世界にあって、「あたりまえ」ではない生活世界を生きてきた
牧畜民のような人たちを、いかなる「人間」の描像で捉えて向き合えばいい
か。本講の狙いは、西アフリカ・サヘルの牧畜民を事例に、一筋縄ではいか
ないこの問題について考える素材を提供することで、より豊かで実践にも耐
えうる「人間の安全保障」理解の形成の一助となることである。

1 変化する世界と牧畜民

(1) 牧畜民と移動

牧畜民にとって「動き続けること」が重要なのは、何よりも、その場にとどまっていたら家畜を養っていくことができないからである。

たとえばアフリカ大陸で牧畜民が多く見出せるのは、大陸の約4割を占める「乾燥・半乾燥地（Arid and Semi-Arid Lands: ASALs）」であるが、こうした場所では降雨量が単に少ないだけではなく（半乾燥地の年降水量は800ミリ未満、乾燥地は300ミリ未満）、その時間的・空間的なばらつきが著しく大きい。つまり、年ごと季節ごとに降雨パターンは大きく変化するし、ごく近接していても同じ時に雨が降っている場所もあればそうではない場所も存在するのである。一般に乾燥の度合いが増すほど植生は降雨量により敏感に反応するため、このことは、家畜——ラクダ・ウシ・ヤギ・ヒツジなど——が食む草木の分布状況がいつでもどこでも変化しうることを意味している。一箇所にとどまっていては早晩家畜が飢えてしまうし、牧畜民も家畜が供するミルクや肉、血を得ることができない。広大な空間の移動は、乾燥地環境に内在する時間的・空間的な不確実性を吸収しつつ、牧畜民の生業と生存を守っていくために不可欠な戦略の一つなのである。

こう説明すると牧畜民にとっての移動の重要性はごく自明に思えるかもしれないが、「動き続けること」が「あたりまえ」ではない世界において、この点は必ずしも十分に認知されてきたわけではない。アフリカの文脈でASALsの生態環境に対する理解が進み、これに適応した移動牧畜のあり方を積極的に評価する「移動性パラダイム（mobility paradigm）」が研究者の間で受容され始めるのは、1980年代後半以降のことである［Niamir-Fuller 1999］。それまでは、牧畜民がランダムに移動を繰り返す非合理な慣行の実践者と見なされることも多く、無制限な家畜増産と土地利用によって「共有地の悲劇（Tragedy of Commons）」を引き起こす近視眼的な経済主体と見る描像も広く流布していた［Hardin 1968: Mace 1991］。実際、今日においてもアフリカのエリート層に牧畜民の話題を向けると、「文明化されていない（un-civilized）」といった言葉とともに、こうした見方を示されることが珍しくな

い。

（2）断片化と多様化

　だが、「動き続けること」が牧畜民にとっていかに重要で合理的であったとしても、今日それをどこまで実践しうるかはまた別の問題である。牧畜民はこうした生き方が「あたりまえ」ではない世界に、すでに相当長い時間――たとえば西アフリカ内陸部で植民地化を起点とすると130年ほど――身を置いている。その間、牧畜民を取り巻く自然環境や社会環境は大きく変容し、彼らの生き方もそれに伴ってまた大きく変化してきた。広大な乾燥地を多数の家畜とともに自由に移動するといった画一的な描像では、今日の牧畜民の姿をとても捉えきることはできない。

　牧畜民を取り巻く環境の変化のかなりの部分は、「断片化（fragmentation）」という言葉で要約できる［Galvin 2009］。たとえばアフリカのASALsでは、19世紀後半以降加速する植民地化の過程で領域的な統治原理に基づく国家建設が展開した結果、国境線をはじめとするさまざまな行政上の境界が設定され、牧畜民の空間利用の阻害とその生活世界の分断が進んだ。さらに植民地期から独立後にかけて、こうして仕切られた領域の中で、定住農耕に傾斜した農村開発政策と前項で述べた移動牧畜に対する否定的な認識に基づいて、牧畜民の定住化が大々的に推進された。国際援助機関の後押しも得て実施された集団ランチや土地の囲い込みなど、牧畜民の移動を制限して家畜生産の集約化を図る政策が、こうした趨勢を一層後押しした。

　アフリカの文脈でより近年の状況に目を向けると、大陸レベルでの人口の急増と土地の希少化が、牧畜民が移動する空間の断片化をさらに促進する要因になっている。食料需要の増加に駆動された農耕地の急激な拡大が、元来天水農耕が困難であった乾燥地にも及ぶようになっており、牧畜民が利用できる土地や資源の分断と減少をもたらしている。次節から取り上げるサヘル地域の場合、土壌劣化による砂漠化の進行によって、こうした状況がさらに先鋭化してきた。

　乾燥地環境の断片化によって、「動き続けること」に基軸を置く牧畜民の生業を持続させることが、多くの場所で困難になっている。そしてこうした状況に牧畜民が対処し適応する過程で、生業の「多様化（diversification）」が進んできた［Homewood 2008; Scoones 2023］。多くの牧畜民は、定住化が進む

中で移動牧畜への依存を全般的に低減させ、近隣の町やその周囲に形成した集落に定着して、農耕や交易などさまざまな生業活動に従事するようになっている。家族のメンバーが家畜の世話や随伴に従事するのではなく、都市部に出稼ぎに行ったり学校で勉強したりすることも、今日では特段珍しいことではない。

　関連して、土地や植生など資源の入手状況や畜産物の取引に関わる市場アクセスの状況に応じて、牧畜民の間で分極化とも呼びうる状況も生じている [Scoones, Catley, and Lind 2013]。土地を囲い込み家畜を買い集めて、集約的な商業畜産を大規模に展開する豊かな牧畜民が出現する一方で、貧窮に追い込まれ家畜をすべて失い、牧畜という生業そのものから「退出」していく者も少なくない。

2　スナップショット──サヘルに生きる牧畜民

　以下、筆者がこれまで何度か調査を行ったサヘル地域のニジェールを事例に、同時代に生きる牧畜民──特に西アフリカ最大のウシ牧畜民として知られるフルベ人──の姿を、やや断片的ではあるが、より具体的に記述していきたい。

（1）農村における牧畜民と農耕民

　ニジェールでは、次節で紹介する京都大学の大山修一の支援のもと、いわゆる「農牧紛争（farmer-herder conflict）」に関連づけて牧畜民の研究を行ってきた。農牧紛争とは文字通り農耕民と牧畜民との間の武力紛争を指す。サヘルでは、両者の紛争と共生は古くから知られていたが [Bassett 1986]、近年こうした衝突が地域安全保障上の課題として焦点化されており、実際にナイジェリア北部などでは、重武装化した共同体の間で大規模な衝突が繰り返されるなど、深刻な被害をもたらしている [Krätli and Toulmin. 2020; UN-OWAS 2018]。大山が入っている村の周辺でも小規模ながらこうした紛争が散発しているということで [Oyama 2014; 大山 2015: chap. 9]、彼や現地の人たちの協力を得て 2017 年から調査を始めた（詳細は [Sakamoto 2023] を参照）。

　調査地はニジェール南西部ドッソ州ドゴンドッチ近郊の農村部で、一帯にはかつて広大な草地が広がっていたという。今日はトウジンビエやササゲな

どの混作を行う農耕民のハウサ人が多く居住しており、彼らが耕作する農耕地がそこかしこに広がっている状況である。一方、一帯にはフルベ人やトゥアレグ人などの牧畜民も散在しており、ウシ・ラクダ・ヤギ・ヒツジといった家畜種から構成されるさまざまな規模の畜群を管理しつつ、ハウサ人の村落やその周辺に居所を構えて、定住に近い生活を送っている。自ら畑を持っている者も少なくないが、家畜管理のプロとして周囲の農耕民が所有する家畜を預かって世話をしている者も多い。調査地において牧畜民は、人口の上でも社会関係の面でも、圧倒的にマイノリティである。

　ニジェールに限った話ではないが、牧畜民と農耕民との関係は季節ごとに大きく変化する。彼らは一年中争っているわけではなく、むしろ上述の家畜の預託などを通じて、生業上相互依存関係にあり、日常的な交流も比較的密である。特に雨がほとんど降らず皆が食料の確保に苦労する乾季（11月から5月）には、樹木の葉など救荒食料の共有や休耕地における放牧キャンプの野営契約といった慣行を通じて、協調関係が優越する傾向にある。

　ところが、乾季が終わり雨季に入って収穫期（9月から10月ごろ）を迎えると、双方の関係は緊張を帯びてくる。いわゆる「食害（crop damage）」発生のリスクが増すからである。農作物が作付けされている耕作地に家畜が侵入することで引き起こされる食害は、農牧紛争の重要な引き金として広く指摘されてきた［Turner et al. 2011］。食害が発生するとたいてい当事者間で金銭的な解決が図られるが、うまくいかないと武力衝突の発生が現実味を帯びてくる。筆者の調査地の場合、武力衝突と言っても個人レベルのものが大半であり、しかも牧畜民が少数派であるため、どちらかというと牧畜民に対して一方的に暴力——投石、殴打、刃物による襲撃など——が行使されることが多い。

　このような状況であるので、収穫期には農耕民は食害の発生に神経を尖らせるし、牧畜民の方でも大変気を遣うことになる。この時期多くの牧畜民は、周囲にトウジンビエ畑が広がる集落から少し離れた場所にある小高い台地の上に放牧キャンプを設営し、保有する家畜の多くをそこに移動させて滞在する。中には多数の家畜とともに遠くサハラ砂漠方面まで数ヶ月にわたる長期の放牧に出かける者もいる。このように耕作地と家畜を極力引き離して農耕民との余計な接触を避ける一方で、水や牧草を求めての日々の放牧活動——

フルベの牧夫とウシの群れ。後方にはトウジンビエの穂がなびいている。
(2019年9月／筆者撮影)

写真1　日帰り放牧の風景

「日帰り放牧（daily herding）」——においても、食害の発生を回避すべく細心の注意を払うことになる。

　だが、これがなかなか容易ではない。日帰り放牧に帯同すると、牧畜民の向かうところ耕作地がほとんど途切れることなく広がっている（写真1）。これは彼らがあえてそういう経路を選んでいるというよりは、家畜が食む牧草が多くの場合農耕地とごく近接して繁茂していることによる。先述の通り、土壌劣化が広範に進むサヘルでは、牧草であれ農作物であれ、植生を支える良好な土壌は著しく局在しており、急激な人口増加——ニジェールの人口増加率は世界屈指の年率約3.7%である——が進む中でそうした場所は次から次へと耕作地に転化されているのである。こうした状況では、いかに技量に優れた牧夫・牧童であっても、家畜の群れが農耕地に侵入するのを防ぐことは難しい。断片化していく環境において、牧畜民の日々の生業実践の中に暴力的紛争の契機が埋め込まれてしまっているのである。

(2) 都市で生きる牧畜民

　ニジェールの治安状況は、南西部や南東部の国境地帯を中心とする武力紛争やテロ攻撃の激化を受け、年々悪化の一途をたどっている。そのため2022年9月に渡航した際には首都ニアメの外に出ることができず、農村部

200 —— Ⅲ　豊かな人間像への接合

ニアメ北西部（2022年9月／筆者撮影）
写真2　住宅地の中の放牧キャンプ

ではなく都市で生活するフルベの様子を観察・調査することにした。前項で見たように、農村部では広域的な空間利用に依拠した従来通りの牧畜を行うことが困難になっており、近年の治安悪化も重なって、ニアメを中心とする都市部には多くのフルベやトゥアレグが流入していた。

　ニアメで目にするこうした人々の生活様式はさまざまであるが、何らかの形で牧畜とのつながりを維持していることが少なくない。たとえば街の中心部から少し離れると、住宅街の空き地に、農村部で見るような簡易なテントをはって放牧キャンプを構える牧畜民の家族をよく見かける（写真2）。調査をした範囲では、こうしたフルベの人たちはもっぱらウシの群れとともに生活しており、ウシから日々搾乳したミルクを売って、自らの糧と家畜の飼料とを得ていた。なぜ街中で牧畜を営んでいるのかと尋ねると、地方での治安の悪さの指摘とともに、人が集まるのでミルクが売れるといった理由を挙げる声もかなり聞かれた。

　ニアメのフルベは、農村のフルベと同様、毎日日帰り放牧に出かける。首都であっても町外れに行くとトウジンビエの畑が広がっているが、収穫期にはこうした場所を極力回避しながら移動し、近隣の農耕民との無用な摩擦を回避する点も、農村部とあまり変わらない。他方で、街中なので粗放的な放牧はもはや不可能であり、農村部と比べて家畜の移動範囲は明らかに制約を

ニアメ北西部（2022 年 9 月／筆者撮影）
写真 3　ゴミの堆積地に群がるウシたち

受ける。

　さらに驚いたのは、雨季の放牧先として市中に点在するゴミの山を挙げていた点である。ニアメでは行政サービスが人口の急増——年率約 3.85% という驚異的なスピードである——に追いついておらず、投棄されたゴミが街路のあちこちに散乱している。日帰り放牧時、ウシはこうしたゴミを漁りながら前進し、ゴミが堆く積み上がった空き地に到達するとそこでしばらく時間を過ごす（写真 3）。ゴミを漁ると言っても、よくよく見ると、たとえば砂糖のカートンやお茶の袋を取り出して舐めていたり、ゴミの下に生えている草を食んでいたり、ウシなりにかなり選別している様子は見られる。だが、ビニール袋など家畜の餌としては明らかに有害なものを飲み込んでしまうことも多々あり、牧畜民が望んで立ち寄っている場所には思えない。放牧先として他にあまり選択肢がないのである。

　最後に、家畜のいないフルベについても触れておきたい。ニアメ中心部に近いカタコ市場の周辺に、放牧キャンプさながらのテントが集まった場所がある。そのうち一つを訪れる機会があった。車の往来の激しい道路脇に数世帯が身を寄せ合って生活をしていたが、家畜の姿は見当たらない。聞くと、ポリタンクで水を運んだり、お茶や薬を売ったり、市場で警備員として雇われたりして生計を立てているという（写真 4）。ウシはいないのかと聞くと、

ニアメ中心部（2022年9月／筆者撮影）
写真4　水を運ぶフルベ

このようなところでは飼えないというもっともな返答であったが、彼らの多くは出身地の集落にウシを若干数保有しており普段は親戚に世話をしてもらっているとのことだった。牧畜の生活に戻りたいかと聞いたところ、暮らし向きは悪くないのでこのままでいいと答える者もいたが、故郷で群れを増やしてのびのびと牧畜をしたいと答える者もいた。

3　環境と生業の修復の試み——サヘルにゴミをまく

こうした調査を行っていると、お前のような白人——我々アジア人も彼らには白人である——は話を聞いたり家畜を数えたりするだけで自分たちのためになることを何一つやってくれない、といった不満をぶつけられることがある。農村であれ街中であれ、多くの牧畜民は、家畜中心の生き方とのつながりをさまざまに維持しながら、社会の周縁部で一生懸命に生きている。現地に行くと筆者はもっぱら彼らの一方的な世話になる側であるので、保護やエンパワメントなどと面と向かって言える立場ではないが、牧畜民についてただ調べるだけではなく、何かためになることはできないかと考えてしまう。

「人間」の具体的な描像が描けたとして、その「安全」をどう実現していけばよいのだろうか。ここではこの問題を考える上で参考になる事例として、

同じニジェールでの大山修一の取り組みを紹介する。大山はサヘルの砂漠化を研究対象に同国の農村部で20年以上フィールドワークを行ってきたが、その中で村落や都市における人間の活動が生み出す有機ゴミを荒廃地に大量に投入して土壌修復と緑化を図る、大変ユニークなプロジェクトを展開している（詳細は［大山2015］を参照）。ハウサの農耕民が家庭で出たゴミを畑に運んで肥やしにする慣行に着想を得た取り組みであり、これまで無数の圃場実験を実施して安全性や有効性について検討を重ねてきた。最近では、ニジェールの環境省や自治体、日本の国際協力機構（JICA）とも連携して、首都ニアメ近郊を含む農村部の広大な土地にゴミを投じて大規模な緑化事業を行っている。

　荒廃地に有機ゴミを大量に投入すると、痩せた土壌は修復され、そこに一定期間草木やトウジンビエなどのさまざまな種類の植物が生い茂る。大山はこうして活力を取り戻した土地をフェンスで囲い、牧畜民の放牧地として次々と開放してきた。土壌劣化が広域に進む中、局在する良質な土をめぐって農耕民と牧畜民が互いに近接し、各々の土地利用が競合せざるを得ない状況に対応しようとしたのである。前節で取り上げた農牧紛争の予防を図る試みにほかならない。筆者も、ゴミを入れた土地に繁茂する草木を家畜が伸びやかに食む様子を幾度か目にした。フルベやトゥアレグの集落の指導者も大山のもとを直々に訪れ、ゴミの投入と牧草地の造成を請願していた。

　重要なのは、大山が、農村と都市をまたいで地球規模で展開する物質循環の中で、こうした取り組みを位置付け実践している点である（実際に大山は総合地球環境学研究所の「有機物循環プロジェクト」でこのような取り組みをグローバルに展開しようとしている）。ニジェールを含め世界中で都市への人口集中が進み、膨張する人口を養うため農村から大量の食料が都市に持ち込まれて消費されている。この過程で、農村の土壌から養分が吸い出されて都市に集積し、都市は栄養過多になって衛生問題に直面し、農村は栄養過少になって土壌劣化が進むことになる［大山2015: chap. 11］。農村で牧畜民と農耕民とが衝突せざるを得ない状況になるのも、首都でウシがゴミを食むことになるのも、人と自然の相互作用が織りなす巨大な循環の中で分かち難く結びついているのである。サヘルにゴミをまく取り組みは、都市に偏り過ぎた栄養を農村に戻していくことで、こうした循環に変化をもたらそうとする、ささやかな試

みと言える。

おわりに

　最初に述べたように本講の狙いは、牧畜民という「あたりまえ」ではない生き方をしてきた人たちを焦点化し記述することで、「人間の安全保障」の「人間」に関する描像の重要性とそれを描くことの難しさを考えてもらうことであった。何かはっきりとした答えを提示することはもとより意図していないが、現場で向き合う「人間」を理解し、さらにその「安全」を実現していく上で考慮に値すると思われる点をいくつか挙げておく。

　まず、異なる生活世界を生きてきた人たちに対して、自分たちにとって「あたりまえ」の描像を安易に押し付けるべきでない。このことは自明に思われるかもしれないが、こうした押し付けがこれまで陰に陽になされてきたことは、定住化の推進など牧畜民に対して国家や国際社会が長期にわたって行ってきたことを思い返せば明らかである。

　他方で、こうした人々を異なる他者として突き離せばいいというわけでもない。長い期間定住民中心の世界に身を置き周辺化される中で、牧畜民自身こうした世界に合わせて生業のあり方を変えることを余儀なくされてきた。本講では「牧畜民」という括りを何の疑問も挟まずに使ってきたが、実際にはこうしたラベルで今日言及される人たち自身、かつての「牧畜民」から相当変化しているし、同時に多様化もしているのである。彼らの生存や生業を支える試みも、こうした変容や多様化を踏まえてなされる必要がある。

　もうひとつ関連して述べておきたいのは、牧畜民といった特定の「人間」を理解や働きかけの対象とする場合、彼らだけを切り出すだけでは不十分だという点である。こうした人たちとさまざまな関係で結ばれた周囲の人々と、それらすべてを取り巻く環境との相互作用の中に適切に位置付けることが求められる。牧畜民の生業支援や農牧紛争の予防といった営みを、もっぱら牧畜民だけに焦点を当てて行うのではなく、牧畜民と農耕民をその一部に包含するような巨大な物質循環のシステムの中に位置付ける大山のアプローチは、その良い例と言えるだろう。個々の「人間」やその集団に対する深い理解とともに、それぞれの「安全」の相互依存性を捉える広い視野も同時に必要と

されるのである。

[文　献]

大山修一（2015）『西アフリカ・サヘルの砂漠化に挑む——ごみ活用による緑化と飢餓克服、紛争予防』昭和堂。

阪本拓人（2016）「アフリカのいまを生きる牧畜民」『アジ研ワールド・トレンド』253号、6-9頁。

佐川徹（2007）「定住民中心的な世界システムへの挑戦——「アフリカの各地域における牧畜民会議」について」『アフリカレポート』45号、49-53頁。

森山工（2008）「〈誰〉をめぐる問いかけ——マダガスカルの歴史から」高橋哲哉・山影進編『人間の安全保障』東京大学出版会、21-33頁。

Bassett, Thomas J. (1986) Fulani Herd Movements, *Geographical Review* 76 (3), pp. 233-248.

Commission on Human Security (CHS) (2003〔2003〕) *Human Security Now: Protecting and Empowering People.*〔人間の安全保障委員会『安全保障の今日的課題——人間の安全保障委員会報告書』朝日新聞社〕

Galvin, Kathleen A. (2009) Transitions: Pastoralists Living with Change, *Annual Review of Anthropology* 38 (1), pp. 185-198.

Hardin, Garrett (1968) The Tragedy of the Commons, *Science* 162 (3859), pp. 1243-1248.

Homewood, Katherine (2008) *Ecology of African Pastoralist Societies*, James Currey; Ohio University Press; Unisa Press.

Krätli, Saverio and Camilla Toulmin (2020) *Farmer-Herder Conflict in sub-Saharan Africa?* International Institute for Environment and Development (IIED).

Mace, Ruth (1991) Overgrazing Overstated, *Nature* 349 (6307), pp. 280-281.

Niamir-Fuller, Maryam, ed. (1999) *Managing Mobility in African Rangelands: the Legitimization of Transhumance*, Beijer International Institute of Ecological Economics; IT Publications.

Oyama, Shuichi (2014) Farmer-Herder Conflict, Land Rehabilitation, and Conflict Prevention in the Sahel Region of West Africa, *African Study Monographs* Supplementary Issue (50), pp. 103-122.

Sakamoto, Takuto (2023) Resilience under Strain: Spatial Dimensions of 'Farmer-Herder Conflict' in the Sahel, Shinya Konaka, Greta Semplici and Peter D. Little, eds., *Reconsidering Resilience in African Pastoralism: towards a Relational and Contextual Approach*, Kyoto University Press; Trans Pacific Press, pp. 305-325.

Scoones, Ian (2023) Resilience in the Drylands: Contested Meanings, Shinya Konaka, Greta Semplici and Peter D. Little, eds., *Reconsidering Resilience in African Pastoralism: towards a Relational and Contextual Approach*, Kyoto University Press; Trans Pacific Press, pp. 354-366.

Scoones, Ian, Andy Catley and Jeremy Lind, eds. (2013) *Pastoralism and Development in Africa: Dynamic Change at the Margins*, Routledge.

Turner, Matthew D., Augustine A. Ayantunde, Kristen P. Patterson and E. Daniel Patterson (2011) Livelihood Transitions and the Changing Nature of Farmer-Herder Conflict in Sahelian West Africa, *The Journal of Development Studies* 47 (2), pp. 183-206.

United Nations Office for West Africa and the Sahel (UNOWAS) (2018) *Pastoralism and Security in West Africa and the Sahel: Towards Peaceful Coexistence*, UNOWAS.

【読書案内】

小川了 (1987)『サヘルに暮らす——西アフリカ・フルベ民族誌』日本放送出版協会。
* すぐれたフルベの民族誌。半世紀前の調査に基づいて書かれているが、変化だけではなく持続も実感できる。

デコート豊崎アリサ (2022)『トゥアレグ——自由への帰路』イースト・プレス。
* 学術書ではないが、今日的な文脈の中で「動き続ける」牧畜民の姿が活写されている。

大山修一 (2015)『西アフリカ・サヘルの砂漠化に挑む——ごみ活用による緑化と飢餓克服、紛争予防』昭和堂。
* 3節で取り上げた研究をまとめた本。丹念な現地調査と俯瞰的分析の組み合わせも秀逸。

Scoones, Ian, Andy Catley and Jeremy Lind, eds. (2012) *Pastoralism and Development in Africa: Dynamic Change at the Margins*, Routledge.
* 開発の文脈で牧畜民を包括的に取り扱った論文集。事例は東アフリカが中心。

第 13 講

異なる社会をつなぐ
先住民と人間の安全保障

受田宏之

> 先住民は、長く差別や迫害の対象であったこと、しかもしばしば国家がそれを率先してきたことから、人間の安全保障が取り組むべき存在である。近年、貧困削減、多文化主義から自治まで、先住民のための様々な目標を掲げる制度が導入されるようになった。これは前進といえるが、先住民と非先住民の間のパワーの格差や社会的距離、さらには都市への移住も含め先住民であることの意味合いが変化してきたため、制度は、異なる社会をつないで共生を促すことのできる人により絶えず支えられる必要がある。

はじめに——先住民と人間の安全保障

　かつて先住民のイメージというと、虐殺や差別、貧困と結び付けられるか、そうでなければ隔絶された人びとというものだった。これは、先住民が主流社会の中で脆弱な地位に甘んじてきたこと、さらには先住民と主流社会の接点が限られていたことを反映している。今日でも、統計資料は非先住民と比べ先住民が貧困下にあることを示しているし、読者も資源開発の脅威やアルコール依存などの問題に直面する先住民の映像を観たことがあるかもしれない。

　だが、人間の安全保障という観点からは、先住民の窮状の改善と多次元に及ぶ権利の伸長のために様々な試みがなされてきたこと、およびそれらの達成と限界を踏まえた上で何ができるのかを省察することが重要である。先住民は所属する国家からしばしば迫害を受けてきたのであり、古典的な安全保障アプローチを乗り越えて、国際社会や市民など多様な主体による創造的な関与が求められる。

　先住民については、個別の民族集団の特徴や変容を詳細に描いた民族誌的

な研究、政治的主張も含め先住民の外部社会への訴えかけを扱った運動研究、貧困削減や社会開発の手法と実際を論じた研究、先住民の人権を掲げる国際レジームや法制度を分析した研究など、様々な角度から研究がなされてきた。本講ではそれらを意識しつつ、先住民社会を取り巻く制度、および先住民と外部とをつなぐ人間の役割に焦点を当てる。先住民問題とは制度の不備とみなすことができる。ところが、先住民と非先住民のパワーの違いと両者の社会的距離、さらには先住民が多様で移り変わる存在であるため、制度を改革しても、掲げる理念と現実の乖離は大きくなりがちである。先住民の人権が保障され、彼らが選択することのできる生き方が広がるか否かは、理念と実際の乖離を縮めることのできる人間の存在に依存する。

　筆者はメキシコの先住民のことを主に研究してきた。先住民人口が多く、先住民運動の盛んなラテンアメリカでは、先住民の権利を守る法規やその履行を掲げる機関が整えられてきた。しかし、多くの場合、それらが権利の増進に寄与するところは少ない。先住民と外部社会をつなぎながら、制度を監視し、より良い制度の実現に向けて働きかけることのできるような人間を育て、そうした人間の貢献を正当に評価する仕組みが必要となる。

　第1節では、先住民問題に取り組むには制度と人の双方が不可欠なことを論じる。第2節では制度変容とそれを支える人に焦点を当てながらメキシコ先住民の歴史を辿り、第3節では筆者が調査してきた先住民の事例を通じて、先住民を取り巻く多様な制度の存在と先住民と外部社会とをつなぐ人たちの重要性を示す。

1　制度も人も——つないで変化を引き起こす

(1) 制度の不備

　先住民をめぐる諸問題は、広義の制度の問題と捉えることができる。法律、政治体制、社会組織や規範等、社会の仕組みを広く制度とするならば、先住民問題とは、先住民を包含する社会が先住民に不利な仕組みになっていることと設定できる。先住民は、征服や併合を通じて「先住民」となって以降、主流社会において底辺を占めてきただけでなく、差別や無理解、乱開発等により、独自の発展を遂げることも妨げられてきた。

ラテンアメリカの場合、スペインとポルトガルによる征服を通じて、メソアメリカ文明やアンデス文明に含まれた諸地域——現在のメキシコやグアテマラ、ボリビアやエクアドル、ペルーなど——、および狩猟と採集を生業とする人口密度の低い社会は支配下におかれ、ジェノサイドと呼ぶべき暴力行使の犠牲となった。3世紀に及ぶ植民地化の過程で、前者の場合、天然資源と先住民の収奪に基づく垂直的な社会が形成され、徐々に「現地生まれの白人」や「（文化的・人種的）混血」層の割合が増えていく。後者の場合、支配層は鉱山や農園で働く労働力をアフリカから輸入した奴隷で補い、生き残った先住民は辺境に逃れ、収奪的な国家との接触を限ることで生存を図った。19世紀にラテンアメリカ諸国は独立を果たし、政治的安定が達成された後は欧米の民主主義的な制度を導入し、都市化と工業化が進んでいく。ところが、資源も政治権力も持たない先住民は、共有地を奪われる等、これら近代化の過程でかえって脆弱な状況におかれる面もあった。

　ラテンアメリカにおいても、他の地域においても、先住民は国民国家体制により排除されてきた。先住民は劣っているないし後れているという人種主義的な主張が、しばしば排除を正当化した。哲学者のセン（Amartya Sen）らが説くように、先住民はその属する国家において底辺の地位を占めてきただけでなく、独自の慣習やアイデンティティに依拠した発展も妨げられてきた。

　しかしながら、20世紀に入ると、特に第二次大戦以降、先住民を取り巻く制度環境は顕著な改善をみせる。これは、先住民自身および彼らを支持する人びとが、人権の世界的な確立に努める国連機関——人権委員会や国際労働機関、国連開発計画など——と連携しながら、国家に変更を迫ってきた結果である。

　センらが論じるように、先住民の権利は多次元に及ぶものとされ、慣習や自治の尊重も含むようになっている。国際レベルでの成果の1つが、2007年に国連総会で採択された「先住民族の権利に関する国連宣言（UN Declaration on the Rights of Indigenous Peoples）」である。ラテンアメリカ諸国も、貧困対策の充実、多文化主義の推進、土地保有や地方政治における自治など、改革を実施するようになった。先住民人口の比重が元来高く、経済の混乱や汚職を理由に既成政党の正統性が著しく低下していた21世紀初頭のボリビ

アでは、アイマラ語を話す先住民のモラレス（Evo Morales）が大統領を三期（2006～2019年）にわたり務めている。

(2) つなぐ人間の重要性

先住民のように脆弱なマイノリティの権利を守るためには、憲法を含む法規を改正する、その履行を促す官庁を設立し包括的な政策プログラムを実行するなど、公けの制度を次々に変えていくことが最善の道のようにみえる。ミクロな改善を積み重ねるだけでなく、国家など上位の社会単位の制度を変えねばならないと、国連の関係者から先住民の活動家までが唱えてきた。

だが、フォーマルな制度改革はその意図を実現できず、先住民の人権は保障されない場合が多い。先述したボリビアのモラレス政権も、その権威主義的な側面も含め、評価は割れている。

公的制度の目標と実情とのギャップをもたらす要因として、第一に、パワーを有する集団が改革を骨抜きにするかもしれない。先住民の居住地に稀少な天然資源がみつかれば、コミュニティの同意というルールはしばしば反故にされる。犯罪組織は、先住民居住地で木材を伐採したりコカを栽培する際、先住民の集団的権利を考慮することはない。新自由主義と多文化主義は一見相性がいいが、それはマイノリティの権利を認めることがエリートや多数派の既得権益を脅かさない限りであるという根強い批判もある。第二に、今日制度が論じられるときにはインフォーマルな規範も含まれるが、法律など改革されるフォーマルな制度が多数派の規範とかけ離れている場合、規範を変える地道な努力を伴わない限り、改革は遵守されることはない。第三に、先住民と非先住民の社会的距離が大きな場合、改革の実行は不正確な知識と信頼の欠如の下でなされることになり、当初の目標と違う結果を生むことになる。

これらの要因は、情報の非対称性の経済学、新制度派の政治経済学あるいは開発人類学などの分野で言われてきたことである。優れた法律やプログラムがなかなか履行されない、ないし現実に対応していないという意味で優れていないという課題に、どう向き合えばいいのだろうか。AIなどの新技術を通じた情報の共有や民主主義の深化も対策として指摘できるが、制度の形骸化や硬直化を防ぐことのできる人材こそが鍵である。資源やパワーの格差、相互の不信やすれ違いを意識しつつ、先住民社会と非先住民社会をつないで、

制度が機能するように仕向けるあるいは制度の改善に貢献できるような人間、理論志向の社会科学と実践志向の人文科学の融合したような柔軟な知性を持つ人間が、どんどん出てくることが求められる。

異なる社会の仲介者は、悪意をこめてブローカーと呼ばれる。そこでは、情報を独占する、仲間への分け前をはねる等、立場が悪用される。実際、先住民の歴史はこうしたブローカーの例に溢れている。だが、国により進度に差はあるといえ、先住民社会と非先住民社会をつないで先住民が危機的状況に陥るのを防ぐあるいは先住民のエンパワメントにつながるための回路は増えている。学際的な知識と異文化体験を積みながらそれに従事する人びとの重要性も、今後一層高まっていくだろう。

2　メキシコの先住民

(1) 先住民とは誰か

日本の5倍の国土に日本を若干上回る人びとが住むメキシコは、ラテンアメリカで最も多くの先住民人口を抱える国の1つである。同国における先住民の重要性は、かつてメソアメリカ文明が栄えた地であること、今も60前後の先住民言語が話されていること、後述する EZLN（サパティスタ民族解放軍）など先住民運動が盛んであることから推察できる。だが、誰が先住民であるかないのかを見分けるのは難しい問いである。先住民性とは、連続的で多次元にわたり、先住民自身により選択され操作されるものである。

メキシコでは、「何らかの先住民言語を話す」という先住民の定義が長く使用されてきた。同国の『2020 年人口センサス』によれば、5歳以上人口の6.2% を占める 7,364,645 人が先住民言語を話した。地理的には先住民人口はメキシコの中部と南部に集中している。1930 年時の先住民の総人口比は16.0% であり、言語でみた先住民の比率は下がる趨勢にある。それでも、1990 年は 7.5%、2000 年は 7.1%、2010 年は 6.7% と近年では比率の減少幅は緩やかである。

言語の使用は測りやすい定義ではあるものの、先住民性の一面に過ぎない。そこで「自らを先住民とみなすか否か」というアイデンティティに関する質問もしばしばなされるようになった。それによれば、先住民言語を話すのに

自らを先住民とみなさない、逆に先住民言語を話さないのに自らを先住民と
みなすという、言語とアイデンティティが一致しない人びとがかなりの割合
を占めることが分かっている。また、質問の文言により回答が揺れることも
指摘されていて、先住民であることの意味が局面によって異なること、移ろ
いやすいことが示唆される。

メキシコ人を先住民と非先住民とに二分すると、教育や健康、所得など人
間開発の水準に差があるもののそれが少しずつ縮小してきたこと、および非
先住民の中で格差が顕著なだけでなく、先住民の中でも民族（語族）や居住
地によりかなりの差のあることが知られている。メキシコに限らないが、先
住民という括りは、法の整備や国際的なキャンペーンにおいては有効である。
だが、よりミクロな実践の場では、個々の文脈に応じた対応が不可欠となる。

(2) 制度の変容、変化を促す人びと

メキシコの先住民を取り巻く制度、特に法規や公共政策における先住民の
位置付けはどのような変遷を遂げてきたのか。また、変化にどのような人び
とが関与したのだろうか。先住民にとっても画期となった 20 世紀初頭のメ
キシコ革命から始めてみたい。

ディアス（Porfirio Díaz）独裁体制（1876～1911 年）に抗する民主化運動は、
先住民や労働者階級も巻き込んだ社会革命へと発展した。革命は、先進的な
憲法の制定や農地改革など多くの成果をもたらした。革命の後継者を自認し、
2000 年まで一党支配を続けた PRI（制度的革命党）政権は、専門官庁の設立、
識字教育や移行型二言語教育の導入、先住民集中地域における政策調整セン
ターの設置、応用人類学の振興などからなる先住民政策の実施を通じて、先
住民の国民統合を図るようになる。それを設計したのは非先住民の知識層だ
った。彼ら知識層は、20 世紀中葉という時代背景を考えれば革新的といえ
た。とはいえ、先住民を自身の問題を解決できぬ子どものように扱うパター
ナリズムと無縁ではなかった。

先住民政策は、メキシコの安定的な経済成長にも支えられ、格差の縮小に
貢献した。ところが、1960 年代末以降、人口の急増、それに追い付かない
近代部門の雇用増加率、学生運動の高まり、先住民政策に注がれる公的資源
の少なさなどを背景に、先住民政策への不満が表出する。異議申し立ては、
非先住民の知識層だけでなく、先住民の指導層によっても担われた。先住民

政策も一因となって主流社会への統合を果たした先住民の中から、そこで期待したような上昇を遂げれぬ中、出自の社会を再評価し復権を訴える者が現れる。政府の側も、政策の修正やポストを割り当てることで反対派を吸収しようとした。

1970 年代のメキシコが「(左派) ポピュリストの時代」といわれるのに対し、1980 年代は国家の介入を善しとする開発モデルから新自由主義への転換の時代だった。1982 年に勃発した対外債務危機を経て、市場開放に向けた外圧が高まり、それをメキシコに不可欠なものとして受け入れる新たなエリート層が台頭していく。新自由主義は、貿易自由化や民営化、規制緩和を進めるだけならば、格差を拡大する可能性が高い。実際、貧困と不平等は悪化した。このため、市民団体の活動や社会運動が活発化し、PRI の反主流派と少数政党は合流して左派政党を結成している。これに対し、新自由主義を推進する側は、政治の民主化と効率性を重視した貧困削減策の導入と拡充を通じて、不満が昂じるのを防ごうとした。これは、先住民にとっては、多文化主義政策および貧困削減策の受益者となることを意味した。

こうした「上からの懐柔の試み」に対し、抵抗を続ける集団や運動も存在した。その中で最も影響力のあったのが、1994 年に南部チアパス州で武装蜂起をした EZLN である。メキシコ革命の農民指導者サパタ (Emiliano Zapata) の名を冠した EZLN は、ジャングルを開拓した先住民農民、貧しき者の組織化と社会の変革を唱えるカトリックの神父、および都市出身のゲリラ指導者が出会うことで生まれた運動である。経済改革を設計した技術官僚とは対極に位置する人びとによる異議申し立ては、国境を超えて共感を呼んだ。蜂起自体は 2 週間も経たず収束するものの、国家はサパティスタを滅ぼすことは (でき) なかった。当初社会主義の実現を掲げていた EZLN は、新自由主義とそれを推進する国家を批判し、先住民を含むマイノリティ全般の権利を擁護するよう方針を転換する。メッセージをインターネットやパフォーマンスを通じて発信すると同時に、支持基盤をなす農村コミュニティでは国家と資本主義を否定した自治を実践している。

EZLN は、先住民運動を活性化し、貧困対策の重要性を政府に知らしめた。さらに、インターカルチュラル大学の創設やオアハカ州における慣習に基づく地方議員の選出等、先住民政策をより多文化主義的な方向へと修正せしめ

た。先住民運動や多文化主義政策を通じて、メキシコ社会の先住民的なるものへの寛容度が高まることになった。

　政党政治の否認や和平の拒絶など、EZLN のラディカリズムはしばしば批判の対象となる。だが同時に、従来の左派に飽き足らぬ国内外の様々な人びとが、EZLN への共感と支援を通じてつながり、グローバルなネットワークを形成している。蜂起後に農民が土地を占拠したこともあり、地主や軍隊による暴行や嫌がらせが自治区先住民の安全を脅かしている一方で、チアパス州ではサパティズムが観光資源になっている。EZLN の存在と活動を通じて、直接、間接に、多様な人びとが先住民のための制度の改善にかかわるようになった。

　以上、メキシコの先住民を取り巻く制度の変化、および変化の背景と主体をみてきた。異なる志向を持つ制度の変容が折り重なった結果、今日のメキシコでは、国際機関、中央政府と地方政府、社会運動、NGO、教会、研究者と学生、先住民の指導層など、多様な主体が、先住民社会と非先住民社会の新たな結び付きを模索している。現代の知識層の例を挙げると、社会学者のスタベンハーゲン（Rodolfo Stavenhagen, 1932〜2016）は、国内植民地論や先住民政策批判により左派の研究者として名を馳せた後、国連人権委員会の特別報告者となった。国際機関、各国政府、サパティスタのような先住民運動をつなぐことを使命としたのである。次節では、ローカルなレベルでも先住民と非先住民をつなぐ多様なネットワークが形成されていることを示したい。

3　メキシコシティの現場で考える

　現代のメキシコ先住民が、困難を抱えつつも状況改善のため様々な主体と複雑な関係を取り結んでいることを示すため、筆者が 1998 年以来調査してきた事例を紹介したい。メキシコ中部のサンティアゴ・メスキティトラン（Santiago Mexquititlán: SM）という村の出身で、首都のメキシコシティに移住してきたオトミー語を話す人たちについてである。

　メキシコに限らず世界中で、都市に住む先住民の比重は高まっている。オトミー移住者が集中して生活しているのは、コロニア・ローマという中産階

写真1　オトミー移住者の作る人形たち

級の居住区とその周辺である。彼らは空地や廃屋を占拠し、その大半が露店商や民芸品販売などいわゆるインフォーマルな経済活動に従事する。加えて、路上での児童労働や薬物の摂取、成人の間でのアルコール依存も広くみられ、筆者は「人間としての尊厳ないし安全保障が脅かされている」人びとを調査することの是非に悩み、自分が助けになることはできるだけするようにした。

　しかし、信頼を得て長く付き合うようになるにつれて、オトミー移住者は孤立しておらず受動的でもないこと、制度と人の組み合せが重要となることがみえてきた。以下では、興味深い4つの変化を紹介したい。

　第一が、先住民性とよく結び付けられる民芸品という伝統の創出をめぐる歴史である。オトミー移住者の場合、少女をイメージした布製の人形という民芸品を生産し販売することが生業の1つをなしている。その起源は、遠い昔のことではなく、1960年代から70年代にかけてバスで都市に来て路上で菓子を売るないし物乞いをするオトミー女性が増えたことに対し、メキシコシティの政府が支援所を設け、そこに雇われた創作家と参加女性が協力してベースとなる人形を考案したことにある。人形作りの工程は伝達しやすいこともあり、親族や知人を通じて広がった。

　近年、出身村の含まれる郡が「魔法の村（Pueblo Mágico）」に指定され観光地として脚光を浴びるようになったこと、人形が国内外で「メキシコ先住民による手作りの民芸品」の1つとして認知されるようになったこと、さらには若い世代のオトミーが新たなデザインを導入し細部にもこだわるように

なったこと（写真1を参照）により、民芸品の生産は勢いづいている。多文化主義的な政策を実施する側、リーダー層に限らずそれを受け入れるオトミー側の利害が、先住民的なるものが需要されるという有利な条件の下で一致したことが、新たな伝統となるまでの発展をもたらした。

　二例目は学校教育である。そこでは民芸品の場合と比べ、外部社会による支援が期待した成果を収めてはいない。SM出身のオトミーは先住民の中でも教育水準が低い。このため、政府機関やNGOから善意の隣人まで、多くの主体が、昼食や補習の提供、条件付き現金給付、成人教育、児童が通学する公立校との連携、薬物対策、小学校での試験的な二言語教育の実施等、人的資源の改善のための支援を実施してきた。これらの支援に都市環境への慣れが加わり、小学校ないし中学校を卒業する若者が多数派となる、一部の若者は大学に進学するといった改善がみられた。

　それでも、教育水準が絶えず上昇する首都において、オトミーの学歴は底辺のままである。その大きな理由としては、個々ばらばらのプログラムでは効果は限られるのであり、子どもと親、教育に関心のある家族とない家族、親と学校、さらには支援組織同士をつないで調整する主体が必要となることがある。一時期そうした調整役を担うNGOと優れた職員が存在したものの、NGOの衰退後に調整はなされなくなった。

　第三と第四は政治にかかわる。まず第三として、移住先で集住する先住民にとっても、都市の政府とつながる回路は存在する。その中で最大のインパクトを持つのが、不法占拠者や露天商を支援する社会運動である。これらの運動では、各々が特定の政治勢力を支持し、支持と引き換えに、不法占拠地の正規化と集合住宅の建設などの便益を政府から引き出す。

　これに対しては、政治的に動員される特定の集団ばかりを利するといった批判がなされてきた一方で、運動と良好な関係を築いて集合住宅を得るに至った複数の占拠地がある。さらに、運動に参加する過程で、先住民移住者のリーダーとして成長を遂げた者もいる。不法占拠や露天商など、違法性を伴いはっきりとしたルールを定めるのが難しい活動が支援の対象であるが故に、社会運動の窓口や先住民組織の代表といった人の役割が際立つことになる。

　最後は、政府を糾弾し先住民の自治を唱えるEZLNとの関係である。オトミー移住者は社会運動を通じてサパティズムと接触があったものの、それ

写真2　オトミー移住者がEZLNの支持を得て占拠した建物の入り口

に深くかかわることはなかった。だが、2020年10月、オトミー移住者の中でも不安定で劣悪な住環境の下で暮らすグループは、EZLN支援を掲げる運動組織に支えられ、先住民政策の実施機関の建物を占拠した。建物にはいまも住み続けるオトミー家族がいるほか、「Samir Flores（暗殺された環境活動家の名前）の家」と命名され、サパティスタやサパティスタと連携する組織の活動拠点となっている（写真2）。占拠家族にとっては、サパティスタと連帯することで、彼らの生活のための闘いの正当性が高まる。また、EZLNにとっても、都市における存在感が強まる。さらに仲介する運動組織にとっては、活動スペースができたほか、公共住宅プロジェクトの実現という譲歩を政府から引き出し、その管理を担う見込みが高まるかもしれない。

　EZLNは反資本主義、反国家というラディカリズムを掲げている。だが、先住民がそのネットワークに組み込まれても、それに忠実に従って生きるわけではない。サパティズムは数ある選択肢の中の1つであり、自分たちの状況に応じて弾力的に参加している。

おわりに

　先住民の人間としての安全保障が脅かされてきたのは、何よりも彼らを取り巻く制度に問題があるからである。それゆえ、グローバルからナショナル、ローカルまで様々なレベルで制度変革の提案がなされ、その多くが実現する

ようになった。

　本講ではラテンアメリカ、特にメキシコの事例を扱ったが、触れることのできなかったものも含め、多様な制度の形態がある。ここで念頭におくべきは、先住民の権利を謳ういかなる制度も、異なる社会を理解しつなぐことを通じて、制度の円滑な働きを促し、機能不全の場合は制度の刷新に向けて働きかけることを厭わない人間によって支えられなければならないことである。制度と人が緊張感を保ちつつ補い合うことが、先住民にかかわることの醍醐味といえる。

［文　献］

受田宏之（2014）「現代メキシコ左翼のジレンマ——メキシコ市における左翼政党、社会運動組織、低所得層の間のインフォーマル・ポリティクス」『アジア経済』55(1)、67-96頁。

セン、アマルティア（2011）『アイデンティティと暴力——運命は幻想である』大門毅編、東郷えりか訳、勁草書房。

ファーヴル、アンリ（2002）『インディヘニスモ——ラテンアメリカ先住民擁護運動の歴史』染田秀藤訳、白水社。

Basu, Kaushik (2018) *The Republic of Beiliefs: A New Approach to Law and Economics*, Princeton University Press.

Escobar Arturo (2020) *Pluriversal Politics: The Real and the Possible*, Duke University Press.

Gutiérrez-Monroy, Tania (2022) Building Indigenous Resistance: The Casa de los Pueblos y Comunidades Indígenas, Yä nghü Yä jhöy, Samir Flores Soberanes, *Journal of Architectural Education* 76(2), pp. 93-108.

Hale, Charles (2005) Neoliberal Multiculturalism: The Remaking of Cultural Rights and Racial Dominance in Central America, *Political and Legal Anthropology Review* 28(1), pp. 10-28.

INEGI (Instituto Nacional de Estadística y Geografía) (2021) *El Censo de Población y Vivienda 2020*, México.

Jung, Courtney (2008) *The Moral Force of Indigenous Politics: Critical Liberalism and the Zapatistas*, Cambridge University Press.

Psacharopoulos, George and Harry Patrinos (1994) *Indigenous people and poverty in Latin America*, World Bank.

Stavenhagen, Rodolfo (2013) *The Emergence of Indigenous Peoples*, Springer.

UNDP (2004) *Human Development Report 2004: Cultural Liberty in Today's Diverse World*.

第13講　異なる社会をつなぐ——219

【読書案内】

青山和佳・受田宏之・小林誉明編（2017）『開発援助がつくる社会生活——現場から
　　のプロジェクト診断［第2版］』大学教育出版。
　＊ 援助論だが、制度設計の限界と人の重要性を論じている。先住民の事例を扱った章も
　　ある。

萱野茂（2021）『完本　アイヌの碑』朝日新聞出版。
　＊ アイヌの尊厳のために闘い続けた萱野茂氏の自伝。つなぐ人の重要性と日本という国
　　の冷酷さが分かる。

マルコス／イボン・ル・ボ（2005）『サパティスタの夢』佐々木真一訳、現代企画室。
　＊ EZLN（サパティスタ民族解放軍）の背景とラディカリズムを知るのによい。解説も
　　優れている。

第 14 講

生き抜くためのつながりを可視化する

関谷雄一

人間の安全保障では、個人が向き合う、既存の国家、社会、文化の枠では捉え切れない問題が取り扱われる。日本に暮らす難民認定申請中の人々、紛争で国を追われ異国の難民キャンプで生活をする人々などには、それぞれ個別具体的な歴史的経緯や背景、事情がある。人間の安全保障を考察するには、それらの個人が問題を乗り越え、生き抜く過程で生み出される、社会や文化のつながりを文章で可視化する必要がある。本講では、そのような学術的な可視化の過程で人文科学の力を用いる方法があることを論じてみる。

はじめに

厳しい自然環境と向き合う農業や貧困から脱するための賃金労働、想定外の苦境に立ち向かう稼業など、人々は生き抜くために様々な生存戦略を展開する。その過程では、多様な社会や文化のつながり、あるいは関係性が生み出される。それは親族関係であったり、共同体における関係性であったりする。そのような社会や文化のつながりの諸相を解明するため、フィールドワークを通して現場の人々の語りに耳を傾け、実践への参与観察と、それに基づく質的調査を通して文書で学術的に可視化していく方法がある。このような方法は、文化人類学において専門的に取り組まれてきたが、今では広く人文科学や社会科学においても実践されている。

ただし、フィールドワークや質的調査で明らかとなる事柄は、しょせんは部分的な発見に終わる。多様な歴史的・文化的文脈が輻輳する今日的世界において、一人のフィールドワーカーが全てを可視化することなど、もはや不可能だ。でも、部分的にでも何らかの事実を明らかにすれば、そこに意味のある社会や文化のつながりや関係性を見出すことができ、それを追究するこ

とにより、研究対象に関わる深い洞察が与えられるはずである［ストラザーン 2015］。

　本講では人々の生存戦略を通してたどられる社会や文化のつながりを可視化する試みについて考察をしながら、人間の安全保障にとり、人文科学が持つ有効性を示してみたい。

　事例の一つは筆者が関わってきたアフリカ農村の開発問題とグローバル移民を扱った文化人類学的研究である。現代アフリカ農村の人々が向き合う経済や開発の問題は、グローバル化した今日的世界における労働市場や金融経済とも連動している。現在では多くのアフリカ農民が労働移民となって、アフリカ大陸内の他国や欧米・中近東に出かけ、国際的な移民ネットワークを広げている。

　こうした国を越えた労働移民の現象が顕著になり始めたのは、イマニュエル・ウォーラーステインが述べるように史的システムとしての資本主義がほぼ世界を覆うようになった 19 世紀後半以降である［ウォーラーステイン 2022］。そのころ、とりわけアメリカ合衆国にはアイルランド、イタリア、ドイツ、東欧諸国から多くの労働移民が押し寄せた。本講で取り上げるもう一つの事例は、20 世紀初頭のアメリカの労働者階級を題材にした文学と、同じ題材をもとにした歴史学の研究である。当時アメリカでは、自由と幸福を求めて、国内外から多くの労働移民たちが都市に流入し、大都市化と産業化が急速に進んでいた。同国における資本主義の進展、近代化、階級の形成そして多民族国家としての深化はこの 20 世紀初頭から始まった。今日の世界のグローバル化や国際的な労働移民の史的源流を 20 世紀初頭のアメリカに見出そうとすることは、それほど間違ってはいない。

　現代アフリカと 20 世紀初頭のアメリカ合衆国とでは約 120 年の違いはあるが、労働移動が発生している現状や、移民が向き合っている人間の安全保障上の厳しい現状には、通底する要素も多い。その点を考慮に入れ、国際的な労働移動という要素を手掛かりに、アフリカ農村における国際的移動を伴った労働問題と、20 世紀初頭アメリカの労働移民の問題を取り上げることにする。

1 定住性と移動性が共存するアフリカのつながり

　筆者は今から28年前に、ニジェール共和国（République du Niger）の首都ニアメからニジェール川に沿って西北に40キロほど離れたところに位置する農村、ヨレイズコアラ（Yoreize Koira）村で生活していた。そこでは基本的な生業としては農業を営むソンガイ・ザルマ（Songhay-Zarma）の人々と、一部農耕民化した元牧畜民のプール（Peul）や漁業を生業とするソルコ（Sorko）の人々など、多様なルーツと生業を持つ人々がお互いに支え合って生活していた。その社会や文化のつながりの強さは、生活の様々な場面で見出すことができた。

　例えば、村の男性が、出稼ぎに行った他の男性の代わりに畑を管理したり、妻子の面倒を見たりすることや、村の女性たちが、家族関係の遠近に関わらず、一緒に暮らすお年寄りや子どもたちの食事を自然に用意している姿には、貨幣経済的な尺度からは、決して測ることのできない豊かさを感じさせられたものであった。以前からアジア・アフリカの農村において協同労働や相互扶助が広く実践されてきたことは研究者の世界ではよく知られている。

（1）協同労働や相互扶助のつながり

　ソンガイ・ザルマ社会において、一般的にみられる協同労働は賃金労働ファラファラ（fara-fara）、伝統的協同労働ボーグ（boogu）そして相互扶助チェルガ（tyerga）である。賃金労働は、植民地時代以降同社会に浸透してきた比較的新しい労働形態とされている。ボーグとは、集団内の血縁集団や近隣村の同世代の男性たち（10〜20人程度）が繁忙期に週に2回ほど集められ、村のものが所有する畑を耕し、雑草を抜いたり播種をしたりする労働のことである。男性は13歳くらいから、こうした労働を通して人と一緒に働くことを覚え始める。ボーグは血縁集団を基礎に置くが、人手が足りない時などに近隣村から人を招いて大人数で行うホホ・ボーグ（hoho boogu）という形態もあった。

　一方で、個人の畑を手入れするのに、ボーグほどの人手は必要としないが、2人程度でお互いの畑を手入れし合うチェルガもあった。ボーグやチェルガは男性だけでなく女性も実践しており、パール・ミレットの脱穀、綿糸を紡

ぐなどの過程、家屋の修繕や衣服の縫製などの折でも見出され、賃金労働形態が普及してからは、労働ごと買い取るケースもみられるようになる［Olivier de Sardan 1969］。

　さらに時代が下って、ボーグやチェルガなどに加え、ユービ（yuubi）と呼ばれる奉仕行動も見出されるようになる。ユービとはもともとソンガイ・ザルマ語で「共同体に資する奉仕行動への対価」を意味する言葉であるが、最近では日常的に起こる自発的な奉仕行動そのものを指すようになってきた。筆者が観察したユービには普請ユービと奉仕ユービが存在する。普請ユービとは、例えば、雨期の大量の雨などで、幹線道路が崩れた場合に近隣村の有志の若者男性たちが、簡単な迂回路を作り、陥没した箇所に石を詰めて補修し、通行者に危険を知らせるために石を置いたり、呼びかけたりする行動を指す。その際に道行く人々に「ユービだ、ユービだ」と声をかけ、労働への「感謝」を求めたりもする。この一連の行動は、社会への奉仕と合わせて、労働対価を手っ取り早くもらう目的も込められている。

　一方、奉仕ユービとは普請ユービとは異なり、社会への純粋な奉仕的精神、相互扶助の理念の影響が強い労働で、同じ村の複数の家の屋根が崩れ落ちたときの補修工事等で見出される。対価としては家主からの食事が提供されたりする。奉仕であれ普請であれ、ユービは人々の生存戦略を支える社会や文化のつながりの中で機能していることには変わりない［関谷・倉岡 2015］。

（2）農村の人々のグローバルなつながり

　2018 年に文化人類学者パオロ・ガイバッツィ（Paolo Gaibazzi）が、西アフリカガンビア共和国（Republic of the Gambia）の農村における移民と定住の動態的様相を扱ったモノグラフを出版した［Gaibazzi 2018］。このモノグラフには、現代的なアフリカ農村の若者が、一部は出稼ぎをする一方で、他方は自身が出稼ぎに至るまでに出稼ぎに行っている村の者の代わりに畑を耕したり、出稼ぎ先から送られてくるお金を管理したり、親族の面倒を見るために農村に居続け（sitting）る様も描かれている。サビ（Sabi）と呼ばれるソニンケ人の末裔の人々は、もともと歴史的には出稼ぎ商人として有名である。そのサビの人々が、出稼ぎだけでなく、伝統的な社会と文化のつながりを維持するために、定住することの大切さ、農村が昔から伝統的に持っている相互扶助的な機能も残そうとしている様子が描写されている［Gaibazzi 2018］。

ヨレイズコアラ村に話を戻すと、新型コロナウイルス禍で行動制限が続いていた 2021 年半ばころに、一件の画像付き音声メッセージが WhatsApp で筆者のもとへ送られてきた。そこには精悍な一人の青年の姿があった。筆者にとっては懐かしいその青年は、筆者が最初に同村に居候した時には、まだ小学校の上級生であった。筆者はその青年の母親の作る食事を毎日食べていた。今やその青年は、故郷を離れガーナ共和国（Republic of Ghana）のクマシ（Kumasi）で雑貨等の小売商をしながら家族を養い、ヨレイズコアラ村に残された親類にも定期的に送金を行っているという近況を伝えてきたのであった。彼の父親も、ガーナ共和国で暮らしており、筆者がその村を離れて帰国するまで、ついに彼の父親に会うことはなかったが、彼も長男として父親のもとへ行き、故郷ともつながりを保ちながら、暮らしているのであった。彼の二人の弟たちもそれぞれ、トーゴ共和国（République du Togo）、コートジボワール共和国（République de Côte d'Ivoire）で暮らしながら、ヨレイズコアラの親類たちとのつながりも保っている様子もうかがい知ることができた。

　アフリカ農村からの労働移民は、2000 年から 2019 年にかけて 1,510 万人から 2,660 万人に増加し、世界の労働移民関連の主要地域の中で、最も急激な相対的増加（76%）を示した。その結果、世界全体に占めるアフリカの労働移民の割合は、2000 年の 9% から 2019 年には 10% に増加している。ただし、マスコミ等でセンセーショナルに取り上げられていた北アフリカからヨーロッパへのボートピープルが醸し出しているようなイメージとは異なり、アフリカにおける労働移動のほとんどは大陸内で発生している。サハラ以南アフリカでは、地域内移民の割合が世界で 2 番目に大きく、2020 年にはサハラ以南のアフリカで生まれた全移民の 63% が地域内の別の国や地域で生活している計算となる［UNDESA 2020］。

　アフリカの農村が移動性と定住性の双方を共存させている点について、様々な民族誌的研究で明確に指摘されるようになってきた。しかし、アフリカの農民が農業に従事しているだけでなく、労働移民を生み出しながら、各都市との行き来や交易、市場での売買など、幅広いネットワークを歴史的に形成し、そうした中で生活している様相は、比較的最近まで注目されてこなかった。

　ヨレイズコアラ村の様子や、ガイバッツィが描写したガンビア農村のサビ

226——Ⅲ　豊かな人間像への接合

の人々の暮らしぶりから想定できるのは、アフリカ農村の生存戦略とその社会や文化のつながりは、専門家たちが捉えてきたよりもはるかに広いダイナミックな移動のネットワークの中で存続してきたということである。つまり、グローバルなネットワークの中で定住性と移動性を兼ね備えながら農民の暮らしが維持されていることに気づかされるのである。とりわけ経済的に考えると、アフリカ農村の収入の多くは出稼ぎによる送金に依存しており、食糧安全保障に直結する財源となっているのである。

(3) ミクロ・メゾ・マクロなつながりを追究する

　これまでの多くのアフリカ農村研究が、農村における定点観察が主流であったが、定住性だけでなく移動性も勘案するのであれば、労働移民のネットワークも研究対象としてカバーしうる視座が求められている。例えば、ミクロ的には、個人や世帯に注目し、メゾレベルでは地元・地域のつながりも追究し、マクロ的には国家やグローバルなネットワークにおける政治経済をも考察できるような、三次元的視座を意識した、マルチサイト・エスノグラフィーが、これからは必要とされるようになるだろう［Mercandalli and Losch 2019］。そのようなダイナミックな視座の中に立ち現れる、アフリカ農民のつながりからもたらされる発見とは、どのようなものなのか、今後の研究に期待をしたい。

2　20世紀初頭アメリカの労働移民のつながり

　本節で20世紀初頭のアメリカ、シカゴにおける第二の産業革命を題材にした文学と歴史学を取り上げる。アメリカの小説家でジャーナリストのアップトン・シンクレア（Upton Sinclair）による1906年刊の小説、『ジャングル』は、アメリカ近代大衆小説の代表的作品である。主人公はユルギス・ルドクス（Jurgis Rudkis）と呼ばれるリトアニア（Lithuania）出身の若き労働者で、彼とその一家の物語である。当時のシカゴはアメリカ国内第二の大都市で、ユルギス一家は親類を頼り、旧世界の圧政と貧困から逃れ、機会と自由を得るためにはるばるリトアニアからわたってきた。

（1）労働移民のアメリカンドリーム

　　……ユルギスもアメリカのことを耳にしたことがあった。男が一日に
　三ルーブルは稼ぐことができる国だという話だった。ユルギスは住んで
　いる土地の物価から、一日三ルーブルの値打ちをはじき出し、アメリカ
　へ行って結婚しよう、ついでに金持ちにもなってやろう、とたちどころ
　に決心した。うわさに聞くと、この国では、金持ちでも貧乏人でも、自
　由だ。軍隊に入らなくてもいい。悪党みたいな役人に金を払わなくても
　いい。自分の好きなことができて、誰とでも対等に接することができる。
　だからアメリカという国は恋人や若者たちが夢見る土地なのだ。渡航費
　を何とか工面することができさえすれば、苦労は一切消え失せることに
　なる。［シンクレア 2009: 35］

　ユルギス一家はパッキングタウン（Packingtown）という、当時アメリカ最
先端の食肉製品の生産拠点に夢と希望を持って引っ越してくる。知り合いを
たどってようやく見つけたパッキングタウンの反対側にある住居に落ち着い
た後ユルギスとその妻オーナは地域を知るために散歩をする。

　　この風景のむこうに太陽が沈んでいく間、ふたりは立ちつくしていた。
　西の空は血のように赤く染まり、家々の屋根は火のように輝いていた。
　だが、ユルギスとオーナが考えていたのは、日没のことではなかった。
　ふたりはそれに背を向けて、遠くにくっきりと見えるパッキングタウン
　のことばかりを考えていた。大空を背景にした建物の黒く、はっきりと
　した輪郭。いくつもの建物のそこかしこにそびえ立つ巨大な煙突の群れ。
　世界の果てまで流れていく煙の川。この煙はいまや色彩の習作とでも呼
　ぶべきだった。夕日に照らされた煙の黒色と褐色と薄墨色と紫色。この
　場所のむさ苦しい印象はすべて消えていった——黄昏の薄明の中にある
　のは力のヴィジョンだった。暗闇がそれをのみこんでいく様子を見守っ
　ているふたりには、それは驚異に満ちた夢のように思われた。人間のエ
　ネルギー、生産されているモノ、何千何万という人間のための仕事、機
　会と自由、生命と愛情と歓喜を語りつづける夢のように。腕を組んで、

228——Ⅲ　豊かな人間像への接合

　　その場を立ち去りながら、ユルギスは言った、「明日になったら、あそ
　　こへいって、仕事を見つけるぞ！」。［シンクレア 2009: 45］

　ユルギスという人物設定については、真面目で正義感が強く、最初こそ自
分に揺るぎない自信を持つ青年で、20 世紀初頭のアメリカにきて夢を実現
しようとした東ヨーロッパ出身の多くの移民たちの典型的なモデルであった。
またシンクレアによるシカゴの食肉加工業の現場のリアルな光景もまた、ユ
ルギスという青年の目を通した描写でありながらも、その含みある描写が余
計に現実味を引き立てたことは多くの文学批評家たちがこの作品を評価した
理由でもあった。

（2）フィクションが明らかにした移民労働者の社会や文化のつながり

　アメリカの典型的な移民労働者となったユルギスであったが、次第に厳し
い現実にさらされていく。刑務所での日々、幾度かの失業、最愛の妻子の死、
なおも貧困にあえぎながら飲酒に救いを求めることもあったが、やがて当時
のアメリカ社会で盛んになりつつあった労働運動と社会主義的思想に目覚め
る。物語は社会主義者として生まれ変わったユルギスを聞き手にしながら、
社会主義の話が中心となってやがて幕が閉じられていく。

　シカゴの食肉業界の実態を告発するようなリアルな描写は、時の米国大統
領セオドア・ローズベルトをも動かした。同書がきっかけで出版から間もな
いタイミングで、食肉検査法と純正食品医薬品法が議会を通過した。加えて、
気鋭の社会主義者でもあったシンクレアは、この本をもってしてシカゴの食
肉産業でいかに労働者たちが絶望的で過酷な状況下で搾取されているかを訴
えたかったのに、逆に非衛生的な食肉加工現場の実態の方が注目されてしま
ったことを不満に思い「ぼくは大衆の心臓を狙っていたのに、その胃袋を打
ち抜く結果になってしまった」と新聞の取材で述べたこともよく知られてい
る。

　このフィクションが明らかにしているのは、20 世紀初頭のアメリカにわ
たっていった多くの労働移民者たちが出身国（ユルギスならリトアニア）の社
会や文化でつながるネットワークをたどる過程と、アメリカに移ってからは
国内の同業者（ユルギスならシカゴの食肉加工業の労働者階級）との社会や文化
でのつながりを形成していった過程である。

第 14 講　生き抜くためのつながりを可視化する——229

（3）フィクションから歴史学へ

さて時代は下り、今度は 20 世紀の終盤にジェームス・R・バレット（James R. Barrett）というアメリカの労働者階級史を研究する歴史学者が登場する。バレットはシンクレアによる『ジャングル』を題材に、再度 1894 年から 1922 年の間のシカゴの食肉加工業者に勤めていた労働者階級の人々の仕事の実態を調べていく。家族形態や共同体の有り様、そして労働者階級の人々の組合組織化やアメリカ化などを彼は詳しく分析していった。そして『ジャングルにおける労働と共同体』という本にまとめ、1987 年に出版する［Barrett 1987］。

バレットは、『ジャングル』が文学作品として際立った成功であったとは認める。しかし『ジャングル』の中では、一方では莫大な富を誇る食肉トラスト産業が複雑な市場ネットワークを通じて世界中に食肉を供給している様子が描かれる傍ら、もう一方には膨大な人数の労働者たち、しかも民族も国籍もバラバラで、技術も教育も持たずに打ちひしがれた人々の姿が描かれているのは、いささか誇張気味であるとする。

よりマクロな視座から見たとき、19 世紀の終わりから 1920 年代までのアメリカは、第二の産業革命という大きな歴史的転換を迎えていた時代で、政治経済的に大きな変化が訪れていた。生産性、製造業生産量、利潤の全てが急上昇した。アメリカ国内の銀行各社は各業界の資本をそれぞれの市場を支配する少数の大企業に集中させていった。

第二の産業革命がアメリカ社会にどのような変化をもたらしたのかについて、とりわけ労働者階層にもたらされた変化については、あまり解明されていなかった。せいぜい、町や小都市における単一産業の仕事がその労働者共同体や家族生活にどのような影響を与えているか、といった事柄しか明らかにされていない。しかし、シンクレアの作品で扱われた大都市の中のリトアニア人共同体のような労働移民の共同体が、アメリカ国内の各地で形成されていったのは、この時代であった。

（4）歴史学研究が明らかにした労働者階級のつながり

バレットはこの第二の産業革命がアメリカ社会にもたらした変化について、4 つの大きなテーマに注目して分析している。1 つ目は大量生産そのものについて、2 つ目は労働者階級の生活の質の変化について、3 つ目は階級の形

成と分断の過程、最後は階級関係の変化である。

　大量生産時代の仕事の在り方に関するよく知られているイメージとは、チャーリー・チャップリンの1936年の映画『モダン・タイムス』に象徴されるような、流れ作業や機械の一部になって働く労働者の姿である。しかしバレットはより仔細に労働者が向き合っている仕事の実態に踏み込むと、機械化された工場の組み立てライン等の大量生産過程を舞台に、管理者と労働者の権力関係や、仕事環境の改善をめぐる闘争などが複雑に絡み合っていることを指摘する。

　労働者階級の生活の質の変化について、バレットは経済史家たちが楽観的に指摘していたような、大量生産に伴う賃金の上昇、所得の上昇そして労働時間の短縮だけで、この変化を見出そうとすることは間違っているとした。新しい生産様式の導入に伴い、仕事の質も変わり多様化していき、新たな仕事のヒエラルキーや格差がもたらされたのである。そのような質の変化は賃金の上昇や労働時間の短縮の陰で見えづらくなっていた。

　労働者階級の形成と分断の過程について、バレットはシカゴの食肉産業に集まってきた労働者の様相は、アメリカの労働者階級の形成と分断の過程を象徴する例だと説明している。何千もの若き農民と労働者が、国内だけでなく、ロシアやオーストリア＝ハンガリーの旧帝国の田舎から比較的短時間で集まり、加えてアイルランドやドイツからの移民、南部からの黒人系アメリカ人等、男女も交ざりつつ、多様性を包摂し、横断的に連帯しながら新たな労働者階級が形成されていったのである。

　最後に、シカゴの食肉産業の事例は、この時代におけるアメリカの資本と労働の関係という、アメリカ史におけるより広範な社会問題についても多くを語ることができるとバレットは説明する。労働史家が労働者階級内の分裂にその研究の視点を集中させたのに対し、ビジネスや政治の歴史家たちは、国家最大の企業や、しばしば政治問題をも指導した企業的エリートの絶大な権力と、洗練された成長に注目していった。

　このように分析したバレットは、シンクレアが『ジャングル』で描いた、労働者のただ絶望し打ちひしがれた動物のような姿は正確ではないと結論付けた。アメリカの第二の労働革命の中にあって、労働者たちは希望に満ち、はるかに活動的であったとバレットは述べている［Barrett 1987］。

『ジャングル』が20世紀初頭のアメリカで生き抜こうとした移民労働者がたどったつながりを可視化した一方、バレットが明らかにしたのは、移民労働者たちが埋め込まれていった、労働者階級全体の横のつながりであった。この研究から当時の労働移民たちが、新世界で同僚と連帯しながら自分たちの人間の安全保障を獲得していった過程をうかがい知ることができるのである。

3 2つの事例、3つの学問領域の有効性

これまで現代アフリカにおける農民たちと20世紀初頭のアメリカ、シカゴにおける労働者たちによる、それぞれの生存戦略で織りなされる社会や文化のつながりを学術的に可視化している人類学、文学、歴史学の成果を検討してきた。参与観察や質的調査の有効性だけではなく、研究対象について、とりわけ連関する人と社会文化的要素や構造がどのようにつながっているか、個人レベルからグローバルなレベルまで、より深い理解がもたらされている。

（1）現代アフリカ農民のつながり

アフリカ農民の生存戦略に関する考察では、ソンガイ・ザルマの協同労働の今日的な展開について、まずはオリヴィエ・ド・サルダンによる研究から、伝統的なボーグ、チェルガといった概念やそれらを用いた協同労働の図式を示した。次いで、その概念を今日的なフィールドで観察された事象、つまり筆者が観察した普請・奉仕的な行動とそれをめぐる人々の諸言説に当てはめてみた。さらに様々な要素を考えながら諸概念を再検討し、普請ユービや奉仕ユービといった、現状に見合った概念で捉え直すことができた。それにより協同労働の今日的な意味合いについて理解が深まった。

また、ガイバッツィのガンビアにおける農民による定住と移動の両立の様相をもとに、ニジェールにおける類似の事象も捉え直した。グローバル化した世界においてアフリカ農民が実践している出稼ぎと定住の両立の様相も見えてきた。それを可視化するミクロ・メゾ・マクロの三次元的な視座から捉え直すような質的調査の必要性を見出すことができた。これらは、現代アフリカの農業と労働移民の社会や文化をつなげて考察することにより得られた発見である。

（2）20世紀初頭のシカゴにおける労働者階級のつながり

『ジャングル』はフィクションであったとはいえ、時のアメリカ政治を変えるほどの影響力を持っていた。そのリアルな描写に説得力があったのは、シンクレア自身が、この作品を仕上げていく過程で、シカゴの食肉産業に関わっている様々な人々に聞き取りと参与観察を行い、詳細な質的調査を行ったからであることは解説の中で大井浩二も述べている。加えて、シンクレア自身が当時の貧困家庭の出身で、自身も貧困にあえぎながら妻子と生活していたそうで、「表面的にはストックヤードの労働者一家の物語だったが、内面的には私自身の家族の物語だった」と語ったそうである［大井 2009］。

さらに、そのシンクレアの作品を歴史学の視座から捉え直したのが、バレットであった。バレットは現代の歴史家であるが、彼もまた膨大な史料に加え、シカゴに赴き、関連する様々な識者に聞き取り調査を行いながら、改めてこの事象について歴史学の視座から考察を重ねていった。また歴史家の彼にとっては、20世紀初頭のアメリカで起こっていた第二の産業革命がどのようなもので、シンクレアが描いた当時のシカゴの食肉産業、そこで働いていた労働者階級の人々の様子について膨大な史料で俯瞰し直したことが重要であった。

さて以上の分析から20世紀初頭のアメリカのシカゴにおける労働者階級では、当時のより貧しいヨーロッパからの労働移民が押し寄せ、現代につながるアメリカの新たなる労働者階級の基盤を形成していったことが分かる。つながりに関連して言えば、労働移民の人々は出身国のつながりを維持しながら、同時にアメリカ社会のつながりにも溶け込んでいくこととなったのである。シンクレアは労働移民の視座からその過程を明らかにし、バレットは労働移民の視座も捉えつつ、アメリカ社会全体の歴史的脈絡からの視座も織り込んで分析していった。

人類学も、文学も、歴史学も、社会的課題を具体的に検討し、問題解決を直接導くことは難しいかもしれない。一方で、フィールドワークや質的調査が様々な学問領域で実践されているとはいえ、なかなか方法論に即した作業だけで、問題の理解につながるような深い考察を行うことは難しい。そうしたとき、これら人文科学関連の研究や作品は、深い分析のよりどころとなる。人文科学の成果も捉え方次第では、人々が生き抜くために織りなす社会や文

化のつながりを可視化する手掛かりとなる。

おわりに

　人文科学の成果が、社会的実践におけるつながりを可視化するための手掛かりになることに関連して、文化人類学による民族誌が取り上げられることもある。例えば、史料が少なく情報も限定的なアフリカ史の研究において、歴史人類学者の中尾世治がメタヒストリー研究を試みている。それはアフリカをフィールドにした民族誌をたどりながら、調査された当時のアフリカ史を理解し考察を深める極めて有効な方法である［中尾 2019］。

　人文科学の諸研究や成果である二次資料を批判的に検証しながら特定の社会的事象や課題について考察していくことは、アフリカ研究だけではなく、様々な研究テーマにおいて、必要とされるアプローチである。紛争下で暮らす人々、難民や社会的弱者の生存戦略、気候変動及び人口高齢化のようなグローバルイシュー、生成系 AI やスタートアップ企業といった最新の話題についても同様に考えられる。現場の人々による闘いの現実に近づくために、フィールドワークと人文科学の知見を伴ったアプローチで考察することが、「人間の安全保障」に関わる個別具体的な問題群と向き合うための第一歩となるはずである。

[文　献]

ウォーラーステイン、イマニュエル（2022〔1983〕）『史的システムとしての資本主義』川
　　北稔訳、岩波文庫。
大井浩二（2009）「解説」アプトン・シンクレア著『ジャングル　アメリカ古典大衆コレク
　　ション 5』亀井俊介・巽孝之監修、大井浩二訳、松柏社、541-559 頁。
シンクレア、アプトン（2009〔1906〕）『ジャングル　アメリカ古典大衆コレクション 5』亀
　　井俊介・巽孝之監修、大井浩二訳、松柏社。
ストラザーン、マリリン（2015〔2004〕）『部分的つながり（叢書人類学の転回）』大杉高司
　　ほか訳、水声社。
関谷雄一・倉岡哲（2015）「普請ユービもしくは投機的協同労働に関わる試論」『アフリカ
　　研究』87 号、21-28 頁。
中尾世治（2019）「第 8 章　歴史と同時代性——口頭伝承研究と歴史叙述のフロンティア」
　　松本尚之他編『アフリカで学ぶ文化人類学——民族誌がひらく世界』昭和堂、169-191

234——Ⅲ　豊かな人間像への接合

頁。

Barrett, James R. (1987) *Work and Community in the Jungle: Chicago's Packinghouse Workers, 1894-1922,* University of Illinois Press.

Gaibazzi, Paolo (2018) *Bush Bound: Young Men and Rural Performance in Migrant West Africa,* Berghahn.

Mercandalli, S. and B. Losch, eds. (2019) *Rural migration in sub-Saharan Africa: Patterns, drivers and relation to structural transformation,* Food and Agriculture Organization of the United Nations.

Olivier de Sardan, Jean-Pierre (1969) *Système des Relations Economiques et Sociales chez les Wogo,* Thèse pour le Doctorat de Troisième Cycle Présentée a la Faculté des Lettres et des Sciences Humaines de l'Université de Paris. Paris: Institut d'Ethnologie.

United Nations Department of Economic and Social Affairs (UNDESA), Population Division (2020) *International Migration 2020 Highlights* (ST/ESA/SER. A/452).

【読書案内】

岡真理 (2018)『ガザに地下鉄が走る日』みすず書房。
　＊ アラブ文学、パレスチナ問題の専門家による、ガザ地区にかかわるエッセー集。ガザ
　　 に地下鉄が走る日を夢見る人々の願いなど、「現代の強制収容所」とも言われてきた
　　 ガザ地区に生きる人たちとの交流の様子が伝えられる。

湖中真哉、グレタ・センプリチェ、ピーター・D・リトル編著 (2024)『レジリエンス
　　 は動詞である――アフリカ遊牧社会からの関係／脈絡論アプローチ』京都大学学
　　 術出版会。
　＊ 多様なアフリカ遊牧社会の関係／脈絡から立ち上がる社会文化のレジリエンスを、丹
　　 念なフィールドワークに基づく 12 章の考察がダイナミックに論じている。レジリエ
　　 ンスとはもはやシステムの特性を示す名詞ではなく、それぞれの具体的な脈絡の中で
　　 体現されていく動詞なのだ。

佐川徹・竹沢尚一郎・松本尚之編 (2024)『歴史が生みだす紛争、紛争が生みだす歴
　　 史――現代アフリカにおける暴力と和解』春風社。
　＊ 現代アフリカにおける、様々な紛争や暴力の事例について、「無秩序」や「野蛮さ」
　　 のイメージで捉えることから脱して、政治経済状況や歴史的背景そして当事者に着目
　　 した相対的な視座から捉えようとした、卓越した 8 人のフィールドワーカーによる研
　　 究書。

中村雄祐 (2009)『生きるための読み書き――発展途上国のリテラシー問題』みすず
　　 書房。
　＊ 途上国における読み書きと生存戦略の具体的な関係について、緻密なフィールドワー

クと文献調査、開発支援の実践を通して明らかにしていく。研究者のみならず開発援助実務者にとっても重要な示唆を与える書。

西成彦（2022）『死者は生者のなかに──ホロコーストの考古学』みすず書房。
* ホロコースト文学と向き合うこととは、サバイバーたちの脳裏に住みついた数々の死者たちの気配を読み取り、死者たちにサバイバーたちがいだいた数々の感情の様態についても読み取ることである。

第 15 講

記憶、記録、文学
『苦海浄土——わが水俣病』から

星埜守之

> 「人間の安全保障」が脅かされる、あるいは端的に、いずれかの場所に住んでいる
> 人々の命が理不尽にも脅かされる事例は枚挙にいとまがない。一方、そうした現
> 実に根差して、あるいは、それに抗う形で、さまざまな表現が生まれてきたこと
> もまた事実である。わたしたちはそんな表現をいかに受け止め、そこから何を学
> ぶことができるだろうか。以下の文章では、「水俣病」の問題にかかわりながら生
> まれてきた表現のひとつ、石牟礼道子『苦海浄土』に寄り添いつつ、学問領域以
> 前の「命の問い」に近い場所に身を置いて、それを受け止めることを試みたい。

はじめに——水俣病という問題

　水俣病については、多くの著作などを通してすでに数多の情報が発信され
ており、また、長らく水俣病患者の支援を行ってきた「水俣病センター相思
社」のホームページなどを見ればその全体像を一定程度、詳細に知ることが
できるが、ここではごく簡略にその歴史的経緯を振り返っておきたい。

　1950 年代の前半、日本が工業化と「高度経済成長」の時代を迎えようと
していた頃、熊本県水俣市周辺の、とりわけ不知火海沿岸地域で、未知の病
気が多発する出来事が起こった。脳神経系が侵されて身体運動に障害が現れ、
発症後ごく短期間で死亡する例も多くみられた。同時期には猫が踊るような
異常な行動を示していわば「狂死」する事例も多く確認されている。

　当初、謎の「奇病」とされていたこの事象が、水俣病として公式に認定さ
れたのは 1956 年のことである。後にその原因が、水俣市に設置されていた
化学工場（日本窒素肥料株式会社——のちのチッソ株式会社——水俣工場）の廃液
に含まれていた水銀であること、水俣病が魚介類に蓄積されたメチル水銀の
摂取による大規模な中毒事件であったことが判明するが、当初会社側はこれ

を否定しており、原因企業や行政の責任が明確になるまでには、十有余年の時を経なければならなかった。政府が水俣病を「公害病」と認定したのは、1968年9月のことである。

その後、損害賠償や補償をめぐる複数の事案が裁判の場で争われることになる。その間、認定された患者に対する補償の仕組みも作られるが、患者の認定基準が限定的に過ぎるなど、被害からの救済が包括的に実現しているとは言い難いのが現状である。2023年には、関西の未認定患者が損害賠償を求めた訴訟につき、大阪地裁で原告側が勝訴したものの、国と企業側が控訴しており、また、同様の集団訴訟は熊本、東京、新潟でも争われている。2024年3月には、熊本の訴訟で地裁により原告の訴えを棄却する判決も出されており、ここでもまた法廷での争いが継続してゆくことになった。

1 水俣病と「人間の安全保障」

以上のような水俣病問題について、「人間の安全保障」という切り口から考えるならば、「人間の安全保障」の三つの基本的方向性のすべてがこれにかかわっていると言えるだろう。すなわち、恐怖からの自由、欠乏からの自由、尊厳をもって生きる自由の三つである。

第一に、水俣病という疾患自体からして、人間の生存そのものを脅かす恐怖をもたらすものであった。第二に、環境汚染によって漁労によって支えられていた生活が破壊されたことは、被害者の貧困の原因となり、被害民の深刻な欠乏状態を生じさせたものである。第三に、当初は伝染病ではないかと疑われた水俣病の被害者が、地域コミュニティの他の住民から忌避される事態が生じ、また、このような差別が「公害病」として位置づけられたのちも継続して、水俣病の「被災者」の人権が脅かされる状況が長きにわたって続いていた、そして現在もこれが完全に解消されたとは言いがたい。

もちろん、こうしたまとめ方は事態をある種、単純化した言い方ではあるかもしれない。というのも、これらの三つの側面は、必ずしもそれぞれが単独の問題なのではなく、また、上述の問題にとどまらない事例も含めて、さまざまに絡み合っているからである。

水俣病という事象は、水俣「病」という狭義の医学的な病像をはるかに超

えて、さまざまなレベルで人間の生存や社会のあり方に大きな影響をもたらし、さらには、工業化や近代化が歴史的に孕んできた諸問題を炙り出してきた。またそこには、19世紀末以来の日本列島の近代化にともなって繰り返し起こってきた、環境汚染に起因して「人間の安全保障」の危機をもたらした幾多の事例——たとえば、足尾銅山の鉱毒汚染事件等——も前史として存在している、そのことも忘れることはできない。

2 『苦海浄土』を読む

(1) 表現者たちの水俣

水俣病問題をめぐっては、じつに多くのことが語られ、数多の表現者がこれを描きだしていることは先にふれたとおりである。熊本大学の原田正純による先駆的研究（『水俣病』岩波新書、1972）を始めとして、学術調査団の編んだ『水俣の啓示』上下 2 巻（色川大吉編、筑摩書房、1983）などの学術書、土本典昭や佐藤真などによる映画化、ユージン・スミス、桑原史成、宮本成美といった写真家の作品が思い浮かぶところだし、記憶に新しいところではジョニー・デップ主演のハリウッド映画『MINAMATA』（アンドリュー・レヴィタス監督、2021 年日本公開）がある。

そして、これらのなかでもひときわ大きな存在といえるのが、1969 年に初版が刊行された石牟礼道子『苦海浄土——わが水俣病』［石牟礼 2021］ではないだろうか。初めて書籍として刊行されてから半世紀以上たった今日でも、この作品は多くの人々に読み継がれており、たとえば手元にある講談社文庫の新装版の奥付けを見ると、2004 年の初刷り以来、2021 年で 47 刷を数えていることがわかる。本講をお読みの方の多くも、何らかの形ですでに一度はこの本を手に取ったことがあるかもしれない（ちなみに、私が初めて『苦海浄土』に接したのは、高校の現代国語の教科書においてだった）。

今では古典とも言えるこの作品だが、「人間の安全保障」という観点からも、近代化という問題を考えるうえでも、『苦海浄土』は今でも多くの示唆に富んでいる。本講では、この『苦海浄土』という本をいわばひとつの教科書として、読み直してゆくことを試みたい（なお、『苦海浄土』はその後、第三部まで書き継がれる大作になっており、1969 年初版の『苦海浄土——わが水俣病』は

その第一部という位置づけになるが、本講ではその「第一部」のみを扱うことにし、たんに『苦海浄土』とする場合はこの本を指す)。

(2) 忘却に抗う

　全七章からなる『苦海浄土』は、水俣病の激しい嵐が地域の共同体に取り返しのつかない災禍を残して吹きすぎたかに見える、「一昨年の夏を過ぎたある日の午後」を想起する地点から書き起こされている。第一章の冒頭に置かれた「山中久平少年」の節で、作者が筆をとっているのは、1965年、想起されているのは1963年の秋である。漁業が深刻な打撃を受けて、「若者たちが、村に、つまり漁師として、居つかなくなった」漁村の、何の物音も聞こえない「撫でたような静寂」を背景に、「わたくし」は初めて、山中久平少年の家を訪ねる。

　　　珍しく、少年は家の外に出ていた。
　　　彼はさっきから、おそろしく一心に、一連の「作業」をくり返していた。どうやらそれは「野球」のけいこらしくあったが、彼の動作があまりにも厳粛で、声をかけることがためらわれ、わたくしはそこに突っ立ったままで、少年と呼吸をあわせていたのである。[石牟礼 2021: 15]

　少年は、棒きれをバットに見立て、宙に放り上げた石ころを打とうと何度も試みている。そんな空しい試みは、村の真空のような静寂のなかで、ただひとつ動いている「村の意志」とも思われてくる。そんなことに思いを巡らしながら、「わたくし」は意を決して少年の名を呼ぶ。

　　　彼は非常に驚いて、ぽとりと棒切れを落とした。なにか、調和が、彼と無音の部落とでつくりあげていた調和が、そのときくずれた。彼は立ちすくみ、家の戸口を探すために方向感覚を統一しようとするらしくみえた。そして、まるで後ずさりに突進するように、戸口の内に入ってしまったのである。
　　　それが、山中久平少年と私との、正式な、はじめての出遭いであった。
　　[石牟礼 2021: 17-18]

1965 年現在、久平少年は 16 歳（1949 年生）、母千代は 57 歳（「はじめての出遭い」は 1963 年秋のこととされているので、そのときには久平は 14 歳ということになる）。漁師だった父親は 1960 年に「ふとした風邪がもとで」死去。姉さつきは 1927 年生、1956 年 9 月に水俣病で死亡。久平も 1955 年に水俣病を発病し、重篤な運動障害、視覚障害を負っている。ぎこちない「野球のけいこ」も、「方向感覚を統一」しようとする様子も、もちろん水俣病ゆえのことである。

この、久平少年との最初の出遭いの挿話のなかで強く印象に残る事柄のひとつは、沈黙、静寂、そして、反復する日常の秩序──「撫でたような静寂」「彼と無音の部落とでつくりあげていた調和」──といった、見えない（あるいは不可視化された）ところで進行する病苦とは裏腹の、平穏な時間の流れではないだろうか。この後で言及される、胎児性水俣病患者の姿についても、同様の印象を抱かざるを得ない。

胎児性水俣病患者とは、母親の胎内で水銀に侵され、さまざまな障害を抱えて生まれた子どもたちのことであり、1962 年には正式に認定されている。石牟礼の言葉を借りれば、重度の胎児性水俣病患者は「誕生日が来ても、二年目が来ても、子どもたちは歩くことはおろか、這うことも、しゃべることも、箸を握って食べることもできなかった。ときどき正体不明の痙攣やひきつけを起こすのである」［石牟礼 2021: 23］。

こうしたきわめて重い実態がある一方、胎児性患者などの在宅患者を検診に送迎するバスのエピソードには、なにか牧歌的な風情さえ漂っている──

> 「しのぶちゃん」のご自慢の花帽子が、窓から入る風にふわりと浮きあがり、座席の間の床に落ち、しのぶちゃんがきょとんとしてあらぬ方をみて帽子の落ちたことを知らないで（彼女は目も耳も少しわるいので）いるのがさもおかしい、といっては笑み崩れ、バスが横ゆれにゆれ、一光くんと松子ちゃんの頭がぶつかっても、バス中がドッとはしゃぐのであった［石牟礼 2021: 25］。

実際、1953 年に劇症型患者が多発し、1956 年に水俣病が公式確認され、1959 年には多数の漁民が新日窒（のちのチッソ）の水俣工場に突入、同年に

水俣病患者互助会と新日窒との見舞金契約などを経て、この時期は表面的な鎮静化と、災禍の忘却の風潮があらわになってきていた。だからこそ、石牟礼はこの節の最後にこう記さなければならなかった——

　　水俣病を忘れ去らねばならないとし、ついに解明されることのない過去の中にしまいこんでしまわねばならないとする風潮の、半ばは今もずるずると埋没してゆきつつあるその暗がりの中に、少年はたったひとり、とりのこされているのであった。［石牟礼 2021: 33］

　沈黙と静寂に、そして忘却に抗うこと、水俣病を想起し続けること——最終的に三部作になる大作『苦海浄土』の原動力のひとつが、そうした意志にあることは、「そんな一昨年の夏を過ぎたある日の午後を私は思い出す」［石牟礼 2021: 14］という形で、あえて「想起」を出発点としたことにも表れているにちがいない。

(3) サバルタンは語る
　ところで、「わたくし」の（おそらくは何度目かの）久平少年訪問には、市役所の職員である「蓬氏」が同行していた。彼の役割は、久平少年に、患者検診を受けるよう説得することである。先ほどふれたように、市役所の衛生課は、在宅患者の検診の送迎バスを運行していたが、久平少年は検診におもむくことを頑なに拒否してきたのである。この日も、久平少年はラジオの歌謡曲番組や野球中継を口実にねばりつづける。そして、野球中継が終わり、口を閉ざしていた久平が「ようやく後むきのまま重く不明瞭な声で」答えるその言葉が、こう書きつけられる——

　　「いやばい、殺さるるもね」
　　「殺さるる？……なんの、そげんこたなか。熊大のえらか先生たちの来て、よう診てくれよらすとぞ。小父さんがついとるけん大丈夫じゃが」
　　「いや。行けば殺さるるもね」
　　蓬氏はしばらく絶句する。［石牟礼 2021: 31-32］

　石牟礼が書いているように、水俣病の原因究明や患者のケアのために行政

が準備している仕組みに対する、「殺さるるもね」という発言は、「はなはだ不穏当で、筋違いの発言」かもしれない。しかしまた、それは、きわめて切迫した言葉でもあった。

　日本近代文学研究者の井上隆史は、この久平少年の一節に、ガヤトリ・チャクラヴォルティ・スピヴァクの「サバルタンは語ることができるのか」［スピヴァク 1998］という問題設定を重ね合わせ、久平を始めとする水俣病患者こそ「サバルタン」（井上の言葉を借りれば「共同体の周縁にあって、支配的な人々に従属するほかない民」）であるとし、こう述べている――「彼らは語ることができないし、その声を外部の人間が代弁することもできはしない。もし代弁できたと考えるなら、それは思い上がりであり、実際には自分を安全圏に置きながら、対象に対して抑圧の上に抑圧を重ねることにほかなりません」［井上 2024: 136］。さらに、「殺さるるもね」という発言について――「これは、語ることができないはずのサバルタンの声ではないか」と問いかけている。

　重要な指摘である。水俣病によって物理的にも語りの自由を奪われ、幾重にも――社会的にも経済的にも――周縁化された民。しかし、『苦海浄土』という作品には、そうした患者たちの声が満ち溢れている。スピヴァクによって「語ることができない」とされたはずの民は、水俣病患者たちは、常に何らかの形で、ときには言語化以前の表現によって、語り続けているのではないか。とすれば、問題は彼らを「代弁」することよりも、彼らの声を、言葉にならぬ声を、まずは聴きとること、聞き届けることではないだろうか。「殺さるるもね」という言葉の意味を、石牟礼はこう聞き取っている――

　　　その言葉はもう十年間も、六歳から十六歳まで、そしておそらく終生、水俣病の原因物質を成長期の脳細胞の奥深く染みこませたまま、その原因物質とともに暮らし、それとたたかい（実際彼は毎日こけつまろびつしてたたかっていた）、完全に失明し、手も足も口も満足に動かせず、身近に感じていた人間、姉や、近所の遊び仲間でもあった従兄や従妹などが、病院に行ったまま死んでしまい、自分も殺される、と、のっぴきならず思っていることは、この少年が年月を経るにしたがって、奇怪な無人格性を埋没させてゆく大がかりな有機水銀中毒事件の発生や経過の奥に、

すっぽりと囚われていることを意味していた。[石牟礼 2021: 32-33]

　井上が指摘しているように、この長い一文は、通常の統辞法からは逸脱した、いわば「脱臼して」いるような、異様な文ではある。そこには井上の言うように「語ることの困難」[井上 2024: 139]がたしかに露呈しているだろう。しかしまた、このなかには、石牟礼が「殺さるるもね」という言葉に、それこそ「呼吸を合わせ」ながら、なお聞き取った「意味」が、濃密に凝縮されている。

　もし井上の言うように『苦海浄土』が「サバルタンが語る、もしくはその声が届く空間の可能性を指し示すもの」[井上 2024: 141]であるとすれば、おそらくそれは、サバルタンを知識人が「代弁する」ことができるかできないかといった次元ではなく、常に何らかの形で「語っている」はずのサバルタンの声を、いかに聞き届け、いかに中継するか、といった問題にかかわっている。

（4）聞き書き異聞

　『苦海浄土』第三章「ゆき女きき書き」によれば、石牟礼は1959年5月下旬、水俣市立病院水俣病特別病棟に坂上ゆきを見舞いに訪れている。初めての患者訪問であり、「昭和二十八年〔1953年〕末に発生した水俣病事件に悶々たる関心と小さな使命感を持ち、これを直視し、記録しなければならないという盲目的な衝動に駆られて」[石牟礼 2021: 145-146]のことである。

　「記録しなければならない」という言葉のとおり、『苦海浄土』には、複数の次元での「記録」が組み込まれている。それらは、幾つかの資料から抽出した水俣やチッソの歴史、随所随所に挟まれる公式な記録（新日本窒素附属病院の細川一医師が厚生省に提出した報告書、昭和三十四年（1959年）十一月二日の漁民による工場突入——いわゆる「漁民暴動」——を報じた熊本日日新聞、同年付の衆議院現地調査団の報告書、熊本大学水俣病医学研究班が十年の歳月をかけて1966年にまとめあげた研究報告書の抜粋、水俣病患者互助会と水俣病対策市民会議が県議会、市議会に提出した請願書等）から、石牟礼が実際遭遇した出来事の描写（「漁民暴動」の描写、1968年の園田厚生大臣来水の様子等）、さらには、石牟礼による「きき書き」である。

　この章の最初の節「五月」の冒頭には、1914年に生まれて40歳の時に発

病した坂上ゆきの「入院時所見」が引用されている――「三十年五月十日発病。手、口唇、口囲の痺れ感、震顫、言語障碍、言語は著明な断綴性蹉跌性を示す。歩行障碍、狂騒状態」[石牟礼 2021: 140]。「ゆき女きき書き」という章タイトルではあるが、言語的にも、身体的にも重篤な障碍を抱えている「ゆき女」――坂上ゆき――の「きき書き」という、初手からほぼ不可能とも思われる設定が示されているのである。

　この章に彼女の実際の肉声と思われるものとして唯一書き込まれている言葉――「う、うち、は、く、口が、良う、も、もとら、ん〔口がもつれる〕。案じ、加え、て聴いて、はいよ。う、海の上、は、ほ、ほん、に、よかった」[石牟礼 2021: 149]――も、聞き書きの困難さを浮き彫りにしているだろう。しかし、このあとに「ゆき女」の語りとして続いてゆく記述は、発病する前の夫婦舟での漁の活き活きとした回想にしても、発病してからの苦しい思いの吐露にしても、大学病院での解剖を目撃する凄惨な経験にしても、具体的な細部の描写もともなって、まことに鮮烈であると言わねばならない。

　この「きき書き」について、文庫版の解説において渡辺京二が、「『苦海浄土』は聞き書きなぞではないし、ルポルタージュですらない」[渡辺 2021: 368]と記している――「私がたしかめたところでは、石牟礼氏はこの作品を書くために、患者の家にしげしげと通うことなどしていない。〔……〕むろん、ノートとかテープコーダーなぞは持って行くわけがない」[渡辺 2021: 369]。この点については、石牟礼の自伝『葭の渚』でも、彼女みずから繰り返している――「『苦海浄土』を刊行したあと、わたしがノート片手に、患者さん宅を回って取材したように思いこんだ人たちがいたが、わたしはそういうことは一切しなかった。見も知らぬ患者さんの家を直接訪ねるなどできるものではない。職業的なライター、あるいはそれを志す人にとっては当然の行為かも知れないが、わたしは水俣病について何か書こうと思って、湯堂や茂道を訪ねたわけではなかった。ただ、何か重大なことが起こっているのを感じ取って、気にかかってならず、それを見届けたかったのである」[石牟礼 2014: 312-313]。そして、知り合いの市役所職員（『苦海浄土』では「蓬氏」となっている）を仲介として、徐々に患者たちと知り合っていったのだという。

　水俣の対岸である天草で石工の親方の家に生まれ、水俣で育った石牟礼に

して、患者たちの家を軽々に訪れることが憚られた、という現実。いや、そのような出自であるからこそ、暴力的に「取材して回る」のは慎まねばならないことを充分に心得ていたと言えるのかもしれない。ならば、のちにそれこそ「ルポライター」、「映画監督」、「研究者」、あるいは「支援者」として水俣に入り、患者たちにアプローチしようとした人々の直面した繊細な状況については推して知るべきであろう。

　それでもなお、石牟礼の筆を通じて語る患者たちの世界には、深く心を打つものがある。もちろん、渡辺京二が言うように『苦海浄土』が「石牟礼道子の私小説」［渡辺 2021: 368］であり、ひとつの文学作品である以上、そして、副題に「わが」水俣病と記されている以上、そこに彼女自身のクリエイターとしての比類なき力量がいかんなく発揮されていることは確かである。一方で、それでも患者本人に代わって石牟礼が語っているのだから、周縁化された人々を「代弁」しているとも言えるかもしれない。実際、石牟礼は患者たちの声を彼女なりに聞き届けたからこそ、「ゆき女きき書き」という章タイトルが与えられているはずである。

　しかし、そこには、知識人が「サバルタン」を代弁する、というのとは全く異なる位相がある。口が痺れ、十全に語ることが身体的にも困難な状態にある患者の「苦海」と「浄土」を、言葉によって中継すること。それには、強靭な想像力と、患者と「共にある」ことを身に引き受ける、静かな決意、ないしは「恐るべき自信」（渡辺京二）が必要なのではないか。そしてそれを可能としていることの一端には、渡辺もつとに指摘しているように、天草に生まれ水俣に育った石牟礼が、患者たちの想像世界とすでに多くを共有していた事実があるのではないだろうか。であるからこそ、石牟礼は、坂上ゆきの病室に辿り着く前に目撃した釜鶴松について、「まさに死なんとしている彼」の「かなしげな山羊のような、魚のような瞳と流木じみた姿態と、決して往生できない魂魄は、この日から全部わたくしのなかに移り住んだ」［石牟礼 2021: 147］と言い切ることができるのであり、坂上ゆきに「うちゃぽんのうの深かけん、もう一ぺんきっと人間に生まれ替わってくる」［石牟礼 2021: 186（強調原文）］と語らせることができるのである。

(5) ユートピア

　『苦海浄土』第四章「天の魚」は、1964 年、「わたくし」が九歳の胎児性

水俣病患者、江津野杢太郎少年の家を訪ねるところから始まっている。江津野家は、「見るからに老い先みじかげな老夫婦」と、水俣病を罹患していると見えるその一人息子、そして老夫婦の三人の孫——その一人が「排泄すら自由にならぬ胎児性水俣病患者」の杢太郎少年である——の六人で暮らしている。この章は、この家を訪ねてきた「わたくし」——老人には「あねさん」と呼びかけられている——に、杢太郎の祖父である江津野老人が自らの人生、水俣病による窮状、孫杢太郎への思いを、焼酎を飲みながら切々と語って聞かせる構図になっている。のちに俳優砂田明らによって演劇化されるこの章のなかでも、異彩を放っている場面のひとつが、江津野老が若き日に、妻と鯛釣りに船を出していた頃の回想である。文庫版で4ページほどにわたって語られるこの一節には、こんな言葉を読むことができる——

　　あねさん、魚は天のくれらすもんでござす。天のくれらすもんを、ただで、わが要るが思うしことって、その日を暮らす。
　　これより上の栄華のどこにゆけばあろうかい。[石牟礼 2021: 221]

　日本列島の周辺地域で、本格的な工業化の波が岸辺を洗い環境汚染が顕在化する前の、一種の——理想郷としての——ユートピア、しかも失われたユートピア。これをいわゆる「環境倫理」やエコロジーの思潮に結び付けて読むことも当然可能だろう。けれども、かつてあったそんな「浄土」を記憶のなかで生き直す、それが生きることの数少ない頼りである時、水俣病の「苦海」の深さもまたいや増して突き刺さる。ユートピアに思いを馳せることの意味をどう考えるのか。問いは開いたままにしておきたい。

おわりに

　ここまで、『苦海浄土』のなかに読み取られる幾つかのテーマについて、簡単に触れてきた。希有の文学作品でもある『苦海浄土』を見据えているのだから、安易な一般化は慎むべきかもしれないが、忘却への抵抗、周縁化された人々へのアプローチ、そして、ユートピアといったトピックは、「人間の安全保障」の危機にさらされている人々へのアプローチについても、ある

いは、そういった事象のなかから生まれてくるさまざまな表現を考えるうえでも、多くを問いかけているように思っている。

　もちろん、それらについてこの文章でなにか正解めいたことを示すつもりはない。まずは、どのようなフィールド、学問領域、問題領域を足場に「人間の安全保障」を考えるにしても、この『苦海浄土』という一書を是非ひもといてほしいと願っている。そして、そうすることで、本講では扱っていないさまざまな問いを見いだしてくださることを、切に願う次第である。

　また、水俣病が孕む複雑な問題は、『苦海浄土』という、1969 年までの歴史に制約された作品を超えて、今も継続しており、そのなかで、「『苦海浄土』以降」の表現も数々世に問われてきた。患者の救済をめぐる裁判も、現在進行中であることも忘れてはならないだろう。石牟礼はかつて「祈るべき天と思えど　天の病む」と詠んでいる。この言葉を噛みしめつつ、本講を閉じたい。

［文　献］
石牟礼道子（2014）『葭の渚』藤原書店。
石牟礼道子（2021）『苦海浄土——わが水俣病』講談社。
井上隆史（2024）「石牟礼道子『苦海浄土』を読む」井上隆史編『世界文学としての日本文学』弘学社、129-145 頁。
スピヴァク、ガヤトリ・チャクラヴォルティ（1998）『サバルタンは語ることができるか』上村忠男訳、みすず書房。
渡辺京二（2021）「石牟礼道子の世界」石牟礼道子『苦海浄土——わが水俣病』講談社、364-386 頁。

【読書案内】

緒方正人（2020）『チッソは私であった——水俣病の思想』河出書房新社。
　＊ 患者団体の先頭に立って戦っていた著者が、運動が「システム」に取り込まれてゆくことに疑問を抱き、水俣病患者の運動も含めて近代を問い直す。

最首悟・丹波博紀編（2007）『水俣五〇年——ひろがる「水俣」の思い』作品社。
　＊ 2007 年時点での、水俣にかかわる多様な論者の論集。

永野三智（2018）『みな、やっとの思いで坂をのぼる——水俣病患者相談のいま』ころから。
　＊ 水俣出身で、水俣病患者支援を長年になってきた「相思社」で相談員をつとめる著者

の、リアルな日常を綴る。

吉田司（1991）『下下戦記』文藝春秋。
　＊　1970年代の初めに水俣に支援に入ったジャーナリストの、胎児性水俣病患者世代の若
　　者たちとの生々しい交流を記録する。

結　論

危機の時代における人間の安全保障の実践
より人間的な世界へ

キハラハント愛

はじめに

　阪本が序論で指摘する通り、国家間における、「人権」や「法の支配」などの共通の価値観の後退、多国間主義の危機的な実践の状況［UN 2023］などを背景に、「人間の安全保障」概念の実践や実現の展望は必ずしも明るくない。国際社会で「人間の安全保障」を唱え続けているのは日本だけとも言え、その日本も「人間の安全保障」ではなく「人間の尊厳」を代替する概念のように提唱したりすることもある［外務省 2023］。

　そのような中、本書は、「人間の安全保障」の概念そのもの、「人間の安全保障」に何が含まれるか、実践には何が必要でどう実践され得るのか、実践に必要な要素、などについて、15 の考察を加えたものである。執筆者は東京大学の駒場キャンパスで 20 年続いてきた「人間の安全保障」大学院プログラム（HSP）所属の研究者、HSP の卒業生を中心とし、特定の学術分野に所属するわけではない。

　「15 講」は、国際関係学、社会学、人類学、法学、歴史学、文学など、実に色々な学術的な分野から、それぞれ独立して関連の考察を加えており、1講 1 講でも十分に成り立つ。まず、単独にその多様な「人間の安全保障」論を堪能してほしい。また、より重要な学術的貢献として、本書はこの 15 の論考全体をもって、未だその要素や実践の方法に関して明らかな合意があるとは言えない「人間の安全保障」をより具体的に描き出し、「人類社会を少しでも人間的なものにしようとする動き」［山影 2008: 10］全体が直面している課題に対して、何らかの解を与えようとしている。まず本書で描き出された「人間の安全保障」像と実践へのヒントを、各論考から拾ってみよう。

1 描き出される「人間の安全保障」像

本書の第Ⅰ部は、「人間の安全保障」概念の世界と日本での実践についての考察であった。

まず第1講で、キハラハントは、「人間の安全保障」の核の一つと位置づけられる、脆弱な人々を保護する枠組みとして、国際法の中から人権法、国際人道法、難民法のアプローチを紹介し、それらの国際法のアプローチが保護されるべき「人間」に特に焦点を当て、柔軟に適用され得るツールであるとした。また、脆弱な人々を保護するという観点から発展した政治的概念として、「保護する責任」と「文民の保護」について触れ、これら複数の法的・政治的ツールを積極的、柔軟に適用していくことが、新しい「人間の安全保障」への脅威に対抗していく鍵になるとした。

続く第2講において、遠藤は、テロリズム、暴力的過激主義などとも称されるアフリカの暴力を伴う紛争形態と、それに対症療法的に対応する平和活動について論じた。外部から紛争地帯に入る援助活動家の、地元の人々に関する思い込みは非生産的であり、よりローカルな平和構築の取り組みと組み合わせる必要がある。このような、紛争地域で生活する人々（「人間」）がおかれる様々な政治的、経済的、社会的な環境に注目し、彼らのあり方に改めて光を当てる必要性を説く議論は、平和活動に対する重要な問題提起となっている。

第3講では、中西が、「人間の安全保障」と密接な関係を持つ「食」と「農」を再考した。特に「緑の革命」に代表される「農業開発」に疑問を投げかけ、一時的に農業開発の対象となった農家で作物が多く穫れるようになっても、それらの貧困緩和の政策や援助がグローバル企業とエリート層の利権に直結しており、中長期的にはさらに格差が拡大するという事象に注意を呼びかけた。そのような中、有機農業などにおいて、民衆が創造する、小社会集団の動きは、弱者の営為として存在感を増してきていると説いた。

より具体的な実践の論考として、続く第4講では、谷垣が、開発と平和に関わる切り口として、日本のインドネシア警察改革支援という、国際協力の例を取り上げた。インドネシア国家警察による人権侵害や腐敗を扱うのでは

なく、あえてインドネシア国家警察に寄り添う形で組織的な支援を行った例を、支援を行った日本の警察関係者からの聞き取りをもとに再現することで、「人間の安全保障」を守るための国際協力のあり方を問う論考となっている。

第Ⅰ部最後の第5講では、髙橋が、脆弱な集団として挙げられることもあり、同時に大規模な移動があれば脅威とされることもある移民に着眼した。日本における、移民の子どもへの教育について取り上げる中で、教育における不平等を生み出す社会はマジョリティである日本人を含むすべての人を「当事者」とする問題であり、日本社会において日本人であることの特権性を問い直すことの重要性を訴えた。

第Ⅱ部の「多彩な知との対話」では、5つの学術的な論考が続く。

まず第6講では、小川が、平和論の観点から、ガルトゥングの提唱した、直接的な暴力や紛争がない状態である「消極的平和」と、国際的、国内的な社会構造に起因する貧困、飢餓、抑圧、疎外、差別などの構造的暴力がない状態である「積極的平和」についてひも解いた。その中で、「積極的平和」と「消極的平和」はどちらも重要だが、前者が国家の安全保障、後者が人間の安全保障の概念と親和性が高いことを表し、ひとつの集団に対する同情が必然的に別の集団に対する冷淡さを意味しない状況を築くことが国家の安全保障と人間の安全保障にまたがる重要な課題であると指摘した。

続く第7講で、星野は、「人間の安全保障」の「人間」には何が含まれるのかを検証した。2001年の同時多発テロ以来しばしば政治家たちに使われる「人類の敵」というレトリックが、古代ローマ以来存続する、海賊が「非人間」、「万人共通の敵」であるというレトリックに類似していることに着眼し、誰もが国家にとっての海賊になるリスクについて警鐘を鳴らした。われわれ一人一人の人間の安全保障は、人々の、ひいては人類の安全保障を唱える呼びかけに対する不断の警戒と表裏一体にある、という鋭い指摘で章を閉めている。

続き第8講で、黛は、「人間の安全保障」の対象とされる「国家の安全保障」の概念に歴史学から光を当てた。主権国家体制、主権国家による安全保障体制は世界の歴史上、比較的新しい。バルカン半島の長い歴史の中では、同地は常に民族紛争の地であったわけではなく、そこにおける人々の安全を守る仕組みや制度は実に多様で、近代以降のバルカンの歴史は、安全を求め

る人々が突き動かしたと考えることもできると主張する。だとすれば、むしろウェストファリア条約以降の「主権国家を単位とする」国際秩序と、それに依拠する「国家の安全保障」を、歴史は当然のものとせず、多様な形の「人間の安全保障」の形があるとも考えられるかもしれない。

　歴史学から「記憶」を取り上げるのが重松である。重松は体制転換後の中・東欧諸国における国家ごとの歴史記憶と、その内部に存在した多様な記憶として、犠牲者としての「記憶」に注目した。人権や移行期の正義の概念とともに第二次世界大戦後に出現した「犠牲者ナショナリズム」は、多様な歴史記憶の形成を許容し、「人間の安全保障」の概念と親和性があるとも言えるが、自らの集団が他の集団より犠牲が大きかったという信念に基づいていることや、自己集団の加害の歴史を拒否したり正当化したり、その後の加害行為を正当化したり、また、犠牲者としての歴史にそぐわない記憶を周縁化、抑圧したりするという問題点も指摘される。

　第Ⅱ部最後の第10講は文学の視点の論考である。ここでは吉国が、「人間の安全保障」への新たな脅威に対抗するために重要な、共通の人間性に基づく人間の連帯について、何が人間を連帯させるのか考えるために、物語とは人間にとって何なのか、を論じた。興味深いのは、ある物語が無数の、無名の語り手を経て何度も繰り返され、語り直される経緯を人間の「連帯」をめぐる経緯ととらえ、物語が自己展開し、自らを語り続けるという点である。この物語の力が世代を超え、人新世を超えて続くと吉国は指摘する。

　第Ⅲ部の「豊かな人間像への接合」においては、さらに５つの論考をもって、「人間の安全保障」の主体であり客体でもある、「人間」像に迫った。

　まず第11講において、内尾は、「人間の安全保障」は人間が普遍的に尊厳を持つことを前提にしつつ、同時にその尊厳が文化的に多様であることを想定していることを指摘した。また、東北の自然災害の被災者の尊厳に関する考察から、大規模自然災害の被災地にとってその復興過程とは、国家や市場、市民社会の参入による荒廃からの再生を通じて、短期間のうちに文化変容を経験するプロセスであり、被災者の尊厳は複雑な回復の道筋を辿ってきたとした。被災者の尊厳は発災とともに危機に陥り、復興過程の中で傷つけられ、ローカルな解決策が時間をかけて導き出されてきたが、それがある種の災害レジリエンスとなって現れているのだと言う。

第 12 講では、阪本が、「人間の安全保障」をある現場で外から実践しようとする際、そこにいる「人間」に対し、働きかける側がいかなる描像を持っているかということが問題になるとして、その描像に迫った。その「人間」は誰で、いかなる存在なのか、サヘルの「牧畜民」を例に挙げ、家畜を養うために動き続ける牧畜民の中でも、日帰り放牧をする牧畜民や都市に暮らす牧畜民など、多様な「牧畜民」が新しい変化に応じて様々な形態で暮らしている様子を描き、「人間」に関する描像の重要性とそれを描くことの難しさを浮き彫りにした。

　続く受田の第 13 講では、先住民の「人間の安全保障」について論じた。そもそも先住民性とは使用言語で決まるのか自らのアイデンティティで決まるのか、連続的で多次元にわたり、先住民自身によって選択され操作され得るものである。先住民の「人間の安全保障」を脅かしてきたのは法律、政治体制、社会組織や規範などの制度であると捉えられるが、制度を改革するには、先住民の権利を謳う制度や取り組みが円滑に働くよう促し、制度が機能不全の場合にはその刷新に向けて働きかけることを厭わない人間が鍵となると指摘した。

　関谷はまた視点を変え、「人間の安全保障」の課題に向き合うための学問そのものに焦点を当てた。人々の移動性と定住性を共存させて捉えるアフリカの人類学的な農村研究の例や、20 世紀初頭のアメリカ大都市における労働者階級のつながりについて、マクロな学問では見えにくい彼らの生活の質やヒエラルキー・格差の変化を丁寧に拾った文学や歴史学の例などを挙げ、特にフィールドワークを伴う人文科学的なアプローチで行われている研究が、「人間の安全保障」の具体的な課題と向き合う第一歩なのではないかと説いた。

　最後の第 15 講は、文学の分野から、星埜が締めくくった。星埜は、水俣病の問題を描き出す石牟礼道子の『苦海浄土——わが水俣病』の中に、特に水俣病を忘れ去るべきであるという風潮への抵抗、周縁化された人々へのアプローチ、かつてあった理想郷としてのユートピアを記憶の中で生き直す、といった、「人間の安全保障」の危機にある人々へのアプローチに通じるテーマを読み取り、開いたままの問いを読者に投げかけた。

2 「人間の安全保障」像、解釈と実践の課題

　こうして見てくると、「人間の安全保障」の「人間」とは何か、その当事者像をどう捉えどう描くか、「人間の安全保障」の脅威には何を含めるか、「人間の安全保障」にとって重要な要素である、尊厳、当事者性、主観性、文化、「国家の安全保障」と対峙する「人間の安全保障」をどこまでどのように優先するか、「人間の安全保障」の実践に必要な考察とは何か、全体として「人間の安全保障」の輪郭と中身、そして解釈と実践の課題が浮かび上がってくる。

　もとよりそれらを詳細に抽出することはこの結論の目的ではないが、まとめとして何点か挙げてみたい。

　1点目は、「人間の安全保障」という概念は、人間が人間らしく生き、生活するためのすべての面に関わり、それゆえに非常に多岐にわたるということである。学問的にも、それら人間の生と生活を見るレンズとして、「人間の安全保障」は一つの学問の領域内には到底収まらず、複数の学術的なアプローチで非常に多様に描くことができる。様々なレンズを通して「人間の安全保障」は多様に解釈もでき、「人間」に共通する部分と、「人間の安全保障」を体験する主体の人間によって解釈や実施の方法が異なる部分、つまり客観的な部分と主観的な部分が両方存在する。これは各論考の執筆者と内容を見れば明らかであろう。

　2点目は、これら多様な「人間の安全保障」観に共通する、人間の目線で人間にとっての脅威を考え、それらの脅威から自由に生と生活を育むことを重要視する認識である。そこに存在するのは、「人間」とは何か、「人間らしく」とは何かという問題意識と、その「人間らしさ」を守り育んでいく姿勢であろう。この点において、本書でも何度も触れられた「尊厳」という概念は非常に奥が深い。内尾によれば、この「尊厳」の実現においては文化が関係しており、ゆえに人間の集団または個々によって「尊厳」が実際に意味するところは異なる。これは、「人間の安全保障」が内在する主観性ともつながる点であろう。

　3点目は、「人間の安全保障」概念はまた、歴史や国際社会など、実際に

あった事柄、存在する事象などを理解し、意味づけをするために有用な道具であることを再確認できるということだ。黛や重松の論考などは、これを特に印象づけたのではないだろうか。

4点目は、「人間の安全保障」また、「人間」は、大変多様に表現され、それぞれ異なりながら、表現されたことがその対象である「人間」のように連帯し、表現は表現で生き続けるという点である。星埜や吉国の論考からは、それが読者に伝わるのではないかと思う。

そして5点目は、本書の構成の順番とは概ね逆になるが、そのような「人間の安全保障」を実践するために、これも多様な規範や方法が用意され、国家や援助団体など、「人間の安全保障」を実施する・しようとする主体が、試行錯誤しているという点である。これは、第Ⅰ部の各論考だけでなく、阪本の論考などにも言えることである。

3　国際社会の動きに寄せた考察

このような豊かな「人間の安全保障」の概念であるが、最後に現在の国際社会の動きに寄せて少し考えてみよう。

「人間の安全保障」概念が誕生して30年、国際社会の、「人類社会を少しでも人間的なものにしようとする動き」も非常に多岐にわたっている。それには、もちろん「国家の安全保障」の取り組みと重なる部分もある。例えば武力紛争の勃発や再発を予防し、武力紛争を止めようとする一連の動きは、「国家の安全保障」の動きであるとともに、武力紛争の影響を受ける人々を守ろうとする「人間の安全保障」の動きでもある。遠藤が本書で取り上げた平和活動も、国際の平和と安全を守る取り組みでもあり、同時に「人間の安全保障」を実施する取り組みでもある。このような場合、もし国家の主権が「人間の安全保障」と相容れなければ、「人間の安全保障」は危機に陥るであろう。

持続的開発目標（Sustainable Development Goals: SDGs）に代表される開発の取り組みも、「人間の安全保障」と密接な関連を持つ。「人間の安全保障」概念を生んだ国連開発計画の「人間開発報告書」では、開発の指標として「人間」に焦点を当て、健康な生活、教育、生活水準を含む複合統計である

「人間開発指標」を使って、対象となる人々がどれだけ広く生きる上での選択肢と能力を持っているかを測っている［国連開発計画（UNDP）駐日事務所2007］が、これらの指標は相互依存の関係にある。後発発展途上国はコロナ禍で世界的に低下した人間開発指標が回復せず、人間開発指標が低い国では人々は自分の人生を自分でコントロールできるという感覚が低いということも報告されている［UNDP 2024］。これらのことは、「人間の安全保障」についても重要なヒントを与えてくれるものである。

　国際社会が「人間」に注目して「人間」を守る試みとしては、第1講で取り上げた、人権や国際人道法、難民法などの規範の形成、並びにそれを執行する枠組みとプロセスの整備、も重要である。関連する国際社会の試みとして、国際刑法の整備と、国際刑事裁判所に代表される国際法廷の設置がある。人類全体に害を与えるような重大な犯罪、つまり国際犯罪を犯した個人の責任を、国家ではなく国際社会が直接問うというこの仕組みは、国家を中心とする国際社会、「国家の安全保障」という視点だけから見ると説明がつかない。国際犯罪を犯した個人を国際社会が訴追する試みは、個人の訴追とアカウンタビリティの追求によって、被害者、その家族、またコミュニティの、「人間の安全保障」を改善し、予防的に「人間の安全保障」を守るという、「人間の安全保障」の一手であるとも言えるのではないか。

　国際社会が直接人々に接する人道援助や人道活動も、国際社会が直接人間を守ろうとする活動の一手である。この人道の分野では、武力を伴う介入などと異なり、政治的に大国の意見が割れることが少なく、緊急・短期的な「人間の安全保障」を守る国際的な取り組みは厚い層を形成している。国連における人道問題調整事務所の活動、国連の事務所や機関、赤十字国際委員会や非政府機関（NGO）などを含むプロテクション・クラスターの活動［Global Protection Cluster］、災害が起きた際に迅速に対処すべく専門家を準備・待機させるスタンディング・キャパシティ制度［Inter-Agency Protection Committee］など、人道的な危機に事後的に対処するだけでなく、危機に迅速に対応できるような準備も進んでいる。

　このように、国際社会が国家を通さず人間と直接関係性を持つという傾向は、序論で阪本が記したように国家が「主権」に多く言及する状況に戻った現在においても、変わらず続いている。遠藤が取り上げた平和活動関連では、

国連の平和と安全保障の政策で「人間中心のアプローチ」が取り上げられ［United Nations 2023: 20］、国際社会の「人間」への回帰とでも言えそうな動きが存在することも追記しておきたい。少なくとも、このように国際の平和と安全保障に関する国際社会向けの政策において、平和を考察するものさしが「国家の安全保障」だけではないということは、それ自体「人間の安全保障」概念の必要性が国際社会でも継続していることを示していると言えるのではないか。また、国際社会において、またはより正確には国連のような場で使われるような「人間の安全保障」という概念と、対象によって異なる、より細やかな「人間の安全保障」の内容、そしてその実践は、その重要性を長く失わないのではないかと思われてならない。

おわりに

こうして見てくると、「人間の安全保障」の概念自体の意義はこれまでにも増して大きいように思われる。シリア、南スーダン、ウクライナやガザなど、国際の平和と安全保障の分野における多国間主義の実践の危機が明らかな今日、また、「人間中心のアプローチ」が見直されるようになった今日、そして、難民・移民に関する国際社会の取り組みに国家だけでなく市民社会や多国籍企業が直接主体として参加するようになってきた今日、「国家の安全保障」と並行するアプローチとして「人間の安全保障」概念はより重要性を増しているように思われる。

その「人間の安全保障」の国際的な実践の場と別に、または並行してアカデミアが存在するとするならば、本書のように多岐にわたる分野から自由に「人間の安全保障」を考察するという行為は、非常に有意義かもしれない。本書が、「人間」に興味を持つ学生だけでなく、広く様々な学術分野で研究する研究者、次世代を育てる教育者、そして「人間の安全保障」を実施する実務者にも、立ち止まって「人間の安全保障」について考えてもらう一助になれば幸いである。

［文　献］

外務省（2023）「第 78 回国連総会における岸田総理大臣による一般討論演説」〈https://www.mofa.go.jp/mofaj/fp/unp_a/page4_006001.html〉

国連開発計画（UNDP）駐日事務所（2007）「人間開発ってなに？――ほんとうの豊かさをめざして」〈http://www.undp.or.jp/publications/pdf/whats_hd200702.pdf〉

山影進（2008）「地球社会の課題と人間の安全保障」高橋哲哉・山影進編『人間の安全保障』東京大学出版会、1-18 頁。

Commission on Human Security（CHS）（2003〔2003〕）*Human Security Now: Protecting and Empowering People.*〔人間の安全保障委員会『安全保障の今日的課題――人間の安全保障委員会報告書』朝日新聞社〕

Global Protection Cluster, *Global Protection Cluster: Who We Are.*〈https://www.globalprotectioncluster.org/about〉

Inter-Agency Protection Committee, *Protection Standby Capacity Project（ProCap）.*〈https://interagencystandingcommittee.org/protection-standby-capacity-project-procap〉

United Nations（2023）*A New Agenda for Peace.*〈https://dppa.un.org/en/a-new-agenda-for-peace〉

United Nations Development Programme（UNDP）（2024）*Human Development Report 2023-3024.*〈https://hdr.undp.org/content/human-development-report-2023-24〉

付　録

「人間の安全保障」研究案内

阪本拓人・和田吾雄彦アンジェロ

「人間の安全保障」を切り口としてより良い地球社会のあり方を構想していく上で有用と思われる文献を紹介する。人間の安全保障そのものの理解や実践だけではなく、この概念の批判や相対化に資する研究も取り上げる。広く参照されてきた文献だけではなく、比較的新しいものも極力取り上げたい。

1　「人間の安全保障」をさらに理解する——基本文献・政策文書を中心に

(1) 概説書・教科書

日本語で、しかも手軽に読める人間の安全保障の入門書としては、以下が広く知られている。

[1] 長有紀枝（2021）『入門　人間の安全保障——恐怖と欠乏からの自由を求めて［増補版］』中央公論新社。

国際社会における概念形成から日本の現場での実践まで人間の安全保障をめぐる多様な論点が、実務と学術の両面で活躍してきた著者ならではの観点から、大変わかりやすく論じられている。

人間の安全保障を正面から扱った英語の教科書として以下も挙げておきたい。

[2] Andersen-Rodgers, David, and Kerry F. Crawford（2022）*Human Security: Theory and Action*, 2nd ed., Rowman & Littlefield.

人間の安全保障の概念・歴史・関連主体などが解説されたあと、「武力紛争時の人間の安全保障（human security in armed conflict）」と「永続的な人間の安全保障（durable human security）」に大別されさまざまなテーマが議論される。後者

のカテゴリーでは、ジェンダー不平等や気候変動など本書では十分に扱えなかっ
たテーマも取り上げられている。

　以下は人間の安全保障研究の古典と言ってもいいかもしれない。

[3] Tadjbakhsh, Shahrbanou, and Anuradha M. Chenoy（2007）*Human Security: Concepts and Implications*, Routledge.

「恐怖からの自由」「欠乏からの自由」「尊厳を持って生きる自由」を包摂する
（いわゆる「広義」の）人間の安全保障理解の学術的・実践的意義を強く打ち出し
つつも、この概念を取り巻く学術・政策論争、さまざまな論者が提起してきた定
義、人権や人間開発など関連概念との連関が、多くの図表を活用しながら大変丁
寧にまとめられている。

　より広い視野から人間の安全保障について学びたい読者には、版を重ねている
以下の安全保障の教科書がおすすめである。ロシアのウクライナ侵攻をはじめ比
較的最近の事例もたくさん取り上げられている。

[4] Neack, Laura（2023）*National, International, and Human Security: Protection against Violence*, 3rd ed., Rowman & Littlefield.

副題からも想像できる通り紛争・暴力関係の話題が中心になるが、国際社会の中
で人間の安全保障がなぜ後回しにされてしまうのか、この本を読むと改めて納得
させられるであろう。

（2）主要な政策文書

　序論でも述べた通り、人間の安全保障の概念は冷戦後の開発と安全保障をめぐ
る政策論議の中で登場した。その起点となる文書が国連開発計画（UNDP）によ
る『人間開発報告書1994』である。

[5] United Nations Development Programme（UNDP）（1994）*Human Development Report 1994: New Dimensions of Human Security*, UNDP.〔国連開発計画（UNDP）『人間開発報告書　1994』国際協力出版会〕

この報告書では、「領域の安全保障から人々の安全保障へ」といったスローガンとともに、「7つの安全保障」「6つの脅威」などを列記する形で、人間の安全保障概念がやや雑然とした形で提示されている。これをさらに整理し精緻化したのが、以下の報告書である。

[6] Commission on Human Security（2003〔2003〕）*Human Security Now: Protecting and Empowering People.*〔人間の安全保障委員会『安全保障の今日的課題——人間の安全保障委員会報告書』朝日新聞社〕

「恐怖からの自由」と「欠乏からの自由」の不可分性がさらに強調され、「保護（protection）」と「エンパワメント（empowerment）」という相補的なアプローチによる人間の安全保障の実現が強く打ち出されている。

　上記二つの報告書の内容を踏まえつつ、[6] の刊行から 20 年近い時を経て UNDP は新たな報告書を刊行した。

[7] United Nations Development Programme（UNDP）（2022〔2022〕）*New Threats to Human Security in the Anthropocene: Demanding Greater Solidarity (2022 Special Report)*，UNDP.〔国連開発計画（UNDP）『2022 年特別報告書　人新世の脅威と人間の安全保障——さらなる連帯で立ち向かうとき』日経 BP〕

気候変動など人類の生存を脅かす地球規模の変動、デジタル技術等に起因する新たな脅威の出現といった状況変化に目を向けながら、人間の安全保障概念のさらなる「豊穣化（enrichment）」が図られている。特に、人間の「行為主体性（agency）」を軸に、従来の「保護」「エンパワメント」に加えて「連帯（solidarity）」を打ち出している点が大きな特徴である（連帯概念を中心とする報告書の評価については [Gasper and Gómez 2023] を参照）。

　以上三つの報告書は、人間の安全保障概念の形成・拡充の大きな流れを形作っているが、この概念はそれ以外にもさまざまな政策論議の場で議論されてきた（[福島 2010] 等を参照）。その一つが国連総会を中心とする多国間外交の場である。このような多国間の議論は、国連の事務総長が出す報告書を土台としている。以下は直近の報告書である。

264——付　録　「人間の安全保障」研究案内

[8] United Nations General Assembly（2024）*Human Security: Report of the Secretary-General*（A/78/665; 2 January 2024）.

世界各国・地域でのさまざまな実践事例が紹介され、人間の安全保障の政策的有効性が改めて主張されている。この報告書を受け、2024 年 4 月に国連総会で人間の安全保障に関する公開討議が久々に開催された。報告書に加えて、この討議の録画を見たり議事録を読んだりしてみるのも良いであろう。いずれも国連のWeb サイト上で自由に閲覧できる。

（3）日本における研究

　日本は、政府レベルで人間の安全保障の主流化を推進するなど（［Hirakawa 2020］等を参照）、人間の安全保障と縁の深い国である。この概念を正面から取り上げる研究も活発であり、上記［6］で提起されたような比較的広義の人間の安全保障理解を前提に、これをさまざまに掘り下げていくタイプの研究が多い。こうした方向性に沿った研究の一つの到達点を示すものとして、ここでは以下を取り上げたい。

[9] 内尾太一（2018）『復興と尊厳——震災後を生きる南三陸町の軌跡』東京大学出版会。

著者（本書第 11 講も担当）は、人間の安全保障の観点から、東日本大震災の被災地の復興過程に支援者ならびに調査者として関わってきた気鋭の人類学者である。大規模自然災害とその後を生きる被災者にとっての「尊厳」の意味を鋭く問う本書は、人間の安全保障の理解と実践の両面に対して豊かな示唆を与えてくれる。

　日本で人間の安全保障研究と言えば、国際協力機構（JICA）の研究部門であるJICA 緒方貞子平和開発研究所（JICA 緒方研究所; 2020 年の改称前は JICA 研究所）を外すことはできない。前身の国際協力総合研修所の時代より、貧困削減や平和構築との関わりなど人間の安全保障を基軸に据えたさまざまな調査研究を行い、成果を報告書や書籍として刊行し続けてきた（レビューは［武藤・杉谷・竹内・大山 2022］）。以下の論文集はそのうち比較的新しいものである。

[10] Mine, Yoichi, Oscar A. Gómez, and Ako Muto（2019）*Human Security Norms in East Asia*, Palgrave Macmillan.

付　録　「人間の安全保障」研究案内——265

[11] Anthony, Mely Caballero, Yoichi Mine, and Sachiko Ishikawa (2023) *Human Security and Empowerment in Asia: beyond the Pandemic*, Routledge.

　［10］は規範としての人間の安全保障の受容、［11］はコロナ禍の人間の安全保障、特にエンパワメントに焦点を当てている。事例は日本を含むアジアの国々である。

　さらに JICA 緒方研究所では 2022 年 3 月から、『今日の人間の安全保障（Human Security Today)』と題する「フラッグシップ・レポート」を刊行している。創刊号（2022 年 3 月）は「人間の安全保障を再考する」、第 2 号（2024 年 3 月）は「複合危機下の政治社会と人間の安全保障」がテーマであり、人間の安全保障に関するさまざまな論考やインタビュー記事などが収められている。オープンアクセスなので手軽に読めるのも良い（https://www.jica.go.jp/jica_ri/publication/booksandreports/20220331_03.html)。

　上記のような研究活動は、開発協力大綱によって人間の安全保障の理念の実現がミッションとしてすでに与えられている組織の周辺でなされてきたものであるので、こうした理念を受け入れた上でこれを実践にいかに落とし込むか、あるいは国際規範としていかに広めていくかといったことに関心がある人には、得るものが多いだろう。次節からは、より学術的な観点から人間の安全保障概念の相対化や再構築を目指す研究を取り上げる。

2　「人間の安全保障」の相対化と再構築（1）——社会科学を中心に

（1）人間の安全保障を取り巻く批判と論争

　1990 年代後半以降人間の安全保障は国際関係論や安全保障論の研究者の間で論争を巻き起こした。いわゆる狭義の解釈か広義の解釈かをめぐる議論など、こうした論争や争点のうち主要なものについては、人間の安全保障を扱った概説書や教科書でもたいてい触れられている（たとえば前出［3］の［Tadjbakhsh and Chenoy 2007: Chap. 2])。

　ここではさらに立ち入って、人間の安全保障の何が問題になりうるかを知る上で有用な学術論文をいくつか挙げておく。まず以下は、人間の安全保障を扱ったものの中でこれまで最も引用されてきた論文の一つである。

[12] Paris, Roland（2001）Human Security: Paradigm Shift or Hot

266——付　録　「人間の安全保障」研究案内

Air? *International Security* 26 (2), pp. 87-102.

著者は平和構築論の分野で著名な研究者である。人間の安全保障の概念の広がりや曖昧さがもたらす政策面での混乱や分析面での制約を指摘しながら、容赦のない批判を浴びせている。

　このような批判は、他の指摘や批判——たとえば過度な「安全保障化（securitization）」を惹起しうる、国家中心の既存の権力構造にその実現を依存している、など——とともに、人間の安全保障に関わる研究者の間ではよく知られている。こうした批判を含め人間の安全保障に対する主要な研究者の賛否さまざまな見解は、この概念の登場10年の節目（2004年）に刊行された *Security Dialogue* 誌35巻3号の特集でカタログされている。同号の以下の論文は、総勢21名におよぶ研究者たちの「人間の安全保障観」を整理したものである。

[13] Owen, Taylor (2004) Human Security － Conflict, Critique and Consensus: Colloquium Remarks and a Proposal for a Threshold-Based Definition, *Security Dialogue* 35 (3), pp. 373-387.

同論文は、人間の安全保障を、これを脅かす脅威の種類（暴力や貧困など）ではなく、その深刻さで規定する「閾値（threshold）に基づく定義」を提唱した研究としても頻繁に引用される。

　実務面・政策面での適用を強く志向するあまり、既存の政治秩序のあり方や権力構造を無批判に受容しているといった点も、この概念の批判者がしばしば槍玉にあげる点である。以下の論文［14］はこうした認識を前提に、人間の安全保障と安全保障論における批判的研究（次節も参照）との統合——「批判的人間の安全保障研究（Critical Human Security Studies: CHSS）」——を訴えている。論文［15］では、新型コロナを事例にCHSSの視座の適用が試みられている。

[14] Newman, Edward (2010) Critical Human Security Studies, *Review of International Studies* 36(1), pp. 77-94.
[15] Newman, Edward (2022) Covid-19: A Human Security Analysis, *Global Society* 36(4), pp. 431-454.

　以上のように、人間の安全保障には常に批判や論争がつきまとってきたが、こ

付　録　「人間の安全保障」研究案内——267

のような状況を脱しようとする動きも起きてきた。一つは「議論から実践へ」と
いった方向性であり、前節で紹介した JICA 緒方研究所の研究活動にこうした志
向性を強く見出せる。他方で同じ研究所のプロジェクトから生まれた以下の論考
は、「人間の安全保障理論」の構築を明確に標榜している点で際立っている。

[16] Tanaka, Akihiko (2019) Toward a Theory of Human Security,
　　 Carolina G. Hernandez, Eun Mee Kim, Yoichi Mine, and Ren Xiao,
　　 eds., *Human Security and Cross-Border Cooperation in East Asia*,
　　 Springer International Publishing, pp. 21-40.

理論化の対象となっているのは、人間の安全保障に対する多様な脅威の発生メカ
ニズムである。脅威を物理システム、生物システム、社会システム由来のものに
分類し特徴づけた上で、これらの脅威の相互連関を前提に、文理を貫く学際的協
働を通じた理論化を訴えている。

(2) 人間の安全保障の指標化とデータ

　学術的・政策的な論争を脱して人間の安全保障をめぐる研究を「前に進める」
ために、研究者たちがこれまで試みてきたこととして、この概念を操作化した何
らかの指標によって、特定の集団や単位（国や都道府県など）における状態——
人間の安全保障の「実現度合い」——を計測しようとすることも挙げられる（こ
うした試みに対する批判は［Grayson 2008］を参照）。この文脈で常に参照される
のは以下の論文である。

[17] King, Gary, and Christopher J. L. Murray (2001) Rethinking Hu-
　　 man Security, *Political Science Quarterly* 116 (4), pp. 585-610.

多義性と曖昧さを払拭しうる、厳密かつ測定可能な人間の安全保障の定義として
「『一般化された貧困（generalized poverty）』状態の外にある将来の生存年数」が
提唱されている。
　引用数だけで言うと、この論文は人間の安全保障を扱った過去の学術論文の中
でもトップクラスに属するが、ここで提唱されている指標がその後実際に適用さ
れ、継続的なデータ生成に至った形跡はない。このことは人間の安全保障の指標
化や測定に伴う大きな困難——概念に対する合意の欠如から粒度の高いデータ生

268——付　録　「人間の安全保障」研究案内

成のコストまで——を物語っている。実際、こうした指標化はこれまで幾度となく試みられているが、上記の論文同様指標の提唱で終わるか（たとえば［Bajpai 2000]）、指標を使ったデータの構築に至っても単発で終わるか（たとえば［Owen and Slaymaker 2005]）のいずれかであった。

　それでも、指標化の試みは近年も続いている。その中で特筆すべきは、延べ216 カ国、40 年（1980～2020 年）をカバーするデータセットを構築した以下の論文である。

[18] Reinsberg, Bernhard, Daniel O. Shaw, and Louis Bujnoch（2024）Revisiting the Security-Development Nexus: Human Security and the Effects of IMF Adjustment Programmes, *Conflict Management and Peace Science* 41(1), pp. 72-95.

方法論的なブレークスルーは、因子分析を使って、既存のオープンデータ——たとえば世界銀行の開発統計やウプサラ紛争データプログラム（UCDP）の紛争データなど——をうまく活用する形で人間の安全保障の指標を構成していることである。ただし、元になるこうしたデータは、多くの場合観察単位が国家であるため、結果として導出される指標も国単位で集約された数値になっている。

　この点で注目されるのは、日本の NPO 法人「人間の安全保障」フォーラム（HSF）の「『日本の人間の安全保障指標』プロジェクト」である。ここではその最初の成果を取り上げる。

[19] NPO 法人「人間の安全保障」フォーラム・高須幸雄編（2019）『全国データ　SDGs と日本——誰も取り残されないための人間の安全保障指標』明石書店。

同書では、90 あまりの指標データを用いて、都道府県単位や子ども・女性・高齢者・障害者・被災者といった集団単位での多元的な人間の安全保障の把握が目指されている。アンケート調査を通じて、人間の尊厳や連帯に関わる主観的な側面を可視化している点も特徴的である。今後どこまで持続的に、またスケーラブルにデータを生成できるかが課題であろう。

3 「人間の安全保障」の相対化と再構築(2)—— 人文・思想分野を中心に

(1) 統治の技法としての人間の安全保障

　ここからは、人間の安全保障概念を批判的に捉え直す議論を、人文、思想分野を中心に取り上げたい。まずはそうした試みの一潮流をなす、人間の安全保障と「統治」との関連を扱う文献に触れる。

[20] Owens, Patricia (2012) Human Security and the Rise of the Social, *Review of International Studies* 38(3), pp. 547-567.

18世紀後半以降のヨーロッパにおいて、人びとの統治を試みるなかで生じた、「社会的なもの（the social）」という観念を手がかりに、人間の安全保障をめぐる統治の技法を読み解いている。ロバート・カステルとハンナ・アレントの仕事を引きながら、今日の「社会的なもの」こそ、人間の安全保障アジェンダを通じた介入の対象であることが明らかにされる。

[21] Roberts, David (2010) Human Security, Biopoverty and the Possibility for Emancipation, David Chandler, and Nik Hynek, eds., *Critical Perspective on Human Security*, Routledge, pp. 69-82.

人間の安全保障の実践として、途上国への水供給を担う国際企業と資金供給を担う金融機関を事例に取り上げながら、これらをミシェル・フーコーの「生政治（biopolitics）」概念を参照して読み解いている。
　その他に、ポストモダンの権力論と人間の安全保障の関係について扱う論考として、例えば［Barnett and Duvall 2005; Dillon and Lobo-Guerrero 2008］がある。

[22] Hynek, Nik (2012) *Human Security as Statecraft: Structural Conditions, Articulations and Unintended Consequences*, Routledge.

カナダと日本における人間の安全保障の実践を検討し、両国における人間の安全

270——付　録　「人間の安全保障」研究案内

保障の実践を可能にし、あるいは妨げてきたものは何かが論じられる。フーコーの「統治性（governmentality）」概念や、ジル・ドゥルーズおよびフェリックス・ガタリの「アサンブラージュ（assemblage）」概念を参照しつつ、それらの実践を、中心を持たない分散した実践や制度の結びつきとして読み解いている。

　東アジアの文脈における人間の安全保障と秩序形成との関連について論じるものとして、例えば［William, Thakur and Hyun eds. 2000］などがある。

(2)　人間の安全保障をめぐり産出される〈他者〉

　次に取り上げるのは、国際社会において守られるべき「人間」とは何かという問題系を、人間の安全保障の実践の文脈において問う文献である。

[23] Mgbeoji, Ikechi（2006）The Civilised Self and the Barbaric Other: Imperial Delusions of Order and the Challenges of Human Security, *Third World Quarterly* 27(5), pp. 855-869.

人間の安全保障を構成すると考えられてきた、民主主義や自由貿易といった西洋由来の信条が、むしろ非西洋諸国の他者化をもたらし、そこに住まう人びとの人間の安全保障を脅かしていることが論じられる。特に「野蛮な他者（barbaric other）」と「文明的な自己（civilised self）」、という二項対立のメタファーを検討することで、それが第二次世界大戦と冷戦を経た現代においても、連綿と命脈を保ち続けているさまが明らかにされる。

　〈他者〉の産出と人間の安全保障の関連については、［23］のほか［Marhia 2013］が扱っている。

[24] Erickson, Chris（2010）*The Poetics of Fear: A Human Response to Human Security*, Continuum.

現代の国際政治において、「恐怖（fear）」が、私たちと〈他者〉という二項対立的な認識の生成にいかに作用するかについて論じられる。古典文学であるホメロスの『イリアス（*Illiad*）』の主題である「アキレウスの盾」と、9.11以降の合衆国大統領演説とを並置することで、アメリカの安全保障政策の底流をなす「盾の論理（shield logic）」を浮き彫りにする。

[25] Oman, Natalie（2019）Human Security and Hannah Arendt's "Right to Have Rights," Natalie Oman, *The Responsibility to Protect in International Law: Philosophical Investigation*, Routledge, pp. 57–79.

2000年代より紛争行為を阻止するために提起された「保護する責任（responsibility to protect）」概念を、アレントによる「権利を持つ権利（right to have rights）」概念を通して再考している。この概念は、国民国家と無権利状態にある人々との関係を問うものであり、「保護する責任」をめぐり形成された国際制度の国家中心的特質に対して疑問を投げかけている。

　国家との関係において〈他者〉化される人々の安全保障について論じるものとして、他に［Berman 2007; Alkire 2004］などがある。

(3) ジェンダーと人間の安全保障

　最後に、批判理論としてのジェンダー研究の視点から「人間の安全保障」を問い直す文献に触れる。

[26] Hoogensen, Gunhild, and Stuvøy Kirsti（2006）Gender Resistance and Human Security, *Security Dialogue* 37（2）, pp. 207–228.

Security Dialogue 誌における 2004 年の「人間の安全保障」特集に寄稿された 21 編の論考を分析し、ジェンダー研究の方法がどの程度取り入れられていたかを論じている。これを通じて、人間の安全保障が日常的経験やアイデンティティといった個別の文脈に依存するという前提に立つアプローチを析出している。

　ジェンダーと人間の安全保障の関連については、他に［Hudson 2009; Truong, Wieringa and Chhachhi eds. 2007］がある。また、体系的レビューとして［Ammann and Kool 2021］を参照されたい。

[27] Robinson, Fiona（2008）The Importance of Care in the Theory and Practice of Human Security, *Journal of International Political Theory* 4（2）, pp. 167–188.

生命の維持や再生産といった、人が人を支える営みであるケア（care）が、人間の安全保障の重要な対象として注目されている。同研究では特に、グローバル化による、ジェンダーや人種に基づくケア責任の不平等な分担に注意を向けながら、ケアが人間の安全保障において果たす役割が論じられている。

　ケアと人間の安全保障との関連を論じる文献として、［Robinson 2011；Franseschet ed. 2009］などを参照されたい。

［文　献］

* 本文中で紹介したものは除く

福島安紀子（2010）『人間の安全保障——グローバル化する多様な脅威とフレームワーク』千倉書房。

武藤亜子・杉谷幸太・竹内海人・大山伸明（2022）「人間の安全保障研究の歩み——JICA緒方貞子平和開発研究所の取り組みを中心に」JICA緒方貞子平和開発研究所『今日の人間の安全保障 第一号 人間の安全保障を再考する』22-43 頁。

Alkire, Sabrina（2004）A Vital Core That Must Be Treated with the Same Gravitas as Traditional Security Threats, *Security Dialogue* 35（3）, pp. 359-360.

Ammann, Theresa A. and Tamara A. Kool（2021）A Systematic Literature Review of Gendered Human Security Approaches, *Journal of Human Security* 17（1）, pp. 91-105.

Bajpai, Kanti（2000）Human Security: Concept and Measurement. Kroc Institute Occasional Paper 19,（1）, pp. 1-64.

Barnett, Michael and Raymond Duvall（2004）*Power in Global Governance*, Cambridge University Press.

Berman, Jacqueline（2007）The 'Vital Core:' from Bare Life to the Biopolitics of Human Security, Shani Giorgio, Makoto Sato and Mustapha K. Pasha, eds., *Protecting Human Security in a Post 9/11 World: Critical and Global Insights*, Palgrave, pp. 30-49.

Dillon, Michael and Luis Lobo-Guerrero（2008）Biopolitics of Security in the 21st Century: an Introduction, *Review of International Studies* 34（2）, pp. 265-292.

Franceschet, Antonio, ed.（2009）*The Ethics of Global Governance*, Lynne Rienner.

Gasper, Des and Oscar A. Gómez（2023）Solidarity and Human Insecurity: Interpreting and Extending the HDRO's 2022 Special Report on Human Security, *Journal of Human Development and Capabilities* 24（2）, pp. 263-273.

Grayson, Kyle（2008）Human security as power/knowledge: the biopolitics of a definitional debate, *Cambridge Review of International Affairs* 21（3）, pp. 383-401.

Hirakawa, Sachiko（2020）Reviewing the Twenty Years of Japan's "Human Security": From Elusive Theory to Sharp Practice, アジア太平洋討究 39, pp. 93-104.

Hudson, Natalie F.（2009）*Gender, Human Security and the United Nations: Security Lan-*

guage as a Political Framework for Women, Routledge.

Marhia, Natasha (2013) Some Humans Are More Human than Others: Troubling the "Human" in Human Security from a Critical Feminist Perspective, *Security Dialogue* 44 (1), pp. 19–35.

Owen, Taylor and Olav Slaymaker (2005) Toward Modeling Regionally Specific Human Security Using GIS: Case Study Cambodia, *Ambio* 34 (6), pp. 445–449.

Robinson, Fiona (2011) *The Ethics of Care: A Feminist Approach to Human Security*, Temple University Press.

Truong, Thanh-Dam, Saskia Wieringa and Amrita Chhachhi, eds., (2007) *Engendering Human Security: Feminist Perspectives*, Zed Books.

William, T. Tow, Ramesh Thakur and In-Taek Hyun, eds. (2000) *Asia's Emerging Regional Order: Reconciling Traditional and Human Security*, United Nations University Press.

あとがき

　本書は、東京大学大学院総合文化研究科「人間の安全保障」プログラム
（HSP）が東京大学出版会から出版する二冊目の成果である。前著の高橋哲
哉・山影進編『人間の安全保障』（2008 年）の出版は 16 年前のことであるか
ら、「人間の安全保障」を論じる教科書や参考書として、何らかのアップデー
トないしリニューアルが必要なことはかなり前から感じていた。「人間の
安全保障」をめぐる議論は 2008 年以降も続いていた上、この概念を取り巻
く世界の状況が大きく変化してきたことは、序論でも述べたとおりである。

　このような変化を踏まえた内容面の更新という目的に加え、「人間の安全
保障」について我々 HSP が考える学問的広がりを改めて訴えたいという思
いもあった。HSP は発足以来、東京大学大学院総合文化研究科の文理 5 専
攻——言語情報科学専攻・超域文化科学専攻・地域文化研究専攻・国際社会
科学専攻・広域科学専攻——が支える専攻横断型の大学院プログラムとして
運営されており、思想・文学から地理学・科学社会論まで実に幅広い分野か
ら集まった教員によって支えられてきた。だが、プログラムで学ぶ学生につ
いては、必ずしもこうした広範な分野から隈なく集められてきたわけではな
い。そこに「人間の安全保障」や HSP に対する彼我の認識ギャップが存在
するならば、HSP が掲げる多彩な「人間の安全保障像」を、新たな成果の
発信とともに改めて世に示しても良いのではないかと考えた次第である。

　以上のような動機で新たな出版計画が動き出したのが、2022 年 7 月であ
った。ちょうど 2024 年に HSP が設立 20 周年の節目を迎えるということで、
プログラム運営委員会の承認のもと、その「記念事業」として進めていくこ
とになった。そして足かけ 2 年の月日を経て、執筆者の尽力と関係者の協力
によりついに出版される運びとなった。目標であった 2024 年に出版できた
ことに編者としてまずはほっと一安心するとともに、来し方を振り返り、多
くの方々への感謝の気持ちが沸々と湧き上がっているところである。

　まずは企画段階で、前著の編者である高橋哲哉先生および山影進先生には、
個別に相談に乗っていただいた。お二人とも企画に強く賛同してくださり、

前著出版のご経験を踏まえた助言や、新著の方向性や構成に関わるさまざまな具体的アイデアを提供してくださった。さらに山影先生からは、前著に一切こだわらずに、中途半端なアップデートではなく全面的なリニューアルで臨むべしとのアドバイスもいただいた。また、当時総合文化研究科長であった森山工先生には、この企画が漠然としたアイデアであった段階から話し相手になっていただいたほか、前著の担当編集者であった東京大学出版会の山田秀樹さんにも連絡してくださった。高橋先生・山影先生・森山先生はいずれもHSPの立ち上げに関わられ、その草創期を担った大先輩である。編者としては何か大きなお墨付きをもらった気分で、自信を持って企画立案を進めることができた。深く感謝申し上げたい。

　謝意を伝えるとともに、ここで一つ弁解しておかなければならないことがある。もとの企画では、「20周年記念事業」ということでHSPの大学院プログラムとしての成長や成熟を示す内容、たとえば各界で活躍する卒業生によるコラム記事を掲載するといったアイデアが出ていたが、こうした案は、初動の段階で編集者の山田さんにわりときっぱりと反対され、早々に太刀消えになった。広く一般の読者に読まれる本とするためには、そういう「内輪向き」の内容は謹んだ方がいいという、今振り返るとまったく妥当なご意見からであった。ただしその時のいわば名残で、すでに声をかけていた二人のHSP卒業生——内尾太一さんと重松尚さん（当時HSP助教）——には、そのまま執筆陣に加わっていただいた。二人は駒場で博士号を取得し、その後もアカデミアで活躍を続ける気鋭の研究者である。他13名の執筆者も、設立期からの大ベテランを含め、この20年の間にHSPの運営と教育に携わった駒場の教員から構成されている。そういう意味では、本書はHSPの20年の成長や成熟を反映した内容になっていると思う。執筆者各位にも心よりお礼を申し上げたい。

　本書の執筆・編集段階でも、多くの人々や組織の協力を得た。特にHSPを中心とする駒場の学生の貢献が大きい。リサーチアシスタント（RA）であるHSP博士課程の和田吾雄彦アンジェロさんには、付録の執筆を分担していただいたほか、同じくHSP博士課程の猪岡愛佳さん、同修士課程のマキ＝ロヒルオマ・トゥーッカさんと手分けして、膨大な関連文献・資料の収集とサーベイを行い、さらには読み手としての視線からすべての原稿に目を

通しコメントをつけていただいた。この三人の大学院生にまずは感謝の気持ちを伝えたい。また、松原優華さん、安良城桃子さん、伊藤寛人さん、木村一彦さんにも、一部の原稿の校閲や付録執筆の準備といった各局面で作業を担っていただいた。さらに RA やアルバイトの学生に対する謝金の支払いを含め、HSP、東京大学デジタルオブザーバトリ研究推進機構、日本学術振興会の科学研究費補助金（課題番号：22H00815；23K22087）より多大なご支援もいただいた。厚くお礼申し上げたい。

　この本の企画から出版に至るすべての段階で大変お世話になったのは、すでに何度か言及している東京大学出版会の山田秀樹さんである。前著に続いて本書の編集担当を引き受けていただき、慣れない編者の伴走役としてはもちろん、時に忌憚ないコメントを通じて内容面での改善にも大いに貢献いただいた。振り返ると、山田さんの導きに従っているうちにいつの間にか本ができていた感覚である。山田さんにはいくら感謝してもし過ぎることはない。

　序論の最後でも触れたことだが、言葉の流行り廃りにかかわらず我々HSP が「人間の安全保障」の看板を掲げ続ける理由の一つは、この言葉を掲げて 20 年間紡ぎ出してきた駒場の人的コミュニティの存在である。そのコミュニティは、HSP で現在学んでいる大学院生、そこで学び巣立っていった多くの卒業生、HSP の運営や教育にさまざまに関わってきた教員や元教員、そしてプログラムの日常を支えてきた歴代の職員および助教から構成されている。長年 HSP 事務局でプログラムの日常を切り盛りしてきた松井たまきさんへの日頃の感謝の気持ちとともに、本書を駒場で育まれてきた「人間の安全保障」コミュニティに捧げることにしたい。

　最後に、本書が、世界を覆う圧倒的な「人間の不安全」の現実がもたらす無力感を乗り越える糧になることを願っている。

　2024 年 7 月

阪本拓人
キハラハント愛

執筆者一覧
(執筆順)

阪本拓人（さかもと たくと）

東京大学大学院総合文化研究科教授（国際関係論）

東京大学大学院総合文化研究科博士課程修了（博士（学術））［主要著書］『領域統治の統合と分裂——北東アフリカ諸国を事例とするマルチエージェント・シミュレーション分析』（書籍工房早山、2011年）、『ホワイトハウスのキューバ危機——マルチエージェント・シミュレーションで探る核戦争回避の分水嶺』（共著、書籍工房早山、2012年）、『ようこそアフリカ世界へ』（共編著、昭和堂、2022年）

キハラハント愛（きはらはんと あい）

東京大学大学院総合文化研究科教授（国際法）

エセックス大学法学部博士課程修了（博士（法））［主要著書］*Holding UNPOL to account: Individual Criminal Accountability of United Nations Police Personnel*（Brill, 2017）, *Handbook on Governance in International Organizations*（共著、Edward Elgar, 2023）, *Sexual Exploitation and Abuse in Peacekeeping and Aid: Critiquing the Past, Plotting the Future*（共著、Bristol University Press, 2024）

遠藤 貢（えんどう みつぎ）

東京大学大学院総合文化研究科教授（アフリカ現代政治）

英国ヨーク大学大学院博士課程修了（D. Phil.（南部アフリカ研究））［主要著書］『崩壊国家と国際安全保障——ソマリアにみる新たな国家像の誕生』（有斐閣、2015年）、『武力紛争を越える——せめぎ合う制度と戦略のなかで』（編著、京都大学学術出版会、2016年）、『ようこそアフリカ世界へ』（共編著、昭和堂、2022年）

中西 徹（なかにし とおる）

東京大学名誉教授（開発研究）

東京大学大学院経済学研究科博士課程修了（経済学博士）［主要著書］「現代経済の『錬金術』と有機農業——フィリピンにおける「食」と「貧困」」（『東洋文化』100号、2020年）、「未来を紡ぐ人々」（『東洋文化』102号、2022年）、『現代国際社会と有機農業』（編著、放送大学教育振興会、2023年）

谷垣真理子（たにがき まりこ）

東京大学大学院総合文化研究科教授（現代香港論／華南研究）

東京大学大学院総合文化研究科博士課程修了（博士（学術））［主要著書］『変容する華南

2020 年）

和田吾雄彦アンジェロ（わだ あゆひこあんじぇろ）
東京大学大学院総合文化研究科博士課程在学中（国際貢献）
東京大学大学院総合文化研究科修士課程修了（修士（国際貢献））

人間の安全保障　東大駒場 15 講

2024 年 9 月 30 日　初　版

［検印廃止］

編　者　阪本拓人・キハラハント愛

発行所　一般財団法人　東京大学出版会

代表者　吉見俊哉
153-0041　東京都目黒区駒場 4-5-29
電話 03-6407-1069　Fax 03-6407-1991
振替 00160-6-59964

印刷所　大日本法令印刷株式会社
製本所　誠製本株式会社

©2024 Takuto SAKAMOTO and Ai KIHARA-HUNT et al.
ISBN 978-4-13-003354-1　Printed in Japan

JCOPY 〈出版者著作権管理機構　委託出版物〉
本書の無断複写は著作権法上での例外を除き禁じられています．複写される場合は，そのつど事前に，出版者著作権管理機構（電話 03-5244-5088，FAX 03-5244-5089, e-mail: info@jcopy.or.jp）の許諾を得てください．

人間の安全保障

高橋哲哉＝山影 進 編　　　　Ａ5判　2800 円

国際関係論講義

山影 進 著　　　　Ａ5判　2800 円

国際法 ［第2版］

岩沢雄司 著　　　　Ａ5判　4400 円

公共人類学

山下晋司 編　　　　Ａ5判　3200 円

大人になるためのリベラルアーツ

石井洋二郎＝藤垣裕子 著　　　　Ａ5判　2900 円

続・大人になるためのリベラルアーツ

石井洋二郎＝藤垣裕子 著　　　　Ａ5判　2900 円

東京大学駒場スタイル

東京大学教養学部 編　　　　Ｂ5変型判　2500 円

ここに表示された価格は本体価格です．御購入の
際には消費税が加算されますので御了承下さい．